Direitos Sociais

Direitos Sociais
CONCEITO E APLICABILIDADE

2019

Thiago dos Santos Acca

DIREITOS SOCIAIS
CONCEITO E APLICABILIDADE
© Almedina, 2019

AUTOR: Thiago dos Santos Acca
DIAGRAMAÇÃO: Almedina
DESIGN DE CAPA: Roberta Bassanetto
PREPARAÇÃO E REVISÃO: Tereza Gouveia e Lyvia Felix
ISBN: 9788584935345

Dados Internacionais de Catalogação na Publicação (CIP)
(Câmara Brasileira do Livro, SP, Brasil)

Acca, Thiago dos Santos
Direitos sociais : conceito e aplicabilidade /
Thiago dos Santos Acca. -- São Paulo : Almedina
Brasil, 2019.

Bibliografia.
ISBN: 978-85-8493-534-5

1. Administração pública - Brasil 2. Direitos
sociais 3. Poder judiciário - Brasil I. Título.

19-29619   CDD-361.30981

Índices para catálogo sistemático:

1. Brasil : Direito social e assistência social: Bem-estar social 361.30981

Iolanda Rodrigues Biode - Bibliotecária - CRB-8/10014

Este livro segue as regras do novo Acordo Ortográfico da Língua Portuguesa (1990).

Todos os direitos reservados. Nenhuma parte deste livro, protegido por copyright, pode ser reproduzida, armazenada ou transmitida de alguma forma ou por algum meio, seja eletrônico ou mecânico, inclusive fotocópia, gravação ou qualquer sistema de armazenagem de informações, sem a permissão expressa e por escrito da editora.

Setembro, 2019

EDITORA: Almedina Brasil
Rua José Maria Lisboa, 860, Conj.131 e 132, Jardim Paulista | 01423-001 São Paulo | Brasil
editora@almedina.com.br
www.almedina.com.br

AGRADECIMENTOS

Eu gostaria de ressignificar estes agradecimentos e transmutá-los em *apelos*. É provável, como disse Machado de Assis, que eu não tenha muitos leitores. É provável que muitos sequer aceitem não apenas meu apelo, mas também a minha intenção de remodelar esta seção e, portanto, rever os cânones da Academia. Entretanto, aquele que busca um sentido nas suas ações por meio, em parte, da discussão em torno dos direitos sociais não pode jamais se esquecer por quem e o porquê escreve.

Nós vivenciamos ou somos fruto de diversos acontecimentos históricos. Durante os últimos séculos, fomos abatidos por duas Guerras Mundiais; revoluções; golpes de Estado; desastres naturais e tecnológicos; pestes; grandes obras de infraestrutura que forçam comunidades inteiras a se deslocarem e a serem cotidianamente obrigadas a viver aquilo que não são; tropeçamos nas ruas em pessoas que dormem nas calçadas, ou onde é possível, e vivem ao relento, ao desalento. Notícias de jornais fatigam nossas retinas com filas intermináveis no Sistema Único de Saúde (SUS), consultas médicas que chegam tarde, exames que não podem ser realizados em razão de um aparelho defeituoso, escolas que não apresentam a mínima condição de ser um local adequado para que os professores possam fazer aquilo que sabem (ou deveriam saber) e os alunos possam compreender a função e a riqueza dessa experiência.

Tudo isso nos levou a uma completa, e talvez irreversível, dessensibilização. Não nos importamos mais se alguém é morto por um segurança dentro de um supermercado, se alguém permanece por dias ou semanas nos corredores de um hospital qualquer de uma cidade qualquer, se a casa do nosso vizinho é assaltada, se os moradores de rua sofrem, se a educação está tão falida a ponto de ano após ano figurarmos nos últimos lugares comparado a outros países. Infelizmente, naturalizamos a dor, o sofrimento, a desgraça alheia. Internalizamos uma concepção de que o problema é com o outro. Nunca é comigo. Nunca será comigo. Pode ser. De qualquer maneira, a frase do Adoniran Barbosa não sai de mim: "Mas essa gente aí, hein, como é que faz?". *Guerníca*, *Laranja Mecânica* e *O Conto da Aia* enredaram o nosso hoje. Estão aqui e agora.

Não quero ser condenado a viver no céu dos conceitos jurídicos, porque isso cheira a mofo. No disfarce dos argumentos de autoridade, por amor à tradição, pelo falso rigor, em nome da operacionalização dos conceitos "corretos", estamos entrelaçando toda uma estrutura simbólica para manutenção do *status quo*.

Na Bruzundanga, o que importa é a citação do último nome reconhecido em não sei qual país da Europa ou dos Estados Unidos. Na Bruzundanga, os títulos são maiores que as ideias. Na Bruzundanga, ninguém olha para sua própria comunidade, ninguém se importa em conhecer sua própria Constituição. Na Bruzundanga, a hermenêutica que realmente se impõe das nossas próprias regras jurídicas é aquela criada, percebam, por alguém que sequer conhece a nossa realidade, que sequer sabe a nossa língua.

Meu apelo é para você, meu caro leitor, que não julgue como adequada uma realidade apenas por ser constante. A reiteração dos fatos não pode, não deve nos condenar à individualização, ao isolamento, à ignorância cada vez mais profunda. Se estamos a ver todos os dias o descalabro do cotidiano, isso não significa que está tudo bem, que tudo se normalizou.

Certa vez fui questionado da real efetividade das palavras como um indutor de alteração do mundo. Ora, pode ser que outros meios sejam mais concretos. Uma decisão judicial pode mudar quase imediatamente a vida de uma ou mais pessoas; uma política pública pode transformar a vida de um grupo. No entanto, eu, sinceramente, não pretendo ornar o efêmero, quero transformar as raízes. No registro de uma história das ideias tudo ocorre de forma lenta e gradual, porém é necessária uma mudança na estrutura. E é preciso começar de algum lugar.

Dessa maneira, meu apelo é também um chamamento. Um chamamento para a crítica, para a não aceitação dos modelos preconcebidos de trabalhos de conclusão de curso, de mestrados e doutorados, para a reflexão devota do argumento e não da necessidade de seguir "evangelhos". Meu apelo é pela sincera e (des)comprometida reflexão.

PREFÁCIO
ESCLARECIMENTO CONCEITUAL E EFETIVAÇÃO
DOS DIREITOS SOCIAIS FUNDAMENTAIS

Tomemos como ponto de partida a consagração dos direitos civis no sistema jurídico ocidental, ao qual alguns acreditam que o Brasil pertence. Ela ocorreu na última década do século XVIII, seja na declaração da Revolução Francesa (1789), seja nas dez primeiras emendas da Constituição norte-americana (1791). Foi, no entanto, preparada longamente desde o século XVI quando a Segunda Escolástica e os humanistas discutiram a natureza humana universal, passando pelo século XVII, século dos grandes jusnaturalistas, como Grócio e Pufendorf. Em resumo, para consagrar os direitos civis de forma clara e contundente foram necessários três séculos de discussão filosófica, paralelos a três séculos de lutas, como o embate entre conquistadores europeus e povos originários da América e guerras civis de religião em toda a Europa, perseguições e sistemas judiciais inquisitoriais voltados contra os dissidentes e os diferentes por toda parte. Foi apenas na segunda metade do século XIX que o tema de que se ocupa este livro, os direitos sociais, começou timidamente a surgir, sob a forma de reivindicação de redistribuição da riqueza sob a égide do movimento socialista dos trabalhadores e ou sob a pressão do movimento abolicionista. De um ponto de vista histórico estamos ainda enredados nas teias do ideário iluminista e burguês de duzentos anos atrás, com grande dificuldade de imaginar instituições novas para nosso tempo.

O livro de Thiago Acca vem contribuir para o esclarecimento de nossa condição e sugerir alternativas institucionais para ela. É uma obra que dá continuidade a seu trabalho anterior, *Teoria brasileira dos direitos sociais*, também ocupado com o tema dos direitos fundamentais. Naquele trabalho, que todos reconhecem hoje como um marco na clareza de exposição e no rigor do método de investigação, despontavam as características que voltamos a encontrar aqui, isto é, a busca de um esclarecimento conceitual da questão. Como na obra anterior, Acca passa em revista a bibliografia disponível, enfrenta particularmente a doutrina e a jurisprudência nacionais, para propor finalmente as soluções que lhe parecem mais relevantes. O leitor é conduzido com cuidado pelo labirinto dos debates, travados na prática sem muita ordem, percebendo a pouco e pouco a existência de um fio sensato e coerente: a questão da aplicabilidade ou da realização dos direitos sociais. A tese desenvolvida é a de que para tornar tais direitos efetivos é preciso primeiro saber do que se fala. Como diz o autor, "a fragilidade dos direitos sociais [...] deve-se [...] a uma debilidade teórica".

Com efeito, a própria ideia ocidental de filosofia ou teoria nasce do esforço de esclarecimento conceitual, como a tradição fundadora, de Platão e Aristóteles comprovam: os diálogos platônicos e as obras aristotélicas começam sempre mostrando a confusão dos discursos – que eles atribuíam à ignorância ou à má-fé dos sofistas – para em seguida esclarecer os respectivos termos ou conceitos. As questões eram do tipo "o que é a ciência?", "o que é a cidade?" e assim por diante. Para tanto, partiam do que geralmente se dizia ou se sabia, as opiniões correntes, os lugares em comum de onde principiavam as discussões. O direito nunca perdeu esse sabor filosofante, embora nos últimos tempos tenha se desenvolvido de forma autônomo de tal maneira que alguns juristas, mesmo com pomposos títulos universitários, se esquecem desse fundo necessariamente filosófico de sua disciplina e tendem a tratar os assuntos filosóficos de maneira depreciativa. Pior para eles? Não, pior para todos, pois como demonstra Thiago Acca, sem discussão conceitual adequada, ou seja, sem discussão filosófica, os profissionais do direito não conseguem sair de certos pântanos em que se metem.

Por isso é preciso desbastar o discurso doutrinal e jurisprudencial carregado de metáforas ou de lugares-comuns. Esses lugares-comuns e essas metáforas podem ter impacto emocional sobre os auditórios dos já convencidos, mas pouco ajudam a fornecer de modo impessoal e generalizável os critérios para deliberar, particularmente na esfera do Judiciário, na vem desaguando nas últimas décadas milhares de casos relativos aos direitos sociais.

A proposta contida no texto leva-nos a pensar primeiro sobre a natureza do bem que é objeto dos direitos sociais e não há, creio eu, como discordar dela. Os bens são de natureza pública, isto é, são daqueles cujo provimento

PREFÁCIO

beneficia um universo determinável mas não inicialmente determinado de sujeitos. Como consequência, apresenta os mesmos problemas dos bens públicos detectados na teoria econômica a respeito de tais bens: uma vez providos, é muito difícil excluir os "caronas", os predadores, de se aproveitar deles sem pagar o preço devido. Dito de outra maneira, o problema é o do aproveitador. O bem público ou coletivo é, depois de criado, disponível para qualquer um. Os exemplos da economia política evidenciam essa natureza: a iluminação pública de uma rua, uma vez criada, beneficia *qualquer um* que passe por aquela rua. Sabemos que ela beneficia alguém, mas esse alguém é qualquer um. Mesmo quem não pagou por ela, como um estrangeiro que frequente aquela região da cidade, uma ou várias vezes. O outro exemplo usado frequentemente é o da segurança pública: uma região segura é segura para qualquer um que transite por ela. O autor aponta para vários desses problemas ao longo do trabalho, para mostrar que os direitos sociais, referindo-se necessariamente (ou seja, não por acaso, não vez ou outra) a bens coletivos, se não forem assim compreendidos enredam os juristas em becos sem saída.

Sirvo-me de um deles para elaborar a ideia do bem coletivo: a educação superior. Pode-se dizer que a educação é um bem público, que Thiago Acca chama de "bem difuso". Parece, em princípio, que se trata realmente de um bem público. Entretanto, pelo perverso e complicado do vestibular e do *numerus clausus* ela se torna um bem privado, pois é apropriada por alguém com a exclusão de outrem. Se a iluminação ou a segurança de uma rua são bens evidentemente coletivos ou públicos, como vimos antes o fato de alguém se beneficiar dela não a esgota ou exaure para outros usuários. Ela é um bem, mas seu uso ou desfrute não a consome, nem impede que outros a usem ao mesmo tempo. Isso não se dá nem com os recursos da educação, nem com os da saúde, nem com os da moradia, os assuntos tratados nesta obra.

O que está em jogo, portanto, em primeiro lugar é a natureza mesma do bem, e este livro insiste nesse ponto. É preciso compreender a natureza "difusa" desse bem, natureza que particularmente prefiro aproximar dos velhos e bem conhecidos conceitos de "bem universal" ou de "bem indivisível". Desse modo, ao lado da proposta de Thiago Acca, creio que vale a pena explorar ainda essa dimensão de indivisibilidade e de universalidade que a doutrina contemporânea dos bens tende, nos manuais e muitas vezes nos trabalhos monográficos, a deixar de lado, ocultar ou simplesmente esquecer. Nossos cursos formam nossos juristas para pensarem nos bens – logo, no sistema de direitos que os cercam – como coisas, como coisas divisíveis e apropriáveis individualmente. Nisso reside boa parte da dificuldade da teoria dos direitos sociais, embora não toda.

As outras partes da elaboração conceitual e teórica do problema são também investigadas neste trabalho: a possibilidade e as formas de defesa judicial de tais direitos, a capacidade postulatória de seus beneficiários, os problemas da representação dos interessados ou dos portadores de tais direitos, as razões jurídicas, mas também sociais e históricas para tanta hesitação e dúvida a respeito do tema.

Para não privar o leitor de tempo para explorar o livro e aprender com ele, concluo com uma nota sobre a metodologia do trabalho que dá continuidade ao excelente *Teoria brasileira dos direitos sociais,* publicado pelo autor em 2013. Como naquele trabalho pioneiro, Thiago Acca mantém-se dentro de uma discussão que dialoga com autores estrangeiros, mas sobretudo nacionais, e entretém igualmente uma conversação com nossa jurisprudência. A importância disso não pode ser minimizada: seja pela história brasileira, seja pela estrutura social do país, seja pelo desenho institucional de nossa Constituição e de nosso regime processual, várias de nossas condições não se repetem em outras partes. Não basta, portanto, dialogar "no céu dos conceitos" com autores cujas circunstâncias de interpretação e aplicação, ou de aplicabilidade e efetividade dos programas constitucionais, sejam muito diversas das nossas.

Por tudo isso creio que esta obra que tenho a honra e a alegria de apresentar, porque por muitos anos convivi com o autor no papel de seu orientador acadêmico, agrega muito à produção brasileira e agregará muito ao saber de cada um dos leitores.

José Reinaldo de Lima Lopes
Professor Titular da Faculdade de Direito da Universidade de São Paulo (USP).

SUMÁRIO

Introdução 13

1. Tema, Problema, Hipótese 13
2. Justificativa 27

Capítulo 1 – A Realidade Criada Por Conceitos: Os Direitos Sociais como Direitos Públicos Subjetivos 31

1.1. Aproximação entre Direitos Civis e Políticos e os Direitos Sociais: da Ausência de Juridicidade para a sua Subjetivação 32
1.2. Os Direitos Sociais como Direito Público Subjetivo 45
1.3. Algumas Consequências Práticas em Virtude da Compreensão dos Direitos Sociais como Direito Público Subjetivo 52
    1.3.1. Direitos Sociais, Políticas Públicas e a Distribuição de Bens 77
1.4. Por que Direito Subjetivo? O Mundo Recortado pelos Conceitos 89

Capítulo 2 – O Conceito de Direitos Sociais 99

2.1. Uma Categoria à Parte 99
2.2. O Conceito de Direitos Sociais 102
    2.2.1. Uma Definição: os Direitos Sociais como Direitos Difusos 102
    2.2.2. Repercussões Práticas e Teóricas do Conceito de Direitos Sociais como Difusos: uma Discussão com a Doutrina e com a Jurisprudência ... 125
        2.2.2.1. Aplicação dos Direitos Sociais como Direitos Difusos a um Caso Concreto 137
        2.2.2.2 A Titularidade dos Direitos Sociais 140
        2.2.2.3. Mínimo Existencial, Dignidade da Pessoa Humana e Núcleo Essencial Dos Direitos Sociais 148

DIREITOS SOCIAIS

Capítulo 3 – O Papel do Poder Judiciário na Aplicação dos Direitos Sociais e os Critérios Balizadores de sua Intervenção 153

3.1. O Papel do Judiciário na Aplicação dos Direitos Sociais 154

3.2. Critérios para a Determinação das Circunstâncias de Intervenção do Poder Judiciário 169

3.2.1. Análise do Cumprimento da Lei Orçamentária 170

3.2.2. Falhas de Mercado 172

3.2.3. Redistribuição e Grupos Vulneráveis 176

Considerações Finais 181

Referências 183

Anexos 197

Introdução

1. Tema, Problema, Hipótese

A discussão em torno dos direitos sociais – embora cada vez mais presente seja em campo teórico, representado na bibliografia pela doutrina, seja em âmbito prático, ou seja, em ações judiciais que exigem uma decisão por parte do Poder Judiciário determinando definitivamente o que é obrigatório, permitido ou proibido em determinado contexto – pouco foi capaz de construir um discurso qualitativamente coerente com o ordenamento jurídico brasileiro, com a necessidade de empregar recursos escassos e, por fim, com as consequências geradas a partir dos conceitos adotados e das decisões jurídicas tomadas pelos Tribunais. Tanto na doutrina quanto na jurisprudência, a compreensão acerca dos direitos sociais parece ter sido levada a um patamar dicotômico irreconciliável. De um lado, compreende-se que pela aplicação dos direitos sociais seria possível atribuir bens para todos. As ações judiciais dos últimos anos mostram, como veremos posteriormente, que quando se trata do direito à saúde, o Judiciário invariavelmente, independente de questões como custos dos bens e, em alguns casos, da própria situação socioeconômica do autor, determina que o Estado deve garantir remédios e tratamentos médicos aos pacientes. No entanto, curiosamente não trata da mesma forma direitos como moradia ou educação. E aqui está um claro exemplo do que denominei como incoerência. Por sua vez, de outro lado, há quem entenda que os direitos sociais não gerariam obrigações jurídicas diretamente do texto constitucional, sempre a depender, portanto, de intervenções legislativas infraconstitucionais.

Toda essa discussão pode refletir decididamente na prática, ou seja, nos gastos do Estado, na elaboração de políticas públicas, na possibilidade de sobrevida dos indivíduos, no lucro das empresas farmacêuticas, etc. Parcialmente em razão da falta de clareza conceitual, há reclamações que, em princípio, fazem muito sentido, de parte a parte. O gestor público critica as decisões judiciais que concedem tratamentos médicos e medicamentos levando em consideração um único indivíduo, pois essas decisões desvirtuam as políticas públicas. A análise invidualizada da atribuição desses bens pode gerar benefícios para uma pessoa, mas malefícios para toda uma coletividade.

Nesse sentido, o então Ministro da Saúde, Alexandre Padilha, em declaração a respeito do gasto e da distribuição de medicamentos por exigência de demandas judiciais, afirmou: "Do ponto de vista coletivo, a incorporação tecnológica, quando feita por meio de demanda judicial, significa necessariamente a desorganização do processo de planejamento e orçamento da gestão municipal e estadual" (PIMENTEL, 2011).

Por sua vez, há quem entenda que cabe ao Estado garantir esses medicamentos, já que foi estabelecido claramente um direito constitucional à saúde. Sob essa perspectiva, o Estado é visto como inerte, ou seja, muitas vezes não assegura adequadamente, por meio de políticas públicas de saúde, de educação, de moradia, etc., os bens essenciais para que se possa viver com dignidade, e, assim, deve ser obrigado juridicamente a distribuir esses bens em razão dos direitos sociais consagrados constitucionalmente. Essa é a visão, por exemplo, de Tiago Matos, diretor jurídico do Instituto Oncoguia, ao afirmar que "a judicialização é uma forma de a sociedade cobrar. Se as pessoas entram com ação e ganham é porque têm direito, não dá para ignorar. O governo tem que olhar os dados e buscar uma forma de garantir esse acesso que não seja por meio de ação judicial" (NUBLAT, 2012).

Se ambas as visões são procedentes, então, o que fazer? Dessa maneira, a interpretação/aplicação dos direitos sociais chega a um impasse. Esse impasse está levando a uma inércia, ou seja, em um avanço teórico e prático pouco convincente acerca do citado tema, na medida em que não é materialmente possível atribuir todos os bens para todos os brasileiros, mas, ao mesmo tempo, não se cumpre a Constituição ao se ignorar o papel do direito na distribuição desses bens. Essa inércia existe em virtude da discussão pouco aprofundada a respeito de alguns atributos do conceito de direitos sociais. Há três atributos do conceito de direitos sociais que são ignorados, ou tomados como pontos de partida indiscutíveis, mas que devem ser detidamente discutidos: (a) Quem são os titulares dos direitos sociais (a sociedade ou os indivíduos)? (b) Quais tipos de bem são

INTRODUÇÃO

protegidos pelos direitos sociais (bens públicos ou privados)? (c) Qual pode ser o papel do direito na distribuição desses bens?

Desde logo, gostaria de esclarecer, ainda que brevemente, o fato de que o direito não pode substituir o papel da política no que diz respeito à formulação de políticas públicas. Direito e política constituem sistemas diferentes. Admito que esta é uma afirmação evidente que não é levada devidamente em consideração quando se trata de analisar os direitos sociais como direitos fundamentais. O direito não tem como tarefas principais distribuição de renda, transformação da realidade social, aumento da riqueza nacional. Tais tarefas são destinadas precipuamente ao Legislativo e ao Executivo. Na maior parte das vezes, quando o direito tem um papel na (re) distribuição, isso depende de decisões políticas anteriores, o que significa dizer que o sistema tributário, por exemplo, exerce um papel importante na tentativa de reduzir desigualdades em uma sociedade, contudo, a reformulação desse sistema depende, primeiramente, de decisões políticas. No caso dos direitos sociais, certamente o direito apresenta sua faceta redistributiva. No entanto, o que pretendo ressaltar é que a Constituição Federal não tem como papel prioritário a transformação da sociedade; por consequência, tampouco se deve esperar essa atitude do Judiciário, simplesmente em razão de não ser essa a esfera cabível para tanto.

A doutrina desenvolve temas envolvendo a interpretação/aplicação dos direitos sociais, tais como: economia (como lidar com o fato de que a aplicação dos direitos sociais têm impactos sobre recursos escassos?);[1] morais (qual a medida do estado de bem-estar que queremos?); interpretativas (o que significa ter direito a saúde, educação, moradia e alimentação? Quais são as obrigações jurídicas geradas por esses direitos em relação ao Estado?);[2] eficácia jurídica das normas constitucionais (os direitos sociais geram obrigações diretamente do texto constitucional ou é necessária a intervenção do legislador?);[3] ou ainda de teoria do Estado ou constitucional (qual o limite de atuação do Poder Judiciário perante outros Poderes quando aplica direitos sociais?).

---

[1] Cf. a respeito da reserva do possível Canotilho (2003, p. 481); Kelbert (2011, p. 65 s.); Sarlet (2002, p. 58-59).
[2] Ferraz (2011, p. 85-86) aponta dúvidas exatamente nesse sentido a respeito do direito à saúde.
[3] Cf. Nunes e Scaff (2011, p. 57); Canotilho (2003, p. 480-481); Mallet (1991, p. 1189-1190); Goulart (2001, p. 133-135); Gonçalves (2006, p. 172-174).

Todos os pontos indicados anteriormente são certamente muito relevantes, à medida que influenciam a aplicação dos direitos sociais e orientam uma interpretação de sua estrutura jurídica constitucional, determinando seus titulares, o objeto assegurado, o papel institucional do Poder Judiciário, etc. No entanto, todas essas discussões são, na grande maioria das vezes, tratadas como discussões isoladas, isto é, sem referência a um conceito ou a uma teoria de direitos sociais. Da forma como se dá, a análise segmentada dessas questões gera respostas incompletas e inconclusas, incapazes de influenciar de forma estruturada tanto as obrigações devidas pelo Estado, como o modo pelo qual as partes deveriam elaborar suas petições para pleitear adequadamente os direitos sociais, a ponto de gerar situações discrepantes. Pode-se dizer, a título de exemplo, que a aplicação do direito à saúde e do direito à moradia pelos Tribunais ocorre com parâmetros distintos, traduzindo o que pretendo dizer com "situações discrepantes". Enquanto o direito à saúde é compreendido como um direito público subjetivo, o direito à moradia não o é, embora seja um direito social na mesma medida em que o direito à saúde. Os juízes em geral concedem remédios e tratamentos médicos para o indivíduo, como veremos no Capítulo 1, independentemente dos custos, mas quando se trata de um lugar para viver ou da adequação da infraestrutura urbana (água, luz, esgoto) não adotam a mesma visão.[4]

Para que sejam coerentes, as respostas para o conjunto de perguntas indicado anteriormente dependem necessariamente de uma visão antecedente, de uma teoria que possa dar um significado completo. Por essa razão, entendo que tão somente por meio de uma teoria dos direitos sociais seja possível começarmos a responder a essas questões de modo coerente, dentro do que se espera ser o papel do direito. Nesse sentido, o nó górdio de toda discussão, na verdade, é portanto conceitual. A pergunta primeira deve ser: o que significa "direitos sociais"? Qual é seu conceito? Faz sentido, do ponto de vista jurídico, dizer que devem ser concedidos moradia, remédios, tratamentos médicos ou alimentos a uma pessoa individualmente considerada? Os Tribunais devem se preocupar com o fato de que

---

[4] Para ações improcedentes sobre direito à moradia cf. Apelação n. 0005893-51.2010.8.26.0024 e Apelação n. 0214134-73.2008.8.26.0000, ambas do Tribunal de Justiça do Estado de São Paulo (TJ-SP).

atribuir bens para alguém pode garantir uma situação de "privilégio" para essa pessoa em detrimento de outras?

A partir desse diagnóstico, o presente trabalho parte da premissa de que a aplicação dos direitos passa pela doutrina e pela jurisprudência. A doutrina, nesse aspecto, teria como responsabilidade oferecer subsídios, por meio de um debate qualificado, acerca de como devem ser aplicadas as normas de direitos sociais. A jurisprudência, por sua vez, integra a questão cada vez que é acionada, individual ou coletivamente, a decidir sobre o conteúdo e a extensão desses direitos. É por essa razão que esta obra, que tem como objetivo discutir o conceito e a aplicabilidade dos direitos sociais, terá como objeto de análise a doutrina e a jurisprudência.

De fato, a base principiológica dos direitos sociais e a baixa tecnicalidade das normas que lhe garantem,[5] o que se pode perceber especialmente em relação à Constituição, corroboram para que diferentes acepções de direitos, por vezes até contraditórias, aparentem ter seu lugar na ordem jurídica. Com isso, se a imparcialidade, isto é, a forma como o direito atinge aqueles que estão em uma mesma situação, é entendida como um valor – sem uma definição clara e precisa do que significam os direitos sociais –, não é possível avançar em nenhum dos pontos anteriormente suscitados de forma coerente em relação ao ordenamento jurídico.

A fragilidade dos direitos sociais, ou seja, as dúvidas em relação à sua interpretação/aplicação, deve-se justamente a uma debilidade teórica. Luigi Ferrajoli em diversos escritos (2010, p. 30; 2006, p. 19-21; 2002, p. 9)

---

[5] "O elemento normativo (proibição, autorização ou obrigação) nem sempre se encontra claro no enunciado. Isso ocorre com grande incidência na esfera dos direitos fundamentais. Nesse sentido, é necessário destacar que muitos são os enunciados de direitos fundamentais que deixam pouco claro quais condutas estão prescritas. Em primeiro lugar, pela baixa tecnicalidade com que são concebidos diversos dos dispositivos que compõem as cartas de direitos fundamentais [...] em segundo lugar, a maior dificuldade de se compreender o prescrito por normas constitucionais deriva das próprias palavras. Novamente comparando com a legislação ordinária, verificamos que as cartas de direitos fundamentais tendem a empregar uma linguagem menos técnica. As normas jusfundamentais de uma Constituição são predominantemente compostas por um grande número de termos que não apenas não dispõe de significados pacíficos, mas são constantemente objeto das mais acirradas disputas políticas e filosóficas [...] como termos técnicos, as expressões jurídicas significam aquilo que se convenciona. A estabilização de seus significados é essencial para que o sistema jurídico possa funcionar sem que a todo momento seja necessário rediscutir o significado de cada palavra que governa o conflito" (VIEIRA e SCABIN, 2006, p. 53-54).

aponta para a necessidade de desenvolvimento de uma teoria jurídica que consiga criar conceitos e institutos para operacionalizar o Estado Social.[6] Sem dúvida, o Estado Social não é sinônimo de direitos sociais, mas a efetividade daquele passa por garantir bens fundamentais para a existência pacífica da sociedade contemporânea. O jurista é formado a partir de categorias[7] privatistas, como contrato, propriedade e responsabilidade civil,[8] engendradas por uma perspectiva tipicamente despreocupada com questões redistributivas. Por isso, é preciso "crear categorias para pensar los derechos sociales que se adecuen a la realidad en la que nos toca vivir" (COURTIS, 2007, p. 189).

Em outro trabalho, pude concluir que houve um crescente aumento na produção bibliográfica brasileira acerca do tema dos direitos sociais (ACCA, 2013, p. 77-93). Ao tomar como base a doutrina produzida entre os anos de 1964 e 2006, verifica-se que 71% dos textos escritos estão compreendidos no período 2000/2006 (ACCA, 2013, p. 80). Em números absolutos, até o ano de 2006, foram escritos no Brasil aproximadamente 164 textos, entre livros, capítulos de livros e artigos publicados em revistas jurídicas.[9] Embora esse não seja um número particularmente significativo, tendo em vista o extenso rol de direitos sociais garantidos na atual Constituição Federal, bem como as diversas dificuldades enfrentadas pela população em face de serviços básicos precários em áreas como saúde, educação

---

[6] "[...] precisamente, de la ausencia de un Welfare State de derecho, o bien del atraso institucional y de la excesiva simplicidad del sistema politico, que no ha sido capaz de dotarse de formas y de institutos jurídicos más complejos y articulados, en adición aquellos del viejo Estado liberal de derecho que sabemos inidóneos para asegurar formas jurídicas y normatividad a las complejas y multiples funciones económicas y sociales del Welfare State. Todo ello reconduce el problema al *fallido desarollo de una teoria juridical del Welfare State* y sobre todo de sus específicos modelos de legalidad. Pero esta carencia teórica y práctica no depende de una impossibilidad, sino a un vacío de elaboración que no se comprende por qué no podría ser colmado" (FERRAJOLI, 2006, p. 19, grifo nosso).

[7] Emprego o termo "categoria jurídica" para me referir a mecanismos criados pelo ordenamento jurídico que estabelecem direitos e obrigações, como contrato, responsabilidade civil e testamento, ou elaborados conceitualmente, ainda que não necessariamente dispostos em enunciados normativos, como direito público subjetivo, reserva do possível, *minimum core*, impossibilidade de retrocesso social, etc.

[8] Cf. Lopes (2002, *passim*); Courtis (2007, p. 186).

[9] Para o conhecimento da metodologia utilizada, a qual se presta a fundamentar esse resultado quantitativo, cf. Acca (2013, p. 51-57).

INTRODUÇÃO

e moradia, é fato que nos últimos anos tem ocorrido uma discussão cada vez mais disseminada sobre o tema.

Apesar do crescimento, em termos quantitativos, da doutrina brasileira dos direitos sociais, a temática abordada, em geral, foi colonizada por apenas poucos pontos. Essa doutrina comumente circunscreve seus objetos de estudo à relação entre direitos sociais com reserva do possível, mínimo existencial, dignidade da pessoa humana e o papel do Judiciário em sua aplicação. Enquanto, por um lado, há diversos textos explorando intensamente esses tópicos, por outro, um dos pontos fundamentais não é enfrentado: qual o conceito de direitos sociais?

Esse é um ponto fundamental, pois, além do aludido anteriormente, qualquer direito fundamental que gere uma obrigação para o Estado precisa delinear claramente tanto o titular do direito quanto o seu objeto, o que inclui, por exemplo, tratar das formas de atuação do Judiciário para a aplicação desses direitos. Entretanto, o discurso dos direitos sociais no Brasil não é construído com clareza para determinar seu conceito e, portanto, não é capaz de gerar uma máxima sobre o que é devido a quem, a ponto de fazer com que tudo seja decidido casuisticamente, sem uma preocupação em adotar parâmetros de consistência ou coerência. Assim, além da possibilidade de virem a coexistir situações discrepantes, isto é, pessoas em situações semelhantes com acesso diferente a direitos sociais, o que deveria ser discutido como política de direitos sociais passa a ser discutido caso a caso e de forma segmentada, sem respaldo acerca das consequências coletivas de determinada decisão e/ou interpretação. O debate, ao ser colonizado pelos conceitos – os quais muitas vezes sequer são devidamente explicados – de dignidade da pessoa humana, de reserva do possível e de mínimo existencial, construiu o espaço no qual se devem desenvolver as pesquisas sobre direitos sociais no Brasil. Nesse cenário, pouco vem sendo escrito sobre seu conceito. O que significa dizer que alguém possui *direitos sociais*? O direito à alimentação, por exemplo, deve ser compreendido como inserido em uma teoria dos direitos fundamentais em que se exija uma prestação do Estado com a finalidade de proporcionar o consumo mínimo diário de calorias estabelecido pela Organização Mundial da Saúde (OMS)?

Outro ponto importante a ser destacado diz respeito ao estudo dos direitos sociais em espécie[10] ou mesmo aos aspectos de sua aplicabili-

---

[10] Cf., por exemplo, Cury (2005, p. 2-3).

DIREITOS SOCIAIS

dade[11] sem uma reflexão aprofundada sobre o seu conceito. Ainda que esse tipo de estudo não envolva uma discussão voltada para as notas conceituais dos direitos sociais, percebe-se que o ponto de partida geralmente é um conceito tomado da literatura jurídica nacional sem grandes reflexões. Mais relevante ainda é verificar que esses autores partem de conceitos engendrados por outros autores que tampouco estudaram de modo aprofundado tal assunto. De qualquer forma, o que pretendo ressaltar é que não é possível desenvolver a contento qualquer doutrina voltada especificamente para um direito social, como saúde, educação, moradia ou alimentação, sem antes identificarmos o conceito de direitos sociais. Sem a discussão dessa questão preliminar, toda a construção teórica voltada para entender os direitos sociais em espécie está fadada a limitações ou erros.

Na literatura nacional uma das raras exceções[12] encontra-se em texto escrito por Paulo Lopo Saraiva (1983, p. 23-29), o qual propõe um debate sobre o conceito de direitos sociais, embora o texto soe "datado" ao se vincular a um panorama teórico e constitucional muito particular à década de 1980. Isso significa dizer que, à época, havia dúvidas a respeito da fundamentalidade dos direitos sociais, bem como sobre quais seriam exatamente as espécies de direitos abarcados por essa expressão. Até meados da década seguinte percebe-se, pela leitura dos textos doutrinários publicados nesse período, que a expressão *direitos sociais* esteve estritamente relacionada com direitos trabalhistas, e não com saúde, educação e moradia, por exemplo.[13] Saraiva procura alterar o então consolidado significado de *direitos sociais* afirmando justamente que estes não podem ser considerados sinônimos de direitos trabalhistas. Na verdade, segundo o autor, os *direitos sociais* são um gênero do qual fazem parte diversas esferas, como os direitos trabalhistas, à saúde e à educação.

Esse foi um momento isolado na história da doutrina brasileira dos direitos sociais, pois, desde então, a discussão passou a ser completamente tomada por outras questões, como a relação entre direitos sociais e

---

[11] Cf., por exemplo, Bontempo (2005, p. 71).

[12] Outra exceção é o livro de Paulo Gilberto Cogo Leivas, *Teoria dos direitos fundamentais sociais*.

[13] "Não é nova a dificuldade de conceituação da expressão direitos sociais. Em princípio, confundem-se estes com direitos laboristas, uma de suas espécies. É assim que o qualificam os professores brasileiros Cesarino Júnior e Ruy Azevedo Sodré, como ainda o professor alienígena Garcia Oviedo" (SARAIVA, 1983, p. 23).

mínimo existencial ou direitos sociais e reserva do possível.[14] Basicamente, pressupõe-se o conceito de direitos sociais cunhado por José Afonso da Silva em seu *Curso de direito constitucional positivo* (ACCA, 2013, p. 70-71).[15] Ressalta-se que não se toma José Afonso da Silva como parâmetro para uma discussão sobre o conceito, posto que os autores simplesmente partem do conceito mencionado sem questioná-lo ou mostrar o motivo pelo qual ele deve ser considerado adequado.

Há uma deficiência teórica importante no cenário jurídico brasileiro atual –ponto que será explorado com mais profundidade no Capítulo 1. Dessa maneira, este trabalho pretende responder aos seguintes problemas em torno do conceito e da aplicabilidade dos direitos sociais: o que significa dizer que alguém possui um direito social? Os direitos sociais poderiam ser lidos a partir das categorias de direitos difusos, coletivos ou individuais homogêneos, as quais estruturam a sistemática brasileira de processos coletivos?[16] Do ponto de vista prático e teórico, os direitos sociais devem ser aplicados a partir do conceito de direito público subjetivo? O Judiciário deve aplicá-los em todas as situações em que falta ao indivíduo, por exemplo, saúde ou moradia ou a sua intervenção ocorre apenas quando se considera situações específicas? Dessa forma, quais seriam os critérios a serem utilizados para se determinar o momento oportuno para sua intervenção?

A hipótese a ser aqui investigada pode ser resumida da seguinte forma: os direitos sociais são direitos difusos por serem constituídos por bens públicos (não excludentes/não rivais)[17] como saúde, educação, moradia,

---

[14] Algumas obras, como Leivas (2006, *passim*), ou Sarlet (2011, p. 214-218, 280-365), poderiam ser vistas como exceção a essa realidade.

[15] Segundo José Afonso, pode-se dizer que direitos sociais "[...] como dimensão dos direitos fundamentais do homem, são prestações positivas proporcionadas pelo Estado direta ou indiretamente, enunciadas em normas constitucionais, que possibilitam melhores condições de vida aos mais fracos, direitos que tendem a realizar a igualização de situações sociais desiguais. São, portanto, direitos que se ligam ao direito de igualdade. Valem como pressupostos do gozo dos direitos individuais na medida em que criam condições materiais mais propícias ao auferimento da igualdade real, o que, por sua vez, proporciona condição mais compatível com o exercício *efetivo da liberdade*" (2003, p. 285-286).

[16] Cf. Salles (2009, p. 803).

[17] "Bens públicos não são nem excludentes nem rivais. Ou seja, as pessoas não podem ser impedidas de usar um bem público, e, quando uma pessoa usa um bem público, isso não reduz a disponibilidade dele, podendo ser utilizado por outras pessoas sem prejuízo de nenhuma delas" (MANKIW, 2009, p. 217). Para o conceito de bem público cf. Anton (2000, p. 4); Holmstrom (2000, p. 85); Kaul, Grunberg e Stern (2012, p. 42-43).

alimentação, etc., cuja titularidade pertence à sociedade. Essa constatação ocorre por força de dois motivos: (i) a defesa de um bem público exige necessariamente uma distribuição que leve em consideração a sociedade como um todo (ainda que apenas determinados grupos acabem por gozar das obrigações estatais de dar e fazer); (ii) a defesa desses bens reforça o auxílio na manutenção da coesão social, beneficiando, assim, a todos.[18]

É preciso esclarecer que essa hipótese aplica-se tão somente aos casos em que o direito age para forçar o Estado a criar uma política pública ou para que ele a corrija. Nos casos em que já existe uma política pública ou, em outras palavras, quando o Executivo e o Legislativo já decidiram a respeito da distribuição dos bens em sociedade, não há que se falar em direitos difusos, mas, sim, em direito público subjetivo. Caso haja uma política pública elaborada para a distribuição de determinado medicamento por parte do SUS para o tratamento de uma dada doença, o paciente, desde que cumpridas as eventuais condições estabelecidas por essa política, como, por exemplo, renda familiar *per capita*, gozará de direito público subjetivo ao remédio independentemente de outras considerações, como custos de medicamentos, entre outras.[19]

É preciso empreender esforços para construir uma doutrina jurídica própria para os direitos sociais. A construção de um conceito não tem repercussões exclusivamente no campo teórico, mas tem implicações práticas importantes.[20] Em primeiro lugar, a distribuição de bens na sociedade. Seria possível encontrar no texto constitucional parâmetros que pudessem guiar essa distribuição? Uma determinada compreensão acerca dos

---

[18] Esse ponto será mais bem desenvolvido no item 2 do Capítulo 2. Com base principalmente na obra *The price of inequality*, de autoria de Joseph Stiglitz, apresento a ideia de que há uma relação entre coesão social e distribuição de bens.

[19] Para considerações a respeito da atuação judicial, com base nos direitos sociais, como retificadores ou efetivadores de políticas públicas, cf. Abramovich e Courtis (2002, p. 250-251).

[20] Reitero que, ao contrário do senso comum no mundo jurídico, a teoria, na verdade, deve estar sempre voltada para auxiliar na resolução de conflitos jurídicos muito concretos. Segundo Alexy, "*a ciência do direito é uma disciplina prática, porque a pergunta central, em um caso real ou hipotético, diz respeito ao que deve ser*. Na ciência do direito essa questão é formulada a partir de uma perspectiva que corresponde à perspectiva do juiz. Isso não significa que a ciência do direito não possa abranger outras perspectivas, nem que sempre diga respeito diretamente à solução dos casos concretos, mas somente que a perspectiva do juiz é a perspectiva da ciência do direito e que os enunciados e teorias desenvolvidos a partir dela, mesmo quando abstratos, *referem--se **sempre** à fundamentação de juízos concretos de dever ser*" (ALEXY, 2008, p. 37, grifo nosso).

direitos sociais repercute necessariamente na forma como os bens (saúde, educação, moradia, segurança, alimentação, etc.) serão repartidos entre os membros de uma sociedade. Em segundo lugar, o conceito de direitos sociais determina o papel do Judiciário em sua implementação. Um dos argumentos utilizados para sustentar a participação do Judiciário na implementação de políticas públicas é seu dever de concretizar os valores previstos na Constituição em conjunto com a impossibilidade de excluir de sua jurisdição todo ato que venha a ferir ou ameaçar direitos (art. 5º, XXXV). No entanto, a Constituição não estruturou o Estado oferecendo todo o poder ao Judiciário. O texto constitucional prevê que a União, os Estados, o Distrito Federal e os municípios devem "zelar pela guarda da Constituição, das leis e das instituições democráticas e conservar o patrimônio público" (art. 23, I). Ademais, o Presidente da República presta o compromisso de manter, defender e cumprir a Constituição (art. 78), sendo especificamente crime de responsabilidade caso cometa atos que atentem contra o exercício dos direitos políticos, individuais e sociais (art. 85, III).

O debate a respeito do tema dos direitos sociais tem sido, cada vez mais, polarizado, redundando em monólogos, e não em verdadeiros diálogos. Há críticas importantes aos direitos sociais que devem ser cuidadosamente analisadas, como aquelas efetuadas por Marc Bossuyt (1975, p. 790-792), Maurice Cranston (1979, p. 67-77), Frank Cross (2001, p. 866-877) e Charles Fried (1980, p. 110-113). Tais autores consideram os direitos sociais de difícil aplicação, essencialmente, com base em três argumentos: (a) possuem alto custo; (b) só poderiam ser direito em países ricos; (c) haveria sempre a dificuldade de determinar se esses direitos exigem o máximo de proteção (por exemplo, dispor de todos os recursos necessários para tratar de uma enfermidade) ou o mínimo. A crítica desses autores é procedente se continuarmos a compreender os direitos sociais como um direito público subjetivo, ou seja, que o Estado tem a obrigação de oferecer uma prestação ou dar uma coisa para cada cidadão.

A crítica de Fried (1980, p. 113) de que os direitos sociais sequer poderiam ser compreendidos como uma categoria em virtude da escassez de recursos[21] deve ser considerada com vagar. Cranston (1979, p. 76), de

---

[21] "Honoring negative rights is costly. But the distinction I am making does not depend on the hypothesis that negative rights are costless in the economist's sense. Rather, my point is

modo menos contundente, também afirma que não é possível conceber um direito que exige o impossível, ou seja, um direito que só pode ser implementado adequadamente desde que o Estado disponha de um orçamento infinito.

Argumentos como os apresentados por Fried e Cranston acabam por convencer muitos autores, pois está claro que, se cada sujeito em uma sociedade merece igual consideração e se, ainda, os direitos sociais asseguram bens na medida da necessidade de cada um, então, dada a escassez de recursos, não há orçamento que possa suportar tantas demandas. Esse raciocínio parece-me correto desde que adotemos uma certa perspectiva: a compreensão dos direitos sociais como direitos subjetivos. Se o direito à saúde, por exemplo, exige que o Estado disponha de tudo o que for necessário para o tratamento de saúde de um indivíduo, realmente, então, não podemos ter um direito, pois isso seria simplesmente impossível, do ponto de vista fático. Se o vínculo obrigacional impõe uma expectativa impensável, então, há algum erro neste raciocínio (LOPES, 2008a, p. 178).

Esse ponto no pensamento de Lopes é relevante, pois a teoria jurídica não pode estar apartada da realidade. Mesmo um autor como Kelsen, o qual intitulou uma de suas obras como *Teoria pura do direito* com o objetivo de construção de uma teoria "limpa" de aspectos morais, empíricos, religiosos, etc., considera a necessidade de relação entre empiria e teoria quando trata da validade das normas. O autor afirma que a validade de uma norma depende de um mínimo de eficácia (KELSEN, 1999, p. 237).[22]

---

that it is logically possible to treat negative rights as categorical entities. It is logically possible to respect any number of negative rights without necessarily landing in an impossible and contradictory situation. That does not mean that respecting negative rights will not be burdensome, just as meeting positive claims is burdensome. *Positive rights, by contrast, cannot as logical matter be treated as categorical entities, because of the scarcity limitation. It is not just that it may be too costly to provide a subsistence diet to the whole Indian subcontinent in time of famine – it may be simply impossible.* But it is this impossibility which cannot arise in respect to negative rights" (FRIED, 1980, p. 113, grifo nosso).

[22] "As normas de uma ordem jurídica positiva valem (são válidas) *porque* a norma fundamental que forma a regra basilar de sua produção é pressuposta como válida, e não porque são eficazes; mas elas somente valem *se* esta ordem jurídica é eficaz, quer dizer, enquanto esta ordem jurídica for eficaz [...] por outro lado, também não se considera como válida uma norma que nunca é observada ou aplicada. E, de fato, uma norma jurídica pode perder a sua validade pelo fato de permanecer por longo tempo inaplicada ou inobservada [...]" (KELSEN, 1999, p. 237, grifo do autor).

INTRODUÇÃO

O que pretendo mostrar é que o erro a que se refere Lopes é conceitual, pois os direitos sociais não podem ser compreendidos pela ótica do direito privado. O vínculo obrigacional impõe uma expectativa impensável justamente porque a visão dos direitos sociais está equivocada. Eles não exigem uma prestação pontual do Estado, mas, sim, a racionalização da distribuição de bens como saúde, educação, moradia e alimentação que será efetivada por meio da elaboração de uma política pública. Nos meandros de uma tal política é que será discutido: (a) os grupos que deverão ser beneficiados; (b) os recursos que serão disponibilizados; (c) o prazo de realização da política pública; (d) os grupos que serão atendidos prioritariamente;[23] (e) se a política for nacional, as áreas e os Estados que serão atendidos.

Destarte, parte da confusão em torno da aplicação dos direitos sociais deve-se ao fato de não se ter delimitado, em primeiro lugar, o que cabe ao direito e o que cabe à política, e de se ter considerado de forma fragmentada os diferentes atributos dos direitos, além de tê-los assumido como direitos públicos subjetivos. A construção de sua efetividade passa pela alteração da forma de concebê-los enquanto categoria jurídica. A legislação, as instituições[24] e a disponibilidade de recursos são importantes para a implementação dos direitos sociais, assim como de categorias jurídicas adequadas para efetivar esses direitos e outros enunciados constitucionais. Um aspecto relevante na elaboração de uma categoria jurídica condizente com a leitura constitucional dos direitos sociais passa pela discussão da distribuição de recursos. Ocorre que o ensino jurídico brasileiro não está habituado a enfrentar essa espécie de questão resultando em juristas que desvinculam completamente uma ideia de direito com justiça e, portanto, sequer consigam analisar os conflitos sob um viés que inclua minimamente distribuições.[25]

Não há a obrigação de custear sem limites um tratamento de saúde, pois a elaboração da política pública verificará as disponibilidades orçamentárias

---

[23] Supondo que haja uma política pública de alimentação para o combate à subnutrição nas áreas em que esse problema é mais agudo, é possível elaborar uma política pública que imediatamente tente erradicar a subnutrição, por exemplo, para crianças de até 2 anos. Posteriormente outros grupos poderiam ser alvo da política pública: (a) crianças de 2 a 4 anos; (b) todas as pessoas que apresentassem determinadas doenças e assim por diante.

[24] Emprego o termo *instituição* para me referir a estruturas como Ministério Público, Poder Judiciário, Defensoria Pública, Agências Reguladoras, etc.

[25] Cf. Coutinho (2010, p. 4).

do ente federativo em questão, bem como a real prioridade de se atender aquele grupo que seria objeto da política pública. Entendo, dessa forma, que a discussão dos direitos sociais em termos de mínimo existencial e reserva do possível está nos guiando para um caminho sem ganhos práticos. A tese atualmente em voga na doutrina brasileira, segundo a qual se vê a reserva do possível como um limite para a aplicação dos direitos sociais, carece de sentido, pois, na verdade, os direitos sociais vão partir do fato de que os recursos são escassos e, a partir dessa constatação, serão distribuídos da forma mais adequada constitucionalmente.

Em suma, a hipótese a ser desenvolvida neste trabalho tem uma dimensão negativa e outra, positiva. Primeiramente, pretendo mostrar que os direitos sociais não podem ser adequadamente compreendidos pela estrutura analítica clássica do direito privado, como o conceito de direito subjetivo. Mostrarei que essa é uma leitura inadequada dos direitos sociais seja pelas consequências práticas envolvidas, seja pela determinação constitucional da distribuição dos bens (art. 3º e art. 193).[26] A Constituição prescreve uma distribuição que não pode ser traduzida por um arcabouço conceitual vinculado a uma visão individualista de sociedade. Tal visão pressupõe que o direito não pode obrigar o Estado a ser um agente preponderante na distribuição de bens.

Em segundo lugar, sugiro que os direitos sociais são direitos difusos, o que significa que seu objeto é a distribuição de bens públicos, cujos parâmetros serão determinados por meio de políticas públicas. A distribuição desses recursos deve estar de acordo com o princípio da igualdade e da justiça social (art. 3º, I e III; art. 193, todos da Constituição Federal), dentro dos limites da escassez de recursos. Não se quer dizer com isso que exista apenas uma aplicação do princípio da igualdade ou da justiça social. O próprio conceito de princípio, se adotarmos Alexy ou Dworkin, afastaria essa possibilidade. O que se quer dizer aqui é que o papel do direito é verificar se esses princípios estão sendo cumpridos a partir de uma política pública, isto é, se não há uma determinação de política que possa ser justificada em termos de igualdade e de justiça social e se há alguma

---

[26] Art. 3º Constituem objetivos fundamentais da República Federativa do Brasil:
I – construir uma sociedade livre, *justa* e solidária;
III – erradicar a pobreza e a marginalização e *reduzir as desigualdades sociais e regionais*;
Art. 193. A ordem social tem como base o primado do trabalho, e como objetivo o bem-estar e a *justiça sociais*.

situação discrepante em consideração à política de direitos sociais adotada que mereça a intervenção do Judiciário.

Para desenvolver essas ideias, o presente trabalho está divido em três capítulos. No Capítulo 1, mostro que, tanto na doutrina como na jurisprudência, os direitos fundamentais, assim como os sociais, são considerados ou tratados como *direito público subjetivo*, ressaltando as consequências geradas por essa visão.

No Capítulo 2, direciono minhas análises para enunciar e fundamentar que o conceito de direitos sociais como um direito difuso a defender bens públicos é mais coerente com o nosso ordenamento jurídico em razão não só do texto da Constituição, mas também dos resultados gerados pelas decisões e dos fatores que passam a ser analisados, fatores estes que são atualmente ignorados ao se falar em direito público subjetivo (por exemplo, uma análise de custo x benefício). A elaboração desse conceito também exsurge tendo em vista a necessária separação entre o direito e a política. Embora o Judiciário possa intervir, em circunstâncias específicas, nos critérios de distribuição de bens para a sociedade, essa não é a tarefa precípua do direito. Dessa forma, os direitos sociais, enquanto fundamentais, serão aplicados moderadamente já que não é função do Judiciário alterar profundamente a realidade social.

No Capítulo 3, discuto qual o papel do Judiciário na aplicação dos direitos sociais e sob quais circunstâncias ele deve intervir. Indico as circunstâncias, mas não aponto em detalhes quais são os critérios dos quais essa intervenção se valerá para alterar uma política pública, pois isso depende de uma leitura da Constituição a partir de uma teoria da justiça, ao mesmo tempo que seria preciso unir essa leitura ao estudo detalhado de cada direito social em espécie.

2. Justificativa

A aplicação do direito e a seleção de quais são os fatos juridicamente relevantes passam necessariamente pela criação de instituições e, principalmente, pelo desenvolvimento de uma cultura jurídica que possa atribuir significado ao direito apontando as instituições que necessitam ser criadas para a aplicação do ordenamento jurídico. Conforme afirma Lopes: "Nenhum sistema jurídico vige sem que haja uma cultura jurídica que lhe dê significado e sem operadores que o transformem em realidade [...] é no campo da cultura jurídica que os problemas me parecem maiores. Assim, a linguagem fornecida pela lei pode *facilmente* não vir a produzir resultados" (LOPES, 2004a, p. 98, grifo nosso). Ressalto o "facilmente", pois Lopes destaca o quão importante é o papel da cultura jurídica no que diz respeito à transformação do texto da lei em realidade. A cultura jurídica é imprescindível para que o direito possa produzir os resultados esperados. Refiro-me aqui não somente à necessidade de interpretação dos textos jurídicos, que, como é sabido, devem passar pela intermediação do jurista, seja ele doutrinador, seja juiz. Meu ponto vai além dessa afirmação. A cultura jurídica é que possibilitará, em parte, a elaboração de um arcabouço conceitual e institucional imprescindível para a adequada aplicação dos direitos. Essa questão, eminentemente teórica, tem profundo impacto na aplicação dos direitos. Nesse sentido, afirma Parcero (2007, p. 175, grifo nosso):

> La elaboración o refinamento conceptual no debe ser un fin en sí mismo sino una herramienta que nos ayude a resolver problemas, quizá no de manera directa en la mayoría de los casos, pero sí ayudándonos e entender mejor los problemas y proveyendo de un linguaje adecuado para su tratamiento, mejoramiento y desarrollo. *Muchos de los problemas prácticos a los que nos enfrentamos están estrechamente conectados con lo que pensamos sobre ellos y como pensamos sobre ellos.* A veces los problemas son generados o agudizados precisamente por estas formas de pensar en torno a ellos, que vienen a convertirse en obstáculos de tipo *epistemológico.*

A discussão em torno do conceito de direitos sociais ainda é parcimoniosa diante de uma doutrina que se debruça amplamente sobre o mínimo existencial, a reserva do possível e a dignidade da pessoa humana. Esta obra pretende, sobretudo, propor uma nova vertente e abrir um novo espaço possível e legítimo para o debate em torno dos direitos sociais. Esse novo espaço distancia-se dos aludidos temas para focar, basicamente, em uma questão: o que significa dizer que um indivíduo (ou um grupo ou toda a coletividade) possui *direitos sociais*? Não se está com isso dizendo que as outras questões não são relevantes, mas que, se tratadas isoladamente, podem levar a uma aplicação incoerente dos direitos sociais, uma vez que, por exemplo, chega-se à situação de ora determinar-se que certa pessoa faz jus a um direito porque seria o mínimo necessário para a sua existência e outrora, em situação semelhante, negar referido direito em vista do seu custo perante a sociedade.

Além disso – e ainda que esse não seja um dos objetos deste trabalho –, também é possível observar uma ausência de pesquisa empírica acerca das políticas públicas, o que dificulta uma compreensão mais adequada sobre a aplicação dos direitos sociais (COUTINHO, 2010, p. 5).

Em relação ao conceito de direitos sociais, além de não haver discussão teórica que o tenha assumido como foco de análise, tampouco há respaldo empírico para fomentar qualquer discussão que se venha a ter a este respeito. Consequentemente há ausência de análises que sejam capazes de refletir sobre os resultados da aplicação dos direitos sociais, sua adequação aos parâmetros expostos na Constituição Federal e os resultados trazidos. Ao considerar esse diagnóstico, a proposta desta tese não é engendrar uma completa teoria dos direitos sociais, mas ao menos propor o início de um outro caminho para sua discussão.

Capítulo 1 – A Realidade Criada Por Conceitos: Os Direitos Sociais como Direitos Públicos Subjetivos

Na introdução deste trabalho, afirmei que parte da incapacidade da doutrina e da jurisprudência de tratar os direitos sociais de forma consistente e coerente em relação ao seu significado e à sociedade está relacionada à assunção desses direitos enquanto direitos públicos subjetivos. Neste capítulo, pretendo fundamentar essa afirmação, além de responder à seguinte questão: quais são as repercussões práticas e jurídicas de os direitos sociais serem compreendidos como direitos públicos subjetivos?

Parte da doutrina nacional e estrangeira, bem como a jurisprudência nacional, especialmente no que diz respeito ao direito à saúde, afirma que os direitos sociais devem ser analisados a partir da categoria direito público subjetivo. De modo simplificado, pode-se dizer que o argumento defendido por essa visão resume-se ao seguinte raciocínio dedutivo: todos os direitos fundamentais devem ser considerados *direito público subjetivo*; os direitos sociais são fundamentais; logo, os direitos sociais também são direito público subjetivo. A partir dessa constatação, parto para a sua refutação com base em uma análise jurídica e das consequências fáticas das decisões judiciais tomadas.

Para tanto, este capítulo está dividido em quatro itens. No primeiro, procuro inserir a compreensão acerca da juridicidade dos direitos sociais em um panorama histórico e teórico. Neste ponto, o objetivo é mostrar que a "defesa" dos direitos sociais ocorreu basicamente por sua equiparação aos direitos civis e políticos, o que possibilitou – ou reforçou – a ideia de que os direitos sociais deveriam ser vistos como um direito público subjetivo. O segundo item tem por foco a análise de decisões judiciais para indicar que todas elas julgam os conflitos de direitos sociais a partir de um ponto de vista individual, o que decorre da utilização da categoria de *direito público subjetivo*. Já o terceiro item discute as consequências, que não me parecem positivas, da opção teórica individualista. E, por fim, no quarto item, questiono a necessidade de se compreender necessariamente os direitos sociais como público subjetivo.

Este primeiro capítulo tem por objetivo, portanto, elucidar as razões pelas quais os direitos sociais não devem ser considerados como direito público subjetivo e, assim, não ser adjudicados individualmente. O que está em jogo aqui é mostrar que a concepção dos direitos sociais como defesa de uma pessoa individualmente considerada é uma via possível, claro, mas que, na prática, nos traz uma série de problemas jurídicos e fáticos.

1.1. Aproximação entre Direitos Civis e Políticos e os Direitos Sociais: da Ausência de Juridicidade para a sua Subjetivação

Os direitos civis e políticos foram engendrados de acordo com uma visão predominante nas democracias ocidentais, qual seja, o liberalismo político e econômico.[27] De modo muito superficial e simplificado, pode-se afirmar que o liberalismo atribui ao mercado um papel primordial na distribuição dos bens em sociedade. Dado que essa atuação do mercado gera benefícios para toda a coletividade, entende-se que o Estado deve interferir muito pouco em seu funcionamento. Por sua vez, ao indivíduo deve ser garantida sua liberdade, autonomia e proteção contra interferências desarrazoadas do poder estatal, garantindo, assim, os meios para que ele possa estabelecer seus planos de vida.

A teoria política e econômica liberal alinhou-se de modo orgânico aos direitos civis e políticos. A propriedade, a liberdade de expressao e a igualdade de todos perante a lei não só configuraram-se em valores dominantes importantes, mas também foram positivados nos ordenamentos jurídicos durante os séculos XIX e XX. Ademais, não ocorreu apenas uma positivação desses direitos, como também – o que é principal – uma cultura jurídica que lhe deu suporte. Assim, o conceito de direito subjetivo, por exemplo,

---

[27] Para uma discussão sobre o caráter burguês dos direitos fundamentais cf. Grimm (2006, p. 77-106).

A REALIDADE CRIADA POR CONCEITOS

pode oferecer um reforço, no mundo jurídico, ao valor da liberdade do indivíduo (BALDASSARE, 2004, p. 15).[28]

Nesse contexto, os direitos sociais passaram a integrar as Constituições dos mais diversos países durante o século XX, assumindo a posição de direitos fundamentais. Essa conquista formal foi um fator relevante para a transformação do constitucionalismo contemporâneo em grande parte dos países ocidentais. No entanto, os direitos sociais não estavam inseridos e compatibilizados com teorias políticas e econômicas que lhes respaldassem tanto quanto ocorreu com os direitos civis e políticos. Pode-se dizer que houve, de certa maneira, um "casamento perfeito" entre direitos civis e políticos com ideias políticas e econômicas dominantes. Esse cenário influenciou ou, no mínimo, não divergiu das categorias jurídicas criadas para aplicar os direitos civis e políticos.

Os direitos sociais, apesar de terem sido elaborados em algumas sociedades em razão de lutas políticas, como a Constituição Alemã de Weimar ou, mais recentemente, a Constituição da África do Sul, não gozaram de um substrato teórico dominante, seja jurídico, político ou econômico, que fosse capaz de lhes fornecer uma base sólida para sua interpretação e aplicação. Por isso, sofrem diversas críticas, principalmente do chamado liberalismo conversador.[29]

Dessa forma, há diversas discussões a respeito de quais seriam os efeitos jurídicos dos direitos sociais ou acerca de quais seriam as medidas necessárias para que esses efeitos surgissem. Em meio a esse debate, chegou-se a duvidar da própria juridicidade dos direitos sociais. Essa questão é colocada por diversos autores, os quais podem ser agrupados em três correntes teóricas distintas. Para uma primeira corrente, os direitos sociais não detêm qualquer elemento que possa caracterizá-los como verdadeiros direitos;

---

[28] "El concepto de derecho subjetivo [...] se calcaba entonces, de acuerdo con los postulados del individualismo liberal clásico, de la idea de la libertad natural del individuo: es decir de la ideia de que la 'persona' coincide, desde el punto de vista jurídico, con el 'sujeto de voluntad' que crea relaciones jurídicas por medio de su volición, en cuanto señor absoluto (*dominus*) de la esfera de acciones que se le 'reconece' por el ordenamiento objetivo (*facultas agendi, agere licere*). Respecto de esta concepción 'individualista' la ley se consideraba como el elemento de racionalización del contexto, norma objetiva neutral que equilibrando los múltiplos espacios de libertad de los indivíduos de tal manera que éstos no se encontraram en conflito entre sí (ley como limite) hacía posible la acción creadora de los indivíduos" (BALDASSARE, 2004, p. 15-16).

[29] Cf. Nino (2005, p. 398-402).

assim, não passam de meras exortações morais, objetivos futuros a serem alcançados, mas que não geram conteúdos obrigacionais e seus correlatos direitos. Uma segunda corrente entende que os direitos sociais possuem uma eficácia limitada,[30] ou seja, só podem ser aplicados após uma intervenção do legislador, não gerando, portanto, obrigações constitucionais originárias.[31] Por fim, uma terceira corrente, que vem ganhando grande espaço e destaque desde a última década, posiciona-se pela semelhança (quase identidade) estrutural entre direitos sociais, de um lado, e civis e políticos, de outro. Levando-se em consideração o posicionamento teórico dessa última corrente, seria possível pensar que todos os direitos fundamentais, portanto, inclusive os sociais, são direitos públicos subjetivos com base na ideia de que todos os direitos fundamentais gozam basicamente das mesmas características.

De modo sintético, nos próximos parágrafos identificarei alguns autores que poderiam ser classificados em cada uma dessas correntes. A classificação apresentada anteriormente tem o objetivo de resumir o panorama teórico acerca da compreensão da juridicidade dos direitos sociais contemporaneamente. Deixarei de lado certas nuances, já que não pretendo desenvolver amplamente cada uma dessas correntes, tampouco o pensamento de cada autor.

Um dos autores que pode ser compreendido como um dos principais representantes da primeira corrente é Friedrich Hayek. Esse autor afirma que não pode haver direito sem alguém que tenha o correlato dever (HAYEK, 1978, p. 102). Esse seria o caso dos direitos sociais: "[...] it is meaningless to speak a right to a condition which nobody has the duty, or perhaps even the power, to bring about" (1978, p. 102). Hayek continua a desenvolver o argumento contra a ideia de que os direitos sociais são verdadeiros direitos. Pode-se dizer que um dos motivos que fundamentam essa afirmação é o fato de que os direitos sociais entrariam em rota de colisão com os direitos civis e políticos. A satisfação dos direitos sociais solaparia os direitos civis e políticos na medida em que os primeiros só poderiam ser efetivados se deixássemos de contar com uma sociedade composta por uma

---

[30] Cf. Silva (2002, p. 83).

[31] Por "obrigações constitucionais originárias" pretende-se dizer que há obrigações jurídicas a serem cumpridas pelo Estado a partir de uma interpretação baseada diretamente nos enunciados normativos dispostos na Constituição, ou seja, sem a necessidade de intervenção do legislador para a elaboração de legislação infraconstitucional.

A REALIDADE CRIADA POR CONCEITOS

ordem espontânea e passássemos a ter uma organização deliberadamente dirigida e planejada com o fim de satisfazer as necessidades das pessoas (1978, p. 103-104).

Em dissonância com a corrente que compreende os direitos sociais como meras exortações, objetivos e não como verdadeiros direitos, diversos autores indicam um certo grau de juridicidade, conquanto não cheguem a defender que aqueles operam da mesma forma que os direitos civis e políticos. No Brasil, José Afonso da Silva é um dos constitucionalistas que poderia ser classificado nessa segunda corrente, uma vez que refuta a tese de que os direitos sociais não são verdadeiros direitos fundamentais. Porém, ao mesmo tempo, José Afonso entende que eles gozam de uma eficácia limitada, isto é, esses direitos, para sua execução, dependem de posterior intervenção legislativa (SILVA, 2002, p. 151-152).

Em sentido semelhante, Konrad Hesse (1998, p. 170-171) afirma que a estrutura dos direitos sociais não permite que eles tenham o mesmo regime jurídico dos direitos civis e políticos. Os direitos sociais são concebidos como determinações de objetivos estatais, "isto é, normas constitucionais que determinam obrigatoriamente tarefas e direção da atuação estatal, presente e futura. Os estabelecimentos de objetivos fixados jurídico-constitucionalmente obtêm, com isso, primazia sobre estabelecimentos políticos; nisso, a liberdade conformadora do legislador é restringida" (1998, p. 170-171). Embora desses objetivos estatais não se extraia diretamente obrigação alguma, sendo necessária uma concretização infraconstitucional, eles podem influenciar na interpretação de normas e na ponderação de interesses.

Para Estêvão Mallet, os direitos sociais possuem os efeitos próprios das normas programáticas.[32] De acordo com esse autor, tais efeitos seriam: (a)

---

[32] "[...] essa aplicabilidade não significa, convém deixar claro, que tais normas criem, desde logo, direitos subjetivos, até porque aplicabilidade e eficácia jurídica não se confundem com subjetivação ou exigibilidade [...] na verdade, subjetivam-se, tornando-se, pois exigíveis, apenas os direitos que se individualizam e se concretizam em determinada relação jurídica. As normas que a esse grau de subjetivação não podem conduzir, por insuficiência normativa, não possuem mais do que a eficácia anteriormente apresentada [eficácia das normas programáticas]. E certas normas constitucionais particularizam-se justamente pela criação apenas de situações subjetivas de simples vantagem, não chegando a criação de direitos subjetivos. Entre essas normas encontram-se os direitos sociais, sendo frequentes a insuficiente determinação de conteúdo de algumas de suas normas, dependendo, a exigibilidade das vantagens nelas previstas, de concretizações jurídico políticas, representadas pela ulterior atividade legislativa,

determinar certas linhas de atuação para o legislador; (b) oferecer diretrizes para a interpretação constitucional; (c) possibilitar que se julgue inconstitucional qualquer legislação que venha a contrariar tal norma. Esses são os efeitos que, segundo Mallet, podem ser retirados do art. 5º, §1º ao se referir à imediata aplicabilidade das normas definidoras dos direitos e garantias fundamentais (MALLET, 1991, p. 1.189).[33]

A compreensão a respeito da eficácia e da aplicabilidade dos direitos sociais como direitos fundamentais, com base nos pensamentos expostos pelos autores nessa segunda vertente, estabelece claramente uma distinção entre dois modelos: por um lado, há os direitos civis e políticos que não necessitam, para ser aplicados, de intervenção do legislador, gerando, assim, direitos subjetivos aos cidadãos contra o Estado; por outro lado, há os direitos sociais que só poderiam ser completamente aplicados, ou seja, só gerariam obrigações de dar ou fazer a partir do momento em que o legislador, por meio da elaboração de leis, decidisse exatamente quais são as obrigações devidas pelo Estado aos cidadãos, com base no texto constitucional que garante a saúde, a educação, etc. Assim, embora se reconheça que tanto estes como aqueles sejam direitos fundamentais, estabelece-se dois regimes jurídicos diferentes para cada grupo de direitos – os civis e políticos e os sociais.

Bossuyt, ao compartilhar a visão de que há dois grupos bem distintos de direitos, afirma que "com efeito, não é uma vontade deliberada e consciente que os [juristas, diplomatas e homens políticos] conduzem a se comportar

---

pela existência de recursos disponíveis, pela prévia construção de estruturas de sustentação, etc... Daí serem os direitos sociais tratados como direitos de 'densidade normativa reduzida', o que talvez explique a posição do constituinte espanhol que, ao cuidar da aplicabilidade dos direitos sociais, contentou-se com a assertiva de que estes apenas 'informarão a legislação positiva, a prática e a atuação dos poderes públicos' não obrigando, porém, nem mesmo esses últimos" (MALLET, 1991, p. 1189-1190).

[33] Meu propósito neste item é simplesmente delinear um breve panorama a partir das diferentes correntes a respeito do "poder obrigacional" dos direitos sociais. Por isso, não me pareceu necessário descrever as ideias expostas por diversos autores a fim de classificá-los nas três correntes indicadas. No entanto, diversos outros autores defendem entendimento semelhante ao exposto até aqui. Favoreu, por exemplo, afirma que "À la difference des droits-libertés, les droits-créances ne beneficient pas, en principe, d'un applicabilité directe [...] la plupart des juges constitutionnels admettent qu'il s'agit de droits d'application progressive dont la mise en œuvre depend des moyens, notamment financiers, qui leurs seront attribués par le législateur" (FAVOREU, GAÏA, GHEVONTIAN *et allii*, 2009, p. 318-320). No mesmo sentido cf. Miranda e Medeiros (2005, p. 652-653).

A REALIDADE CRIADA POR CONCEITOS

de modo diferente segundo a categoria dos direitos. É menos ainda o velho liberalismo cego às necessidades sociais do homem que dariam bases ao nascimento da Carta Social Europeia onze anos após a Convenção Europeia. Uma má compreensão da realidade ou uma negligência lamentável não são mais a origem de dois Pactos [referência ao Pacto Internacional de Direitos Civis e Políticos e o de Direitos Econômicos, Sociais e Culturais] separados. É a diferença intrínseca dos direitos civis e dos direitos sociais que torna necessário e inevitável um tratamento diferente" (1975, p. 813, grifo nosso).

Não se pode esquecer que há uma vasta literatura que analisa a dicotomia entre direitos civis e políticos e direitos sociais a partir do critério do tipo de obrigação. Uma das fortes críticas aos direitos sociais é justamente que eles geram obrigações positivas (dar e fazer) para o Estado, o que dificulta a sua aplicação. Por isso a importância da elaboração de uma legislação infraconstitucional que pudesse estabelecer exatamente quais são as obrigações de dar e fazer vinculadas a um determinado direito, bem como alocar verbas para que isso ocorresse, ao passo que os direitos civis e políticos são mais fáceis de garantir, pois basta ao Estado nada fazer para que se cumpra esses direitos.[34]

Essa análise também está baseada nos custos dos direitos. Segundo o entendimento exposto anteriormente, a aplicação dos direitos sociais pressupõe "cofres cheios", pois suas obrigações jurídicas geram um alto custo para o Estado ao se exigir que, por exemplo, escolas sejam construídas ou medicamentos sejam comprados, enquanto que os direitos civis e políticos não geram custos, pois exigem tão somente uma omissão estatal ao não interferir na propriedade de ninguém ou não proibir que as pessoas se manifestem publicamente.

Essa noção de que há dois regimes jurídicos distintos teve repercussões na positivação dos direitos fundamentais. Em Constituições como a de Portugal ou da Espanha compartilhou-se dessa visão. Os países ibéricos

---

[34] Essa ideia aparece nitidamente, por exemplo, em José Carlos Vieira de Andrade: "[...] a proteção jurídico-constitucional dos 'direitos sociais' é bastante menos intensa do que a atrás assinalada aos direitos, liberdades e garantias. Isso não custa a compreender, tendo em consideração a sua qualidade de direitos a prestações, isto é, a actuações positivas do Estado, e, mais ainda, a actuações que dependem (sempre) da perspectiva autônoma de conformação politicamente assumida pelo legislador e (na maior parte dos casos) da existência ou disponibilidade de recursos materiais escassos" (1998, p. 343).

possuem um extenso rol de direitos sociais em seus textos constitucionais quando comparados com outros países europeus como França e Itália, contudo, estabelecem um regime jurídico diferenciado para os direitos sociais e para os civis e políticos.[35] As Constituições portuguesa e espanhola reconhecem, por meio de artigos específicos, que os direitos sociais não podem ser aplicados diretamente, ou seja, dependem de uma intervenção legislativa posterior, ao passo que os direitos civis e políticos podem ser aplicados diretamente do texto constitucional.

A Constituição portuguesa dispõe em seu art. 18º, 1,[36] que trata da *força jurídica* dos direitos fundamentais, que apenas os direitos civis e políticos têm aplicação direta. Destarte, interpretando a disposição normativa *a contrario sensu*, pode-se dizer que os direitos sociais não gozam de aplicação direta já que o texto constitucional silenciou-se a esse respeito. Parece-me uma interpretação bastante razoável da Constituição portuguesa, pois se o constituinte originário quisesse atribuir a mesma espécie de consequência para ambos os tipos de direitos fundamentais, ele teria incluído os direitos sociais no art. 18º, 1, mas claramente não o fez. Por sua vez, o art. 53, 3 da Constituição espanhola, seguindo uma linha semelhante ao constitucionalismo português, dispõe que os direitos sociais não são diretamente aplicáveis, pois só podem ser judicializados se houver uma legislação infraconstitucional que albergue o direito em questão.[37]

Em face de todas essas críticas que modulam a juridicidade dos direitos sociais, alguns autores iniciaram o desenvolvimento de diversos argumentos afirmando que não havia qualquer razão para compreender os direitos sociais como "menos jurídicos", pois, na verdade, não há qualquer diferença relevante entre estes e os direitos civis e políticos que justificassem a criação e a manutenção dessa dicotomia. Nessa seara, surge uma terceira corrente teórica, a qual não vê qualquer diferença estrutural entre os direitos sociais e os civis e políticos.

---

[35] Para uma comparação semelhante cf. Grewe (2003, p. 72-74).

[36] Art. 18º (força jurídica) 1. Os preceitos constitucionais respeitantes aos direitos, liberdades e garantias [direitos civis e políticos] são directamente aplicáveis e vinculam as entidades públicas e privadas.

[37] Art. 53, 3: "el reconocimiento, el respeto y la protección de los principios reconocidos en el Capítulo Tercero [dos princípios retores da política social e econômica], informará la legislación positiva, la práctica judicial y la actuación de los poderes públicos. *Sólo prodrán ser alegados ante na Jurisdicción ordinaria de acuerdo con lo que dispongan las leyes que lo desarollen*" (grifo nosso).

A REALIDADE CRIADA POR CONCEITOS

Ao refutar a ideia de que os direitos sociais seriam mais difíceis de ser aplicados, em razão da exigência de cumprimento de seu conteúdo por obrigações de dar ou fazer,[38] enquanto que os direitos civis e políticos necessitariam apenas de uma omissão estatal,[39] autores como Cass Sunstein, Courtis e Eide afirmam que todos os direitos, em menor ou maior medida, exigem prestações positivas e negativas do Estado. O argumento desses autores fundamenta-se no relato de casos jurídicos a fim de mostrar que mesmo os direitos civis e políticos só podem ser aplicados desde que o Estado seja capaz de agir. Os direitos, independentemente de sua espécie, podem exigir, para serem devidamente cumpridos, tanto obrigações positivas quanto negativas. O mesmo direito pode impor simultaneamente obrigações de dar, fazer e não fazer. Dentro dessa perspectiva, todos os direitos, e não apenas os sociais, geram custos.

Tomemos o exemplo do direito de propriedade. O que o Estado deve fazer para garantir esse direito? Segundo entendimento clássico dos direitos civis, em casos assim o Estado, para cumprir o direito de propriedade, deve simplesmente não agir, ou seja, há aqui uma obrigação de não fazer, devendo o Estado não interferir na esfera individual. Garantir o direito de propriedade significa dizer que o Estado não deve invadir ou desapropriar injustamente a propriedade do particular. Assim, o direito do particular permanece íntegro, não violado.

Entretanto, autores como Sunstein, Stephen Holmes, Víctor Abramovich, Christian Courtis e Asbjørn Eide duvidam desse modo de entender os direitos civis e políticos. Eles começam a questionar se realmente esses direitos se esgotam na omissão do Estado. Em outras palavras, o direito de propriedade estaria plenamente garantido se em todas as situações e independentemente das circunstâncias houvesse única e exclusivamente obrigações de não fazer? Uma primeira situação em que essa compreensão dos direitos civis deixaria os mesmos desprotegidos diz respeito ao fato de que, por exemplo, o direito de propriedade não é violado somente pelo Estado, mas também por particulares. Adotando a ideia de que os direitos civis e políticos geram apenas obrigações de não fazer, qual seria a decisão

---

[38] Obrigações de dar ou fazer também são denominadas obrigações positivas tendo em vista que o obrigado deve agir para cumprir o conteúdo disposto em tal obrigação.

[39] Aqui me refiro às obrigações de não fazer, que também são denominadas obrigações negativas, tendo em vista que o obrigado deve não agir, nada fazer, omitir-se para cumprir o conteúdo da obrigação.

correta a ser tomada quando alguém invade a propriedade de outrem? De que serviria um direito de propriedade que pudesse ser apenas dirigido contra o Estado e não contra pessoas físicas ou jurídicas? Afinal, uma das justificativas para a existência de um Estado não é justamente garantir a paz social e o convívio entre os indivíduos?

Assim, chega-se à conclusão de que os direitos civis e políticos só podem ser plenamente gozados se ao Estado couber obrigações de fazer e não fazer no mesmo grau de relevância. A garantia da propriedade ocorre em diversas oportunidades a partir de obrigações positivas (de fazer ou dar) por parte do poder estatal. Em primeiro lugar, legislar sobre esse assunto é uma tarefa custosa (vereadores, deputados estaduais e federais, senadores, etc. são pagos com o orçamento público) e que demanda uma ação, e não omissão, dos Poderes Executivo e Legislativo.

Em segundo lugar, a garantia da propriedade passa pela necessidade imperiosa, pelo menos nos dias atuais, de se criar uma polícia. A segurança pública é imprescindível para garantir a propriedade tanto de modo preventivo quanto repressivo. Toda a estrutura, e aqui aparece mais uma vez a necessidade de uma regulação jurídica (quais são as patentes, critérios de promoção, salários, contingente, etc.), depende não só de fundos públicos para poder se constituir como também de planejamento estatal, ou seja, não a abstenção, mas, sim, a ação sobre como organizar a polícia, em quais locais ela atuará, se haverá mais gastos com inteligência ou com armamentos ou com meios de transporte para se fazer o policiamento (carros, cavalos, motos, etc.).

Em terceiro lugar, muitos dos problemas que envolvem propriedade acabam no Judiciário. Esse Poder nada mais faz do que prestar um serviço à comunidade. A manutenção desse serviço necessita de ação estatal e de muitos recursos públicos. O Poder Judiciário tem uma estrutura física de alto custo de manutenção (construção e manutenção dos imóveis nos quais juízes e ministros se situam fisicamente; gastos com impressoras, computadores, material de escritório, etc.), bem como uma folha de pagamento alta, já que deve contemplar uma série de servidores públicos ativos e inativos (juízes, assessores, auxiliares, etc.), além de empresas terceirizadas de limpeza e segurança.

Nos próximos parágrafos explorarei especificamente a visão de Abramovich, Courtis, Sunstein, Holmes e Eide em relação à separação entre direitos sociais e direitos civis e políticos como dois grupos distintos em razão dos custos gerados e dos tipos de obrigação que deles decorrem.

Para Abramovich e Courtis (2002, p. 22-23), a distinção estrutural entre direitos civis e políticos e direitos sociais é completamente equivocada, pois se baseia em uma concepção mínima de Estado. Concepção irreal, tendo em vista o comportamento do Estado a fim de que seja capaz de defender diversos interesses. De acordo com Abramovich e Courtis, essa concepção mínima de Estado não foi sequer compartilhada por autores da economia clássica, como Adam Smith e David Ricardo, os quais viam a necessidade de ações estatais (criação de instituições políticas, judiciais, de defesa, etc.) para a garantia do livre comércio e a manutenção e expansão do mercado (ABRAMOVICH e COURTIS, 2002, p. 23). A partir desses argumentos, além de outros, os autores defendem que não há nenhuma diferença substancial entre esses dois grupos de direitos, apenas de grau. Tanto os direitos civis e políticos quanto os direitos sociais impõem concomitantemente obrigações positivas e negativas. O que não significa, no entanto, dizer que direitos distintos não possam apresentar graus diferentes de carga obrigacional. Alguns direitos podem possuir alta carga obrigacional negativa e outros, alta carga obrigacional positiva. Assim, o rigor conceitual nos levaria a admitir um *continuum* de cargas obrigacionais e não simplesmente uma divisão formalmente estanque entre esses tipos de obrigação (ABRAMOVICH e COURTIS, 2002, p. 27).

A respeito da afirmação de que as obrigações positivas são necessariamente custosas, os autores consideram-na uma falácia, pois nem todas as obrigações positivas necessitam de fundos públicos (ABRAMOVICH e COURTIS, 2002, p. 32). Em duas situações, ainda que haja obrigações positivas, não haverá decisões sobre recursos escassos: (a) a obrigação do Estado em estabelecer algum tipo de regulamentação jurídica (por exemplo, regulando o modo pelo qual os sindicatos devem ser criados e geridos); (b) restrições às pessoas privadas (os exemplos dados pelos autores referem-se aos direitos trabalhistas: salário mínimo, férias remuneradas, etc.) (ABRAMOVICH e COURTIS, 2002, p. 32-35). Embora os autores defendam a tese de que os direitos sociais não são estruturalmente distintos dos civis e políticos, eles fazem uma concessão: nos casos de direito a moradia, saúde e educação as obrigações (dar ou fazer) que demandam recursos públicos são as mais características (ABRAMOVICH e COURTIS, 2002, p. 32).

Asbjørn Eide (1995, p. 36), em um registro muito semelhante ao de Abramovich e Courtis, mostra-nos que há um equívoco em se pensar que os direitos econômicos, sociais e culturais exigem do Estado tanto um aparato estrutural gigantesco quanto gastos elevados. Isso, porque as obrigações estatais em relação aos direitos humanos[40] podem ser vistas de três formas (EIDE, 1989, p. 47-48; 1995, p. 37-38). A primeira forma é a obrigação de *respeitar*. Em um primeiro nível, os Estados não podem interferir na utilização dos recursos das próprias pessoas impedindo-as de garantir o gozo de suas necessidades básicas (EIDE, 1995, p. 37). Em um segundo nível, as obrigações estatais consistem na proteção (contra fraude, interesses econômicos poderosos, etc.) dos recursos das pessoas do ataque de terceiros (EIDE, 1995, p. 37). A segunda é a obrigação de *proteger*. O Estado deve criar uma legislação compatível com as necessidades de seu país para concretizar os direitos sociais. A terceira é a obrigação de *cumprir*. O Estado deve prover às pessoas bens que lhes são necessários (por exemplo, distribuição de alimentos em casos de desastre ou para os indivíduos marginalizados na sociedade).

Abramovich, Courtis e Eide objetivam, ao aproximar estruturalmente essas categorias de direitos, desmistificar a visão de que os direitos sociais são intrinsecamente distintos dos direitos civis e políticos e que, por isso, não poderiam ser judicializados. Essa aproximação abre caminho à aplicação dos direitos sociais e a refutações em torno dos argumentos em prol do seu caráter meramente político, reafirmando a possibilidade de serem discutidos judicialmente. Com isso, esses autores se afastam da compreensão das normas de direitos sociais como normas programáticas. Ademais, em algumas situações, segundo esses autores, as obrigações estatais sequer envolveriam gastos orçamentários (EIDE, 1995, p. 22-23; ABRAMOVICH e COURTIS, 2002, p. 15-21). Em suma, esses autores estão preocupados em oferecer argumentos para sustentar a tese de que, se os direitos sociais não se diferenciam de modo substancial dos direitos civis e políticos, não há nada que os impeça de serem judicialmente exigíveis.

Por sua vez, a principal tese de Sunstein e Holmes pode ser assim resumida: todos os direitos custam dinheiro na medida em que não é possível

---

[40] Sua preocupação é com o direito internacional público, mas suas observações, no que dizem respeito às obrigações, podem ser transplantadas para o plano nacional sem maiores dificuldades.

protegê-los sem a atuação estatal. Assim, desde a propriedade e a liberdade pessoal, passando pelos direitos sociais, o Estado precisa agir e, para tanto, necessita de recursos públicos. Isso posto, uma das afirmações mais marcantes do livro, por contrariar todo o senso comum que envolve a discussão da necessidade de grandes orçamentos para a aplicação de direitos sociais, é a de que os direitos civis e políticos custam tanto quanto os direitos sociais.[41] Ainda que se deva ressalvar que o objeto das teorias desses dois autores é mais abrangente do que uma discussão sobre direitos sociais, a percepção deles traz consequências importantes para a sua consideração.

Quais são as consequências dessas afirmações? Para os autores americanos, os juízes estão rotineiramente lidando com casos que envolvem custos tais como as indenizações pagas pelo Estado quando comete atos ilícitos (HOLMES e SUNSTEIN, 1999, p. 25-26). O que muda é simplesmente o objeto do direito em foco (HOLMES e SUNSTEIN, 1999, p. 26). Portanto, é inescapável que a forma como o governo aloca seus recursos afeta a proteção de todos os nossos direitos (HOLMES e SUNSTEIN, 1999, p. 30-31). É a partir dessa visão que surgem duas questões fundamentais e bastante inovadoras em relação a outros autores: (a) Quais direitos serão protegidos? (b) Quem serão seus beneficiários? (HOLMES e SUNSTEIN, 1999, p. 31).

Para Holmes e Sunstein, a ideia de que os direitos são contra o Estado mais do que suportados por ele é completamente equivocada (HOLMES e SUNSTEIN, 1999, p. 49). Nem mesmo os direitos negativos podem ser garantidos diante de um Estado deficiente (HOLMES e SUNSTEIN, 1999, p. 44). Os direitos custam, entre outros motivos, porque necessitam de uma máquina para monitorá-los e assegurá-los. Assim, é corriqueiro se propor uma ação, a qual será julgada pelo Poder Judiciário, quando um contrato não é cumprido ou quando os indigitados herdeiros disputam uma herança. O Poder Judiciário, instituição importante para o funcionamento do sistema de garantia de direitos, necessita de muitos recursos públicos, como visto, para poder se manter e funcionar. A administração pública direta e indireta que auxilia na fiscalização do cumprimento de direitos também necessita de dinheiro. Assim, os auditores de trabalho,

---

[41] "The right to freedom of contract has public costs no less than the right to health care, the right to freedom of speech no less than the right to decent life. All rights make claims upon the public treasury" (HOLMES e SUNSTEIN, 1999, p. 15).

por exemplo, fiscalizam, entre outras incumbências, se as empresas estão respeitando os direitos trabalhistas ou se não há trabalho escravo pelo Brasil afora, por exemplo. Tudo isso gera custo. Sem os poderes do governo, o direito não teria eficácia (HOLMES e SUNSTEIN, 1999, p. 56). O direito ao voto também custa muito dinheiro, já que é necessária toda uma estrutura a fim de julgar as prestações de contas dos candidatos, julgar as possíveis irregularidades do pleito, sem contar o dinheiro que é gasto para compra e manutenção das urnas eletrônicas e dos computadores que farão a apuração dos votos.

Sunstein e Holmes nos dão exemplos à saciedade de como vários direitos precisam de atuação do Estado, bem como dependem de recursos para sua efetivação. Se "nada que custa dinheiro pode ser absoluto" (HOLMES e SUNSTEIN, 1999, p. 97), então, as escolhas de quais direitos serão protegidos são inevitáveis. Por coerência, todos aqueles que afirmam que os direitos sociais não devem ser garantidos devido aos seus altos custos, já que o Estado não é financeiramente capaz de sustentá-los, têm de, consequentemente, admitir o mesmo para os direitos civis e políticos (HOLMES e SUNSTEIN, 1999, p. 119). Todos os direitos só podem ser garantidos até certo grau, ou seja, não há nenhum direito que possa ser considerado absoluto (HOLMES e SUNSTEIN, 1999, p. 121).[42]

A aproximação dos direitos sociais aos civis e políticos foi uma tentativa de mostrar que todos esses direitos podem ser, em igual medida, aplicados. Não há, segundo essa terceira corrente, nenhuma justificativa teórica para embasar a não aplicação dos direitos sociais. O principal argumento é a semelhança entre direitos sociais e direitos civis e políticos. As respostas mais contundentes elaboradas às críticas realizadas aos direitos sociais não foram respostas "autônomas", mas, sim, amparadas na lógica de aplicação dos direitos civis e políticos. Se todos têm a mesma estrutura, se todos os direitos custam e se os direitos civis e políticos são cotidianamente assegurados pelos Tribunais, por que os direitos sociais não deveriam ser aplicados?[43]

---

[42] A ideia de que nenhum direito é absoluto, pois depende de recursos financeiros para serem garantidos, e que, assim, é preciso ter em mente quais direitos devemos proteger também aparece no texto de Alfon Ruiz Miguel (1994, p. 659-661).

[43] "Las supuestas diferencias entre los llamados derechos civiles y políticos con los derechos sociales no son tan radicales como se suele afirmar o como simplemente se asume normalmente por muchos" (PARCERO, 2007, p. 76).

A REALIDADE CRIADA POR CONCEITOS

Esses autores abrem um caminho que me parece perigoso: não verificar as peculiaridades dos direitos sociais em face dos direitos civis e políticos. Toda essa discussão promovida por Courtis, Sunstein, Eide e outros tem um caráter moral e político relevante, pois se pretende fortalecer a posição dos direitos sociais como verdadeiros direitos. Todavia, a linha argumentativa desses autores foi desenvolvida pelo viés da comparação com os direitos civis e políticos, afirmando que todos são direitos fundamentais e devem ser vistos essencialmente da mesma forma. Nos próximos dois itens mostrarei como a aplicação dos direitos sociais pela categoria do direito público subjetivo, ou seja, da mesma forma que direitos civis e políticos, traz resultados negativos, seja jurídica ou faticamente.

1.2. Os Direitos Sociais como Direito Público Subjetivo

Os direitos fundamentais são comumente considerados direito público subjetivo com o objetivo de limitar o poder do Estado e garantir a liberdade individual.[44] O direito público subjetivo está em jogo quando há uma relação jurídica entre um indivíduo e o Estado baseada na existência de uma obrigação de dar, fazer ou não fazer. Essa obrigação surge em virtude de uma norma jurídica. Soma-se a isso o fato de que só é possível falar em direito público subjetivo se o indivíduo apresentar razões jurídicas suficientes para tornar seu direito definitivo.[45]

Os Tribunais brasileiros adotam uma visão semelhante ao exposto à medida que aceitam ações individuais que requerem direitos sociais e concedem-nos individualmente.[46] Não apenas o quadro teórico dominante na literatura nacional e estrangeira aponta para os direitos sociais como

---

[44] Segundo Dimoulis: "Direitos fundamentais são direitos público-subjetivos de pessoas (físicas ou jurídicas), contidos em dispositivos constitucionais e, portanto, que encerram caráter normativo supremo dentro do Estado, tendo como finalidade limitar o exercício do poder estatal em face da liberdade individual" (DIMOULIS e MARTINS, 2011, p. 49). No mesmo sentido Sarlet (2011, p. 214-218); Pieroth e Schlink (2008, p. 15-16); Ferrajoli (2010, p. 37).

[45] Cf. Arango (2005, p. 8-22); Galdino (2005, p. 130-132).

[46] O entendimento dos direitos sociais como público subjetivo não se encontra apenas na jurisprudência. Voltarei ao debate dessa questão ao expor a minha tese propriamente dita a partir da qual estabeleço um diálogo com autores como Arango, Moreno e Borowski por claramente afirmarem a condição de defesa dos indivíduos (e não coletiva) comportada pelos direitos sociais.

subjetivos ou volta-se para a adjudicação individual desses direitos, ainda que não se utilizem dessa categoria, como também as instituições (Poder Judiciário, Ministério Público, etc.) agem de acordo com essa compreensão teórica. Haja vista que as ações que chegam aos Tribunais, pelo menos no que diz respeito ao direito à saúde e à educação, são principalmente individuais (HOFFMANN e BENTES, 2010, p. 101; PIOVESAN, 2010, p. 64; FERRAZ, 2011, p. 87) e, portanto, há pouca discussão, por exemplo, em termos de ações civis públicas (LOPES, 2006, p. 228-229). Essa constatação mostra a influência do pressuposto de que os direitos sociais são direitos subjetivos: tanto as petições quanto as decisões são, em geral, elaboradas para garantir os direitos sociais de um único indivíduo.

A relação entre a defesa dos direitos sociais e a ótica individual fica muito patente com as demandas judiciais de direito à saúde que chegaram, e permanecem chegando, ao Judiciário. O Supremo Tribunal Federal (STF) adota a visão do direito à saúde como direito subjetivo, o que fica claro a partir da análise dos dois casos relatados a seguir. Advirto que exponho nesta tese apenas dois casos julgados pelo STF, pois são suficientes para que seja possível esclarecer meu ponto de vista. De qualquer forma, ressalto que há diversas decisões do mesmo Tribunal que decidem a partir de uma lógica individual, ou seja, interpretando o direito à saúde como um direito do indivíduo (ver nota 47).

A primeira decisão a ser relatada refere-se à Pet. 1246/SC. Nesse caso, o Estado de Santa Catarina solicitou a suspensão da decisão que determinava o custeio das despesas originadas pela necessidade de um paciente com distrofia muscular de Duchenne realizar um transplante. O Ministro Celso de Mello indeferiu o pedido com base essencialmente no argumento de que há um direito subjetivo inalienável à vida e que este não poderia ser flexibilizado por um "interesse financeiro e secundário". Segundo entendimento do Ministro:

> Entre proteger a inviolabilidade do direito à vida, que se qualifica como direito subjetivo inalienável assegurado pela própria Constituição da República (art. 5º, caput), ou fazer prevalecer, contra essa prerrogativa fundamental, um interesse financeiro e secundário do Estado, entendo – uma vez configurado esse dilema – que razões de ordem ético-jurídica impõem ao julgador uma só e possível opção: o respeito indeclinável à vida. (STF. Pet. 1246/SC. Julgamento: 31/1/1997)

A REALIDADE CRIADA POR CONCEITOS

Essa mesma compreensão que identifica uma dicotomia entre saúde/ vida, de um lado, e orçamento, de outro, é reproduzida em diversas outras decisões desde 1997.[47]

A segunda decisão refere-se ao agravo regimental na Suspensão de Tutela Antecipada (STA) n. 175/CE. Aqui, de modo semelhante ao já exposto, a compreensão do direito à saúde como um direito público subjetivo permanece. O agravo julgado em março de 2010 retrata o posicionamento do STF acerca do direito à saúde após a audiência pública realizada em abril e maio de 2009,[48] cujo objetivo era reunir informações técnicas no

---

[47] RE 557548/MG – MINAS GERAIS RECURSO EXTRAORDINÁRIO Relator(a): Min. CELSO DE MELLO Julgamento: 8/11/2007; RE 568073/RN – RIO GRANDE DO NORTE RECURSO EXTRAORDINÁRIO Relator(a): Min. CELSO DE MELLO Julgamento: 26/10/2007; AI 647296/SC – SANTA CATARINA AGRAVO DE INSTRUMENTO Relator(a): Min. CELSO DE MELLO Julgamento: 3/10/2007; AI 583067/RS – RIO GRANDE DO SUL AGRAVO DE INSTRUMENTO Relator(a): Min. CELSO DE MELLO Julgamento: 1/10/2007; AI 667205/PE – PERNAMBUCO AGRAVO DE INSTRUMENTO Relator(a): Min. CELSO DE MELLO Julgamento: 1/10/2007; RE 562383/PR – PARANÁ RECURSO EXTRAORDINÁRIO Relator(a): Min. CELSO DE MELLO Julgamento: 11/09/2007; AI 676926 /RJ – RIO DE JANEIRO AGRAVO DE INSTRUMENTO Relator(a): Min. CELSO DE MELLO Julgamento: 5/09/2007; AI 676044/PE – PERNAMBUCO AGRAVO DE INSTRUMENTO Relator(a): Min. CELSO DE MELLO Julgamento: 16/8/2007; AI 634282/ PR – PARANÁ AGRAVO DE INSTRUMENTO Relator(a): Min. CELSO DE MELLO Julgamento: 30/4/2007; RE 509569/SC – SANTA CATARINA RECURSO EXTRAORDINÁRIO Relator(a): Min. CELSO DE MELLO Julgamento: 1/2/2007; AI 626570/RS – RIO GRANDE DO SUL AGRAVO DE INSTRUMENTO Relator(a): Min. CELSO DE MELLO Julgamento: 30/11/2006; RE 393175/RS – RIO GRANDE DO SUL RECURSO EXTRAORDINÁRIO Relator(a): Min. CELSO DE MELLO Julgamento: 01/02/2006; AI 570455/RS – RIO GRANDE DO SUL AGRAVO DE INSTRUMENTO Relator(a): Min. CELSO DE MELLO Julgamento: 1/2/2006; AI 547758/RS – RIO GRANDE DO SUL AGRAVO DE INSTRUMENTO Relator(a): Min. CELSO DE MELLO Julgamento: 22/6/2005; AI 452312/ RS – RIO GRANDE DO SUL AGRAVO DE INSTRUMENTO Relator(a): Min. CELSO DE MELLO Julgamento: 31/5/2004; AI 468961/MG – MINAS GERAIS AGRAVO DE INSTRUMENTO Relator(a): Min. CELSO DE MELLO Julgamento: 30/03/2004; AI 457544/ RS – RIO GRANDE DO SUL AGRAVO DE INSTRUMENTO Relator(a): Min. CELSO DE MELLO Julgamento: 27/2/2004; AI 396973/RS – RIO GRANDE DO SUL AGRAVO DE INSTRUMENTO Relator(a): Min. CELSO DE MELLO Julgamento: 27/3/2003; RE 267612/ RS – RIO GRANDE DO SUL RECURSO EXTRAORDINÁRIO Relator(a): Min. CELSO DE MELLO Julgamento: 2/8/2000; RE 232335/RS – RIO GRANDE DO SUL RECURSO EXTRAORDINÁRIO Relator(a): Min. CELSO DE MELLO Julgamento: 1/8/2000.

[48] Para mais informações a respeito da mencionada audiência pública, acessar: http://www. stf.jus.br/portal/cms/verTexto.asp?servico=processoAudienciaPublicaSaude. Acesso em: 6 maio 2019.

intuito de tornar as decisões jurídicas mais qualificadas quando se trata de casos envolvendo fornecimento de medicamentos. Para tanto, na audiência pública houve a participação de diversos grupos, como usuários do SUS, técnicos de saúde e gestores. Em princípio seria razoável esperar que, após uma audiência pública e com a discussão gerada a partir dela, o STF utilizasse essa experiência para, no mínimo, tornar sua justificativa ou mesmo sua visão do direito à saúde mais substancializada. No entanto, pelas decisões tomadas após a realização da audiência pública, o raciocínio jurídico e sua fundamentação permanecem inalterados, ou seja, esse evento em nada modificou decisões ou justificativas do STF.

O agravo em questão adveio da propositura de uma ação civil pública pelo Ministério Público Federal (MPF) com pedido de tutela antecipada, cujo objetivo era o fornecimento do medicamento de alto custo denominado Zavesca, utilizado no combate à doença Niemann-Pick Tipo C. Em primeiro lugar, registre-se de passagem que o MPF propôs a ação civil pública em benefício de um único indivíduo, e não da coletividade ou mesmo sequer de um grupo específico. Em segundo lugar, em momento algum foi questionado, nos votos redigidos pelos ministros, se esse paciente poderia ou não suportar os custos do medicamento.

No aludido Agravo Regimental, o relator, Ministro Gilmar Mendes, promove o tom individualista da decisão:

> Melhor sorte não socorre à agravante quanto aos argumentos de grave lesão à economia e à saúde públicas, visto que a decisão agravada consignou, de forma expressa, que o alto custo de *um* tratamento ou de *um* medicamento que tem registro na ANVISA não é suficiente para impedir o seu fornecimento pelo Poder Público. Além disso, não procede a alegação de temor de que esta decisão sirva de precedente negativo ao Poder Público, com possibilidade de ensejar o denominado efeito multiplicador, pois a análise de decisões dessa natureza deve ser feita caso a caso, considerando-se todos os elementos normativos e fáticos da questão jurídica debatida. (grifo nosso)

Esse posicionamento será ratificado claramente no voto do Ministro Celso de Mello, que reitera seu posicionamento de que vida/saúde são direitos absolutos. Assim, afirma o Ministro:

[...] cumpre não perder de perspectiva, por isso mesmo, que o *direito público subjetivo à saúde* representa prerrogativa jurídica indisponível, assegurada à generalidade das pessoas pela própria Constituição da República. Traduz bem jurídico constitucionalmente tutelado, por cuja integridade deve velar, de maneira responsável, o Poder Público, a quem incumbe formular – e implementar – políticas sociais e econômicas que visem a garantir, aos cidadãos, o acesso universal e igualitário à assistência médico-hospitalar. (grifo nosso)

Nesse mesmo sentido, vota o Ministro Marco Aurélio:

[...] creio que as decisões impugnadas implicaram avaliação dos valores em jogo, *sobressaindo não o aspecto ligado ao Erário fiscalista*, mas a necessidade daqueles que estariam a precisar de remédios e não poderiam aguardar o desfecho da ação intentada. (grifo nosso)

Cumpre fazer uma breve análise dos trechos citados. No voto do Ministro Gilmar Mendes fica evidente que um direito social como a saúde não só deve ser aplicado individualmente, como também a análise, a justificativa e os efeitos da decisão devem levar em consideração apenas o indivíduo e sua relação com o Estado. Novamente, aqui fica clara a utilização da categoria *direito público subjetivo*: uma relação jurídica do indivíduo, o qual fornece argumentos para tornar seu direito à saúde definitivo perante o Estado. Assim, se a compra de *um* único medicamento ou se o custeio de *um* único tratamento médico não estiver acima do orçamento público, então o Estado tem a obrigação de conceder esse benefício ao cidadão. O direito e o Judiciário não são, sob essa ótica, responsáveis por uma análise agregada.[49] Por

---

[49] A visão exposta no voto do Ministro Gilmar Mendes é um bom exemplo do que os economistas denominam "tragédia dos comuns". Veremos esse ponto posteriormente (Capítulo 2), mas gostaria de deixar consignado que essa é a típica análise a partir de uma lógica individualista. Analisando o conflito jurídico apenas com base na relação cidadão/Estado mediada pelo direito à saúde, parece muito razoável pensar que a decisão mais correta por parte do Judiciário é justamente atribuir um bem àquele indivíduo que pode estar à beira da morte caso não goze de um medicamento ou tratamento médico. No entanto, em alguns casos, a utilização dessa lógica pode nos levar à ruína. E quando digo "nos" levar à ruína eu me refiro a nós todos enquanto sociedade, pois já está ocorrendo uma exponencialização dos gastos por parte da União e Estados (cf. Anexo I) para dar conta de cumprir com as decisões judiciais na área de saúde. Não há estudos, ainda, sobre os impactos negativos que decisões judiciais agregadas teriam sobre as políticas públicas. Entretanto, não me parece difícil imaginar que isso poderá acarretar uma desorganização não pouco considerável no sistema público de saúde,

DIREITOS SOCIAIS

sua vez, nos votos de Celso de Mello e de Marco Aurélio há uma áurea de proteção exacerbada do indivíduo que deve ser sobreposta ao orçamento.

Outro ponto relevante a ser ressaltado, o qual aparece em diversos votos, inclusive no caso dos autistas que veremos logo mais, é o fato de que os juízes pressupõem um Poder Público ineficiente e que está "escondendo o jogo", ou seja, não quer pagar o remédio, não por questões ligadas à lógica coletiva de elaboração de políticas públicas ou, mesmo, pelo fato de simplesmente não ter verba, mas, sim, por dispor das verbas, mas não gastá-las com o essencial, ou seja, a saúde do cidadão brasileiro.

A visão individualista da aplicação do direito à saúde, como exposta até aqui, não é exclusividade do STF. Outros Tribunais adotam o mesmo entendimento. Lógica semelhante pode ser encontrada no acórdão exarado pelo Tribunal Regional Federal da 1ª Região (TRF1) na Apelação Cível n. 96.01.10504-2/MG. A União apelou de decisão que determinava o ressarcimento de tratamento realizado em Havana para retinose pigmentar. O acórdão, sem verificar se o beneficiado teria ou não patrimônio para subsidiar seu tratamento, não deu procedência à apelação, afirmando:

> *No mérito, não se vislumbra qualquer violação do artigo 196, da Constituição Federal, na sentença onde se afirmou que* "a inexistência de conveniente e indispensável tratamento médico no Brasil de que carecia o filho menor da postulante, acometido de retinose pigmentar, conforme atestado da lavra da Dra. Maria de Nazaré Filgueiros Trintade, médica oftalmologista e professora adjunta da Faculdade de Medicina da UFMG – Hospital das Clínicas desta Capital, em impresso do próprio Ministério da Educação e Cultura, é causa suficiente para justificar as petições da postulante ao Ministério da Saúde e a parlamentar Sandra Starling, conforme documentos de fls. 31 e seguintes, demonstrando que a mesma diligenciou quanto pode no âmbito dos demais Poderes, porém sem êxito, justificando o ingresso da mesma em Juízo".
>
> *Isso porque, ao acolher o pleito, nada mais fez do que dar cumprimento ao dispositivo da Constituição, onde se lê:*

---

dada a visão atomizada do Judiciário (haja vista o próprio voto do Ministro Gilmar Mendes, por parte do Judiciário, de questões envolvendo distribuição de medicamentos e custeio de tratamentos médicos), em detrimento de uma análise de custo-benefício, por exemplo, que considerasse as doenças que devem primeiramente ser combatidas, do que a médio prazo continuar aumentando essa onda de demandas judiciais e pleiteando medicamentos, tratamentos médicos e decisões judiciais individualizadas.

"Art. 196 A saúde é direito de todos e dever do Estado, garantido mediante políticas sociais e econômicas que visem à redução do risco de doença de outros agravos e ao acesso universal igualitário às ações e serviços para sua promoção, proteção e recuperação."

Todas essas decisões apresentam diferentes construções em sua redação, porém substancialmente, sem nenhuma exceção, elas poderiam ser descritas a partir de uma lógica simples: (a) o art. 6º e art. 196 da Constituição Federal prescrevem que o direito à saúde é dever do Estado; (b) dado que determinado indivíduo não apresenta ausência de doença, então (c) o Estado deve suportar todas as despesas necessárias para melhorar seu estado de saúde, seja por meio de um fornecimento de medicamento ou custeando o tratamento médico (ainda que seja no exterior).

Destaque-se que nessa última decisão o Estado foi condenado a custear um tratamento realizado no exterior. Assim, vê-se que não só as decisões tomam como categoria jurídica o direito público subjetivo, como também, ao mesmo tempo, adotam um conceito maximalista de direito à saúde, ou seja, cumprir com esse preceito constitucional significa garantir que todo cidadão brasileiro goze de saúde mental e física irrepreensível. Nos dizeres de Sueli Dallari a respeito do conceito de saúde albergado pelo texto constitucional: "sabe-se – por decorrência da origem natural dos conceitos jurídicos – que a palavra saúde apresenta hodiernamente um núcleo claro, preciso, determinado: a ausência manifesta de doença" (DALLARI, 1995, p. 30). A compreensão maximalista e individualista do direito à saúde traz consequências perversas, como mostrarei mais detidamente no próximo item, pois nessa visão, além de se utilizar uma noção de direito público subjetivo que desconhece qualquer raciocínio de custo/benefício, ou seja, não realizar qualquer análise que leve em conta a distribuição de um bem para a sociedade, há também uma compreensão "ilimitada" do que significa ser saudável. O Estado, com base nessa visão do direito constitucional à saúde, seria responsável pela manutenção de uma vida saudável do indivíduo independentemente do que fosse necessário ser feito para que o mesmo mantenha sua saúde em níveis satisfatórios.

1.3. Algumas Consequências Práticas em Virtude da Compreensão dos Direitos Sociais como Direito Público Subjetivo

As recentes decisões do Poder Judiciário sobre direito à saúde, como aquelas expostas anteriormente, refletem bons exemplos de como as decisões jurídicas podem afetar a distribuição de bens na sociedade. Elas mostram, entre outros pontos, como os juízes sequer se apercebem que estão distribuindo recursos. Tal falta de percepção está estritamente vinculada à visão individualista dos direitos fundamentais e, por consequência, do direito à saúde. Esse é um primeiro limite analítico importante a ser apontado: a aplicação dos direitos sociais pelo viés do direito público subjetivo desconhece qualquer relevância para problemas distributivos. Não é uma categoria cunhada para dar conta desses problemas. Essa afirmação é possível porque os conflitos distributivos deixaram de ser uma preocupação para o direito. Dessa forma, pela estruturação da relação jurídica de uma forma contratual, ou seja, credor (indivíduo), devedor (Estado) e conteúdo obrigacional (dar, fazer ou não fazer), o fato de que a atribuição de um bem para o autor da ação gera, *necessariamente*, menos recurso para outros sequer é um ponto a ser levantado.

Os juízes tendem a tratar os direitos sociais, por serem fundamentais, como trunfos, e, assim, generosamente concedem esses bens sem levar em consideração os impactos de sua decisão para a economia ou a política pública em questão (COUTINHO, 2010, p. 4-5), o que nem sempre traz resultados positivos.

Retomo a análise da Suspensão de Tutela n. 175 e seu Agravo Regimental. Na ação mencionada, o Ministério Público, como já foi dito, pleiteou o fornecimento do medicamento Zavesca para uma única pessoa. Esse indivíduo está acometido de uma enfermidade denominada Niemann-Pick Tipo C. Segundo consta dos próprios votos, o medicamento custava aos cofres públicos em torno de R$ 52 mil por mês.[50] No Agravo Regimental elaborado pela União, há o argumento de que a distribuição de remédio de tão alto custo poderia causar grave lesão à economia tendo em vista que outras pessoas também poderiam solicitar o medicamento à União. O Ministro Gilmar Mendes contra-argumentou da seguinte forma:

---

[50] Os valores referem-se ao custo do medicamento no ano de 2009, ou seja, na data da decisão.

Melhor sorte não socorre à agravante quanto aos argumentos de grave lesão à economia e à saúde públicas, visto que a decisão agravada consignou, de forma expressa, que o alto custo de *um* tratamento ou de *um* medicamento que tem registro na ANVISA não é suficiente para impedir o seu fornecimento pelo Poder Público. Além disso, não procede a alegação de temor de que esta decisão sirva de precedente negativo ao Poder Público, com possibilidade de ensejar o denominado efeito multiplicador, pois a análise de decisões dessa natureza deve ser feita caso a caso, considerando-se todos os elementos normativos e fáticos da questão jurídica debatida. (Ag. Reg. STA 175/CE, grifo nosso)

Visões como essa estão em desacordo com a igualdade e a justiça social previstas no artigo 193 da Constituição. Disposição constitucional que, se por um lado é praticamente esquecida em todas as decisões sobre direitos sociais, por outro, estabelece que a ordem social deve ter como base a justiça social.

A pergunta que surge ante a existência desse comportamento, mas que a jurisprudência e a doutrina em geral ignoram, pode ser traduzida da seguinte forma: por que apenas uma única pessoa poderia receber recursos que pertencem à coletividade? Se há um ponto incontroverso é que o orçamento é "coisa pública", ou seja, pertence a todos. Ao mesmo tempo, assegurar judicialmente a retirada de verbas do orçamento para atender a uma única pessoa detentora de doença, como a Niemann-Pick Tipo C, em detrimento de outras fere, no mínimo, a igualdade. Ainda, considerando-se a realidade brasileira, e se houver uma outra pessoa que, embora tenha a mesma doença, não tem acesso à justiça a fim de que se lhe garanta o medicamento adequado para o tratamento?

A decisão do STF distribui os recursos da coletividade não apenas de forma injustificada, mas principalmente, o que me parece muito pior, sem sequer se dar conta de que sua decisão detém esses efeitos. Por outro lado, se a decisão fosse considerar todos os potenciais portadores da aludida doença, então veríamos que parte considerável do orçamento do Ministério da Saúde, tendo em vista a pequeníssima parcela da população beneficiada, seria destinada para a compra de medicamento.

Farei alguns cálculos para esclarecer esse ponto. Segundo dados apresentados por Marie T. Vanier (2010, p. 1) de cada 120 mil pessoas uma (1:120.000) apresenta a doença Niemann-Pick Tipo C. Segundo dados do Instituto Brasileiro de Geografia e Estatística (IBGE), no início de 2019 a população brasileira era composta por 209 milhões de pessoas. Assim, por volta de 1.741 brasileiros podem portar Niemann-Pick Tipo C. Isso corresponde a 0,0008% da população brasileira. O custo para o fornecimento de medicamento, considerando o valor de R$ 52 mil/mês declarado nos próprios votos dos ministros do STF na STA n. 175, tratar os pacientes custaria em torno de R$ 1.086.384.000 bilhão/ano. Esse montante corresponde a 0,8% do orçamento de R$ 131 bilhões que foram previstos para o Ministério da Saúde em 2018.

Só a partir dessa constatação é que poderíamos levantar um conjunto de questões e começarmos a pensar em algumas respostas. O Estado brasileiro deve gastar esses recursos com a compra desses medicamentos? Por que gastar quase 1% do orçamento com 0,0008% da população? Os cálculos apresentados e a necessidade de a decisão jurídica levá-los em consideração pode soar como parte de um raciocínio desumano, porém é preciso encarar essas decisões, que são, dentro de certos limites, jurídicas e que precisam de respostas adequadas. Ademais, faço tais perguntas não de modo retórico, mas, sim, como dúvidas reais de alguém que se debruça ao estudo do tema dos direitos sociais. De forma alguma estou insinuando que não poderíamos gastar grande parte do orçamento da área de saúde com uma numericamente pequena parcela da população. É possível chegar à conclusão de que devemos proteger 0,0008% da população brasileira e que, possivelmente, essa proteção de um grupo bem específico poderia beneficiar toda a coletividade. No entanto, o que me parece inviável é não se fazer essa pergunta e impossibilitar que o direito a faça. E novamente, com o uso das categorias jurídicas que temos em mãos, como o direto público subjetivo, não vamos a lugar algum. Além disso, se vamos, enquanto sociedade, destinar verbas para essas pessoas devemos saber o porquê.

Some-se a isso o fato de que na ação sequer foi discutido se o beneficiado pelo fornecimento de medicamento teria renda ou não para comprá-lo sem o auxílio do Estado, o que traz à tona novamente a discussão sobre a distribuição dos bens em sociedade. É constitucional obrigar juridicamente o Estado a comprar um medicamento que não está garantido em nenhuma política pública para aquele que pode custeá-lo? Sem as categorias jurídicas adequadas, essas questões não apenas ficarão sem resposta como sequer chegarão a ser formuladas.

Por sua vez, no caso SS 3403/PR, julgado em 28 de novembro de 2007, o Estado do Paraná requereu a suspensão da execução da liminar deferida para o fornecimento do medicamento Mabthera para um paciente portador de esclerose múltipla. A Procuradoria defendeu-se mostrando preocupação com as alterações radicais que a decisão do Judiciário poderiam acarretar na destinação das verbas utilizadas para o fornecimento de medicamentos. Segundo o relatório produzido para a decisão da SS 3403, a Procuradoria do Estado do Paraná alegou que:

> [...] conforme levantamento realizado pela Secretaria de Saúde do Estado do Paraná, no exercício de 2006, "o total da despesa empenhada com medicamentos, bombas de infusão e suprimentos atingiu o montante de R$ 148.614.893,00 (cento e quarenta e oito milhões, seiscentos e quatorze mil e oitocentos e noventa e três reais), enquanto que a quantia bloqueada por força de ordens judiciais *correspondeu à cifra de R$ 14.633.064,00 (quatorze milhões, seiscentos e trinta e três mil e sessenta e quatro reais), ou seja, aproximadamente 10% (dez pontos percentuais) da verba orçada*" (fl. 4). Entretanto, no exercício de 2007, "apenas nos três primeiros meses do ano, do total de R$ 6.178.496,59 (seis milhões, cento e setenta e oito mil, quatrocentos e noventa e seis reais e cinquenta e nove centavos) gastos com fornecimento de medicamentos, R$ 3.681.587,23 (três milhões, seiscentos e oitenta e um mil, quinhentos e oitenta e sete reais e vinte e três centavos) *destinaram-se à aquisição de remédios, em virtude de ordens judiciais, ou seja, mais de 50% (cinquenta pontos percentuais) da verba orçada*" (fls. 4-5). Sustenta, mais, em síntese: a) existência de grave lesão à economia pública, porquanto cada frasco de 500 miligramas do medicamento em questão custa R$ 7.431,82 (sete mil, quatrocentos e trinta e um reais e oitenta e dois centavos), e inexiste prazo para a conclusão do tratamento da impetrante, portadora de doença crônica, com fases de melhora e de piora; b) ocorrência de grave lesão à ordem pública, dado que a execução de decisões como a aqui impugnada "vem impedindo a implementação de política eficaz de fornecimento de medicamentos que garanta, ao menos, o acesso universal e igualitário das pessoas portadoras de enfermidades aos tratamentos previstos nos Protocolos Clínicos" (fl. 5); [...] d) impossibilidade de implantação de uma política estadual eficaz de fornecimento de medicamentos, com o objetivo de permitir o acesso universal e igualitário de pessoas portadoras de enfermidades, caso tenha de desviar recursos alocados para atender demandas individuais. (grifo nosso)

A Ministra Ellen Gracie indeferiu o pedido de suspensão sem levar em consideração o argumento exposto pelo Estado do Paraná de que a decisão estaria interferindo acintosamente no orçamento elaborado pelo Estado. A Ministra entendeu que o caráter urgente da prestação e a hipossuficiência econômica do paciente eram suficientes para obrigar o Estado a fornecer o medicamento solicitado.[51]

Casos como a SS 3403 chamam a atenção não tanto pela interferência do Judiciário na política pública de tal maneira que 50% do orçamento, como afirmou o Estado do Paraná, destinados para a compra de medicamentos, já haviam sido comprometidos em razão da necessidade de cumprir decisões judiciais. O que é extremamente relevante é que o Judiciário, por meio do resultado de ações individuais, altera a destinação das verbas de políticas públicas sem inserir em seu raciocínio essa realidade. Em outras palavras, o Judiciário simplesmente ignora que suas reiteradas decisões individuais detêm um grande impacto nas políticas públicas. No momento em que metade do orçamento destinado para formular uma política pública de distribuição de remédios por Estado da Federação, na verdade, foi deslocado para cumprir decisões judiciais, pode-se dizer que há algo de errado, principalmente se for considerado que o Judiciário está realocando verbas sem enunciar qualquer justificativa, sem a utilização de qualquer critério.

Diferentemente do que se poderia imaginar, a defesa formulada pelos Procuradores e Advocacia-Geral da União, que, em parte, geralmente afirma que as decisões judiciais prejudicam o planejamento do Estado, não pode ser compreendida simplesmente como "mais um argumento de

---

[51] Conforme fundamento da decisão monocrática da Ministra Ellen Gracie: "Finalmente, como bem asseverou a Procuradoria-Geral da República, 'a suspensão dos efeitos da decisão pode, portanto, ocasionar danos graves e irreparáveis à saúde e à vida da paciente, parecendo indubitável, na espécie, o chamado perigo de dano inverso, a demonstrar a elevada plausibilidade da pretensão veiculada no *writ*, minando, em contrapartida, a razoabilidade da suspensão requerida' (fl. 80). 7. Assim, no presente caso, atendo-me à hipossuficiência econômica da impetrante, à natureza da enfermidade que a acomete (processo inflamatório desmielinizante) e à urgência da utilização do medicamento Mabthera (Rituximabe), devidamente registrado junto à Anvisa, entendo que, em face dos pressupostos contidos no art. 4º da Lei 4.348/64, a ausência do medicamento solicitado poderá ocasionar graves e irreparáveis danos à saúde e à vida da paciente, ocorrendo, pois, o denominado perigo de dano inverso, o que demonstra, em princípio, a plausibilidade jurídica da pretensão liminar deduzida no mandado de segurança em apreço. 8. Ante o exposto, indefiro o pedido".

A REALIDADE CRIADA POR CONCEITOS

defesa". Há literatura que trata desse ponto corroborando expressamente essa visão "de defesa". Nesse sentido, entendem Ana Luiza Chieffi e Rita de Cássia Barradas Barata (2010, p. 422, grifo nosso) que:

> Atualmente *um dos maiores desafios para os gestores de saúde* é constituído pelas ações judiciais que solicitam produtos, tratamentos e/ou procedimentos de saúde, muitas vezes não disponibilizados pelo Sistema Único de Saúde (SUS). *Isso gera individualização da demanda em detrimento do planejamento e da gestão dos problemas de saúde em sua dimensão coletiva e levam à desorganização do serviço. A garantia de acesso universal e igualitário às ações e aos serviços de saúde é tão importante quanto o atendimento integral.* Porém, essa garantia depende, entre outros fatores, de aplicação adequada dos recursos às políticas de saúde. *O crescimento exponencial dessas ações judiciais, observado atualmente, interfere na continuidade das políticas de saúde pública, impedindo a alocação racional dos recursos.* Os Estados têm verbas limitadas e a sua má utilização prejudica a população como um todo; assim, cabe ao Poder Executivo a definição das prioridades considerando as necessidades de saúde da população.

O direito deve atuar justamente como um elemento de racionalização e controle na distribuição dos bens (saúde, educação, moradia, etc.), e não como um fator a prejudicar toda a política pública elaborada pelo Estado. O direito deve ser capaz de aumentar o poder de *accountability* por parte da sociedade em relação ao gestor público, e não um meio que, em vez de auxiliar, acabe por prejudicar a todos. Não por acaso grifei o trecho "um dos maiores desafios para os gestores de saúde". É curioso verificar que as autoras entendem que na área da saúde o Poder Judiciário é mais um obstáculo que os gestores públicos devem ultrapassar. Ora, se essa é a visão corrente tanto das Procuradorias, quanto dos gestores públicos e também da literatura escrita por especialistas em serviços de saúde, parece-me que, no mínimo, há uma advertência para nós, juristas, que deve ser levada em consideração. O problema é que tanto na doutrina quanto na jurisprudência – haja vista a SS 3403 em que a Ministra Ellen Gracie sequer se dignou a enfrentar a questão levantada pelo Estado do Paraná acerca da desorganização das políticas públicas de saúde em razão dos gastos orçamentários para cumprimento de decisões judiciais individuais – esse argumento parece ser visto como uma estratégia de defesa no sentido de que a Administração Pública está simplesmente criando argumentos para se defender de uma obrigação que seria sua e de que, portanto, questões "meramente" de custos e de impacto da soma de diversas ações judiciais individuais sobre a política pública não seriam relevantes.[52]

A falha nos casos relatados está, principalmente, em não se considerar o aspecto da distribuição de bens na sociedade. Essa análise é impossibilitada, pois o viés adotado é o de que os direitos sociais são direitos públicos subjetivos. A visão adotada pelo STF, e pelo Poder Judiciário em geral, não leva em consideração o aspecto mais relevante dos direitos sociais: eles não são direitos que mantêm o *status quo* ou garantem direitos preexistentes; na verdade, são direitos que se prestam a mudar uma realidade social[53] em que na maior parte das vezes não será capaz de ser aplicada na forma do tudo ou nada, mas dentro daquilo que é possível (LOPES, 2006, p. 233-235). O Judiciário só poderia intervir nesses casos se tivesse claramente uma proposta de divisão de custos/benefícios constitucionalmente mais adequada (LOPES, 2006, p. 256). Essa deficiência fica clara em todas as decisões relatadas, mas é tornada ainda mais patente em casos como o da política pública voltada aos autistas no Estado de São Paulo (apresentada nos próximos parágrafos)[54] e na SS 3403/PR. Ambos os casos mostram o despreparo do jurista para lidar com questões relativas aos direitos sociais.

---

[52] Nos últimos anos, os gastos por parte da União e dos Estados para cumprir decisões judiciais aumentou abruptamente. Cf. Anexo I.

[53] Ressalto que, de acordo com a ideias expostas nesta obra, o direito não tem como papel principal a alteração da realidade social. Certamente, alguns grupos de direito, como os sociais, apresentam essa possibilidade, porém não entendo que eles sejam capazes de trazer uma "revolução" social. Apenas com base nos direitos sociais definitivamente não vamos alcançar os padrões de proteção social dos países escandinavos, por exemplo. Só conseguiremos enquanto sociedade gozar de benefícios equiparados aos escandinavos desde que tomemos as decisões políticas e econômicas corretas. Qualquer nação que almeje um desenvolvimento econômico e social fica dependente de uma série de questões, e, dentre elas, poderíamos apontar a necessidade de um planejamento a longo prazo. Esse planejamento não está formulado na Constituição Federal e tampouco será estipulado pelo Poder Judiciário. Por exemplo, a possibilidade real de um racionamento de energia em um país como o Brasil pode afetar o resultado das empresas de energia elétrica de capital aberto nas bolsas. Sem dúvida, uma notícia como essa desvalorizará as ações das empresas desse setor. Se não temos um plano consistente para o desenvolvimento do setor de energia elétrica, essa deficiência deve ser creditada à política. Dessa forma, repiso o fato de que o direito tem sérias limitações para alterar profundamente a realidade social, embora, claro, os direitos sociais possam cooperar com a mudança do *status quo*.

[54] Ver (a) Petição Inicial do MP/SP disponível em http://www.mp.sp.gov.br; (b) São Paulo. 6ª Vara da Fazenda Pública. Processo n. 053.00.02713902. Juiz de Direito: Fernando Figueiredo

A REALIDADE CRIADA POR CONCEITOS

Nesses casos, não se está garantindo o direito ao fornecimento do medicamento, mas, sim, dando prioridade injustificadamente ao gozo de uma pessoa em relação a outras que possuem a mesma enfermidade e a outras pessoas que também devem poder gozar do direito à saúde.[55] Desse modo, o Judiciário decide contra a Constituição Federal, pois não está de acordo com a igualdade e a justiça social, tampouco insere em seu raciocínio a escassez de recursos.

A visão predominante é de que qualquer raciocínio de custo/benefício é jurídica e moralmente inadequado. Essa ideia vem exposta no voto do Ministro Celso de Mello quando este afirma que entre a vida e o orçamento ele prefere o primeiro.

Em 2000, o Ministério Público do Estado de São Paulo propôs uma Ação Civil Pública pleiteando que o Estado de São Paulo custeasse o tratamento integral de pessoas com autismo em instituições adequadas, que, no caso, seriam privadas, posto que o Estado não poderia suprir essa necessidade imediatamente por não existirem entidades estatais capazes de prover adequadamente condições de tratamento. O MP ainda solicitou que o Estado cumprisse com essas providências no prazo de 30 dias.[56]

Bartoletti. Julgamento: 28/12/2001 (Política pública/autismo); (c) TJ/SP. AC n. 278.801.5/8-00. Relator: Magalhões Coelho. Julgamento: 26/4/2005 (Política pública/autismo).

[55] Há uma preocupação de alguns doutrinadores a respeito dos prejuízos que podem ser ocasionados pela garantia individual, e não por meio de políticas públicas, dos direitos sociais. Cf. Silva, 2008a, p. 177; Lopes, 2006, p. 255 s.; Ferraz e Vieira, 2009, p. 24; Amaral, 2010, *passim*.

[56] O MP formulou o seguinte pedido em sua petição inicial:

1 – arcar com as custas integrais do tratamento (internação especializada ou em regime integral ou não), da assistência, da educação e da saúde específicos, ou seja, custear tratamento especializado em entidade adequada (não estatal, portanto, já que não existe com tais características uma única no âmbito do Estado) para o cuidado e assistência aos autistas residentes no Estado de São Paulo que, por seus representantes legais ou responsáveis, comprovem mediante atestado médico tal condição (de autista), documento este que deverá ser juntado a requerimento endereçado ao Exmo. Secretário de Estado da Saúde e protocolado na sede da Secretaria de Estado da Saúde ou encaminhado por carta com aviso de recebimento (endereço: Av. Dr. Enéas de Carvalho Aguiar, n. 188). A partir da data do protocolo ou do recebimento da carta registrada, conforme o caso, terá o Estado o prazo de trinta (30) dias para providenciar, às suas expensas, instituição adequada para o tratamento do autista requerente. A instituição indicada ao autista solicitante pelo Estado deverá ser a mais próxima possível de sua residência e de seus familiares, sendo que, porém, no corpo do requerimento poderá constar a instituição de preferência dos responsáveis ou representantes dos autistas, cabendo ao Estado fundamentar a inviabilidade da indicação, se for o caso, e eleger outra entidade adequada. O regime de tratamento e atenção em período integral ou parcial (ou internação

A 6ª Vara da Fazenda Pública (Processo n. 053.00.0271392) deu procedência à ação proposta pelo MP nos seguintes termos:

> Em consequência, enquanto o Governo do Estado de São Paulo não colocar à disposição de todo e qualquer autista, efetivamente, estabelecimentos próprios ou conveniados para o tratamento ambulatorial e de internação, especializados no atendimento da Síndrome de Kanner, *em decorrência de sua inércia ou de seu descaso para com o mandamento constitucional,* deverá sim responder pelo custeio do tratamento dos referidos pacientes mediante o pagamento das despesas, *podendo, em hipótese alguma, selecioná-los em razão da* origem, da raça, do sexo, da cor, da idade ou quaisquer outras formas de discriminação, *inclusive da situação financeira familiar,* cumprindo assim o mandamento constitucional de prover as condições para a saúde de todos, nos termos do artigo 196 e seguintes da Constituição Federal de 1988, artigos 219 e seguintes da Constituição Estadual, da Lei Orgânica da Saúde, Lei nº 8080/90 e da Lei Complementar Estadual nº 791/95.
>
> [...]
>
> Portanto, por qualquer ângulo que se examine a questão, nessa parte, não há como darse guarida à defesa deduzida pela Fazenda Estadual, pois estão sendo violados os direitos fundamentais da população portadora de autismo, residente no território do Estado de São Paulo, diante da conduta omissiva

especializada) deverá ser especificado por prescrição médica no próprio atestado médico antes mencionado, devendo o Estado providenciar entidade com tais características. Após o Estado providenciar a indicação da instituição deverá notificar o responsável pelo autista, fornecendo os dados necessários para o início do tratamento. Tudo isso até que o Estado, se o quiser, providencie unidades especializadas próprias e gratuitas (e não as existentes para o tratamento de doentes mentais "comuns") para o tratamento de saúde, educacional e assistencial aos autistas, em regimes integral ou parcial (ou internação especializada), porquanto o Ministério Público e o Poder Judiciário não podem indicar os modos e os meios pelos quais o Poder Executivo deverá cumprir tais obrigações. No caso, está-se apenas, considerada a clássica divisão dos poderes do Estado estabelecida constitucionalmente, reconhecendo a existência de um direito e da obrigação consequente. Os modos e os meios de cumprimento (convênios – inclusive com municípios –, organização de entidades estatais que prestem os serviços especializados diretamente, pagamentos individualizados, "ONGs" etc.) devem ser eleitos pelo poder Executivo, dentro do âmbito – agora, sim, tem cabimento tal forma de argumentação – da denominada discricionariedade administrativa. O que não pode permanecer inalterada é a omissão estatal, já que o Estado ora nega eficácia a normas legais e constitucionais. Fornecer diretamente ou através da iniciativa particular é opção do Estado; que, no entanto, não tem a opção de não fornecer, de forma gratuita, o serviço especializado tão essencial.

do Poder Público Estadual a partir da Promulgação da Constituição Federal de 1988 e da Constituição estadual de 1989. (grifo nosso)

Esse caso é interessante, pois tanto o MP quanto o Judiciário não realizam qualquer juízo de custo-benefício e estabelecem um prazo de 30 dias, sem expor um critério do qual tenham se valido para a determinação, para que o Estado cumpra com as resoluções. Ademais, o Judiciário, ao contrário do que deveria se esperar, não permite que o Estado adote o critério da "situação financeira familiar" para determinar quem poderia ou não participar de tal política pública. Em outras palavras, o Estado destinará verbas para a matrícula de pessoas com autismo em escolas privadas mesmo sabendo que elas poderiam pagar pelo serviço. Ao mesmo tempo, essas verbas poderiam ser gastas com parcelas da população que não teriam como custear esse mesmo serviço.

A petição inicial do Ministério Público de São Paulo deixa clara sua posição de que não se pode realizar um raciocínio de custo-benefício ao qualificá-lo como criminoso no caso da política pública dos autistas:

> Se o Estado não pode proporcionar diretamente tal tratamento aos autistas, deve promover e financiar este cuidado essencial por outros meios, ou seja, às suas expensas, inclusive sob pena de multa suficientemente alta para inibir e desencorajar o Estado em descumprir mandamento judicial, porquanto fosse ela fixada de forma menos gravosa aos cofres públicos, haveria o risco de deixar o autista entregue *ao criminoso critério do custo-benefício* [...]. (grifo nosso)

No caso dos autistas, o pressuposto do qual se vale tanto o Poder Judiciário quanto o Ministério Público é de que o Estado é ineficiente, corrupto e omisso.[57] Esse argumento não deve fazer parte da atribuição de direitos

---

[57] Em diversas passagens, seja da petição inicial, seja da sentença ou do acórdão elaborado pelo TJ/SP, essa referência à falta de competência do governo aparece explicitamente. Na *Petição Inicial* proposta pelo Ministério Público/SP: "O que é aqui tratado, pondere-se de passagem, não cuida de mera opção do administrador, mas total omissão que afronta as normas constitucionais e legais. O administrador, por óbvio, não pode optar pelo nada fazer e observar passivelmente o sofrimento alheio, agindo de forma omissa e *ineficiente.*" *Sentença* do juiz de direito da 6ª Vara da Fazenda Pública (Processo n. 053.00.0271392): "Simples seria se o Governo do Estado de São Paulo passasse a realmente destinar verbas suficientes para programas específicos, em razão do grande número de pacientes que se encontram em tal situação, pois a referida síndrome atinge entre 0,04% a 0,05% da população, certamente

sociais. É relevante verificar, com base na política pública concreta, se está justificado ou não o Estado pouco ou sequer participar da distribuição de saúde, educação, moradia, etc. àquela parcela da população. Se a efetividade dos direitos sociais depende de recursos e estes são limitados diante de necessidades ilimitadas, a conclusão natural é que não há, sob nenhuma circunstância, recursos suficientes para a implementação de todas as políticas públicas para todas as pessoas. Ademais, é patente que não é possível, por mais recursos de que se disponha e por mais racional que seja a burocracia, cumprir com todos os direitos sociais se eles forem compreendidos como direitos subjetivos. Dessa forma, nem todos os males da Administração Pública podem ser creditados a uma falta de competência, pois está claro que, por mais competente que o Estado possa ser ao gerir seus recursos, há limites fáticos intransponíveis para atribuir tudo a todos.

Um simples exemplo construído por Ferraz e Vieira (2009, p. 235-238) mostra como é inconcebível entender, na prática, os direitos sociais como públicos subjetivos. Os autores imaginam uma situação em que o Estado deva fornecer os medicamentos mais recentes para tratar das enfermidades hepatite viral crônica C e artrite reumatoide. O custo para tratar todos os pacientes com esses problemas de saúde chegaria a R$ 99,5 bilhões, o que representava mais do que todas as verbas destinadas ao Ministério da Saúde para o ano de 2011 – em torno de R$ 77 bilhões.

No âmbito do direito à saúde, essas decisões pressupõem o que Dworkin (2005, p. 434) denomina como princípio do resgate. Segundo esse

desenvolveriam um atendimento decente de amparo à sociedade e, assim, cumpriria com as diretrizes constitucionais de atendimento integral nos termos dos princípios da universalidade e da igualdade de acesso aos serviços de saúde. Como sugestão, para tanto, poderia dispor daquelas vultosas quantias desperdiçadas em publicidade, dita informativa à população, mas que, na maioria das vezes, são verdadeiras campanhas políticas, e que quase sempre acabam impugnadas e anuladas por meio de ações civis públicas [...]". Por sua vez, as mesmas ideias são reproduzidas no *acórdão* do TJ/SP (Apelação Cível 278.801-5): "O Estado de São Paulo não compreendeu bem, o que é profundamente lamentável, que o que está em causa é o direito à vida, bem supremo que é tutela constitucionalmente [...] não é suficiente, portanto que o Estado proclame o reconhecimento de um direito constitucional, para solapá-lo por meio de gestões de duvidosa eficiência e moralidade [...] o argumento tão ao gosto dos burocratas de que o reconhecimento desse direito essencial ao cidadão do acesso a saúde pode implicar em comprometimento de outras políticas públicas de saúde não prevalece. *Basta que se proceda uma gestão racional, eficiente e honesta da coisa pública. Que não se socorra com dinheiro público grandes conglomerados econômicos, que não se venda dólares a preços subsidiados a banqueiros falidos, em afronta ao princípio da legalidade e da moralidade administrativa*" (grifo nosso).

A REALIDADE CRIADA POR CONCEITOS

princípio, nenhum bem é mais relevante do que a vida e a saúde, e, assim, todos os outros bens devem ser sacrificados em face deles. Entretanto, vivemos em uma sociedade na qual os custos de tratamentos e medicamentos são tão elevados que, se gastássemos todos os recursos só com saúde, não poderíamos gastar com mais nada, sendo que há outros bens dos quais uma sociedade deseja gozar, como educação, moradia e lazer (GROSMAN, 2008, p. 105; FERRAZ e VIEIRA, 2009, p. 226). Portanto, é inexorável que, ao se tratar dos direitos sociais que exigem decisões sobre recursos escassos, se faça um raciocínio baseado em custo-benefício.

O fato é que as pessoas não gastam todos os seus recursos em um plano de saúde com cobertura integral para todas as doenças possíveis e imagináveis em detrimento de outros bens, como educação, moradia, segurança econômica ou mesmo de um prazer puro e simples, como degustar um vinho.[58] Esse é um cálculo que também deve ser feito nas escolhas públicas. Se o Estado protegesse a vida humana sem levar em consideração uma análise de custo-benefício, ou seja, considerando que a vida "não tem preço", teríamos resultados sem sentido (MANKIW, 2009, p. 221).[59]

O conceito de direito público subjetivo é inadequado para lidar com as questões levantadas pelos direitos sociais na medida em que seu esquema envolve sempre credor/devedor/objeto (obrigação de dar, fazer ou não fazer). Esse esquema conceitual é capaz de delinear claramente a relação entre indivíduo e Estado. O que ocasiona, como visto, uma série de problemas, tendo em vista que não se garantem os valores constitucionais de igualdade e justiça social em um mundo de recursos escassos. Cécile Fabre (2000, p. 176) afirma que garantir individualmente direitos sociais possibilita apenas a verificação da situação de um indivíduo específico,

---

[58] Cf. Dworkin (2005, p. 446).

[59] Segundo Mankiw (2009, p. 221, grifo nosso), podemos nos sentir tentados "[...] a concluir que a vida humana não tem preço. Afinal, provavelmente não há nenhuma quantia de dinheiro que alguém possa lhe pagar para você voluntariamente abrir mão de sua própria vida ou da vida de um ente querido. Isso sugere que a vida humana tem um valor monetário infinito. *Mas, para os fins de análise de custo-benefício, essa resposta leva a resultados sem sentido.* Se realmente atribuíssemos um valor infinito à vida humana, colocaríamos semáforos em todas as esquinas. Similarmente, todos nós dirigiríamos carros grandes com todos os mais modernos itens de segurança, e não carros pequenos com poucos equipamentos de segurança. No entanto, não há semáforos em todas as esquinas, e as pessoas muitas vezes optam por carros sem *air bags* ou freios ABS. *Em nossa decisões, tanto públicas quanto privadas, por vezes colocamos nossa vida em risco para economizar um pouco*".

mas não é possível saber, por exemplo, se outras pessoas estão ainda em condições piores em relação àquele que apresenta seu direito em juízo.

Não estou afirmando que os direitos sociais não poderiam ser lidos sob a ótica do conceito de *direito público subjetivo*. Isso, porque eles não detêm qualquer essencialidade que nos obrigue a considerá-los necessariamente de uma forma ou de outra. Entretanto, os conceitos servem à vida, e não o oposto.[60] A apreensão dos direitos sociais com a mesma estrutura dos direitos civis e políticos pode trazer consequências não desejadas para a sociedade.

Compreender os direitos sociais como públicos subjetivos implica aceitar que algumas pessoas, simplesmente por terem acionado o Poder Judiciário antes de outras, possam obter a parcela de um bem que pertence não a elas, mas à coletividade. Conceituar os direitos sociais de tal forma é tornar jurídica uma situação injusta, pois um indivíduo, ao propor uma ação cujo pedido estabelece uma relação de obrigação entre ele e o Estado, está perdendo de vista que sua parte como cidadão depende, na verdade, da parcela que também cabe aos outros.

MacCormick (2008, p. 137-140) ilustra essa situação a partir do problema dos convidados gananciosos. Ele narra a história de um casal que pretende realizar uma festa de casamento sem desperdícios de alimentos, pois grande parte da comida não consumida acaba sendo jogada no lixo. O casal, então, estima uma quantidade razoável de alimentos para cada convidado. No entanto, alguns deles acabam exagerando no momento de se servirem de comida e bebida. Assim, aqueles convidados que se dirigiram à mesa em momento posterior aos *greedy guests* não conseguiram obter

---

[60] Jhering, em seu texto "En el cielo de los conceptos jurídicos", critica contundentemente por meio de um texto eivado de humor aqueles juristas que se apegam de tal maneira aos conceitos (o autor toma como alvo de suas críticas a jurisprudência dos conceitos) e acabam por se esquecer de que, na verdade, os conceitos são construídos para lidar com a realidade e que, portanto, os conceitos jurídicos não bastam em si mesmos. Em diversas passagens há um tom irônico e até zombeteiro sobre o formalismo exagerado dos juristas: "[...] todo esto solo ha sido posible desde que la teoría se emancipó por completo de la práctica y se ha basado exclusivamente en sí misma, porque la condición de esa actividad dialéctica creadora es que se evite todo contacto con la vida práctica [...]" (JHERING, 1974, p. 326). Em outra passagem: "Caen los tronos, perecen los pueblos, todo está sujeto a mudanza, pero en el terreno de la jurisprudencia conceptual hay relaciones que hacen mofa de todo cambio de las cosas mundanas, y el tiempo no pude deteriorarlas" (JHERING, 1974, p. 334). Tratarei a respeito da não essencialidade dos conceitos jurídicos no item 1.4.

nada além de restos de salada e pão (MACCORMICK, 2008, p. 137). Com base nesse relato, MacCormick introduz uma questão moral importante: é justo que algumas pessoas consumam em excesso enquanto para outras só restem sobras? A festa só pode ser boa para todos desde que cada um possa ter consciência da existência do outro e apenas consumir uma parte justa do todo. Nesse sentido, afirma o autor que "if all the guests had taken a fair share, everyone would have had enough and all could have equally enjoyed the party" (MACCORMICK, 2008, p. 138).

Uma consequência prática relevante que está ocorrendo no Brasil por meio das ações judiciais com base no direito constitucional à saúde, em parte, pela minha leitura, em razão da compreensão dos direitos sociais como público subjetivo, é que, ao contrário do que se espera, os direitos sociais não estão sendo aplicados para trazer justiça social, ou seja, para auxiliar aqueles que nada ou pouco possuem. Essas ações judiciais resultam em uma distorção do sistema ao garantirem medicamentos para aqueles que não são os grupos mais necessitados da sociedade brasileira.

A atribuição individualizada de um bem pode parecer muito razoável quando, em ações individuais por medicamentos, o indeferimento do pedido pode ocasionar a morte do autor, contudo essas ações acabam por favorecer aos já integrados à sociedade. Silva e Terrazas (2001, *passim*) defendem, a partir de dados empíricos, a tese de que a distribuição de remédios no Estado de São Paulo por meio de ações individuais não protege os grupos vulneráveis. Por isso, concluem os autores que "the justiciability of social rights, at least in our case study, has fallen short as means of rendering certain public services more democratic and accessible. On the contrary, the benefits of such justiciability are mostly enjoyed by those whose interests are already at least partially considered in the political process and who simply use the judiciary as an additional forum to better protect these interests" (SILVA e TERRAZAS, 2011, p. 848).

Nesse mesmo sentido, Octávio Ferraz (2011, *passim*) mostra como a adjudicação do direito à saúde no Brasil não favorece os grupos mais necessitados da sociedade. Em primeiro lugar, ele aponta que 97% das ações são individuais face a 3% de ações coletivas (FERRAZ, 2011, p. 87). Esse é um aspecto importante na medida em que é pouco provável, em razão dos custos econômicos e de informação, que aquelas pessoas que realmente não podem arcar com o valor de um tratamento médico ou de um remédio acionem o Judiciário (FERRAZ, 2011, p. 87). Em segundo lugar, as ações

DIREITOS SOCIAIS

são propostas em face dos Estados brasileiros com as maiores taxas de Índice de Desenvolvimento Humano (IDH), bem como, em geral, os postulantes ao direito à saúde residem em áreas com baixas taxas de exclusão social (FERRAZ, 2011, p. 88-92). Em terceiro lugar, as ações são propostas, em sua maioria, por advogados particulares com base em prescrições de médicos particulares (FERRAZ, 2011, p. 92-94). Esse é mais um indicativo de que os autores das ações não são pessoas pobres ou as parcelas mais necessitadas de prestações de saúde na sociedade brasileira.

Os direitos, portanto, não são protegidos da mesma forma para todos. Segundo Marc Galanter (2005, p. 71-103), os indivíduos que possuem mais informações, renda e possibilidade de contratar serviços jurídicos especializados gozam de maior probabilidade de conseguir o direito pleiteado por via judicial. A neutralidade do sistema jurídico acaba, em última instância, favorecendo os possuidores em detrimento dos despossuídos (GALANTER, 2005, p. 75). Ademais, as decisões judiciais estão limitadas pela tradição e pela ideologia da cultura jurídica, o que dificulta realizar as alterações necessárias (processuais, por exemplo)[61] para garantir os direitos dos despossuídos (GALANTER, 2005, p. 92).

Há uma decisão da Corte Suprema de Justiça argentina que mostra como as soluções jurídicas podem ser bastante limitadas em face dos direitos sociais. Essas soluções pouco efetivas acabam por ajudar a perpetuar o caráter de privação dos mais vulneráveis. Marta Roxana Ramos propôs

---

[61] O modelo liberal de direito não consegue responder adequadamente às necessidades impostas pelos direitos sociais, e a falta de atuação dos Tribunais em prol da elaboração de uma outra visão de alguns direitos pode dificultar seu gozo por algumas parcelas da sociedade. Salles identifica justamente uma dificuldade em adjudicar direitos sociais dentro de um quadro conceitual estruturado de acordo com um modelo liberal: "No modelo liberal há uma correspondência previamente determinada entre a violação do direito e a medida judicial oferecida para sua solução. Assim, a indenização para a reparação do dano, o despejo para a falta de pagamento por parte do locatário, a reintegração de posse para o esbulho da propriedade, a formação de um título executivo para o inadimplemento de uma dívida em dinheiro, etc. Essa correspondência direito-remédio é colocada fortemente em xeque quando é dado ao sistema jurisdicional tratar de direitos sociais. De alguma forma, há um descompasso entre o ordenamento jurídico em geral, no qual foram introduzidos direitos sociais em vários níveis, e o sistema processual, regulador da atividade jurisdicional do Estado. Esse parece permanecer impermeável à influência daqueles, mantendo-se tributário do paradigma liberal e oferecendo respostas insuficientes à nova realidade. Impossível buscar remédios judiciais para os direitos sociais com o mesmo padrão daqueles direitos característicos de um paradigma liberal" (SALLES, 2009, p. 792-793).

ação perante a Província de Buenos Aires pedindo diversos bens básicos para si e sua família.[62] Ramos relata seu estado de miséria afirmando que sua filha sofreu desnutrição e seus seis filhos em idade escolar não podem frequentar uma instituição de ensino, pois ela não possui meios para levá--los ou mantê-los lá. Afirma ainda que, se a situação de seus filhos não for alterada, o ciclo da pobreza se perpetuará:

> Agrega que a sua paupérrima condição econômica soma-se a suas carências educativas, de maneira que ela e seus filhos se encontram imersos em uma *pobreza estrutural* da qual não podem sair sem ajuda estatal. Aduz que a falta de formação impede sua inserção no mercado de trabalho, o que seguramente se repetirá com seus filhos, que nem sequer poderão completar seus estudos e sofrem desnutrição por carência de alimentação em quantidade e qualidade adequadas. Destaca que não conta com bens materiais que lhe permitam asse-gurar a sobrevivência de seus filhos, tampouco se encontra em condições de enviá-los para estudar. (grifo nosso)

Com base nos fatos apresentados e em um extenso rol de disposições jurídicas, a autora pede, em resumo, que sejam fornecidos pelo Estado (a) alimento, saúde, educação e moradia digna; e (b) condições materiais para seus filhos frequentarem a escola (roupa, calçado, gastos com transporte). A Corte argentina decidiu não dar procedência à ação de amparo proposta, pois (a) o Estado não impediu diretamente o acesso aos bens invocados; (b) ao Judiciário não é dado zelar pelo bem geral.

Desconheço situação semelhante no Brasil que tenha demandado atuação jurisdicional, mas, de qualquer forma, desconfio que o Judiciário brasileiro decidiria de forma parecida. Ao mesmo tempo que determina o fornecimento de medicamentos de alto custo, o Judiciário não daria procedência a uma ação da natureza relatada anteriormente. Isso, porque, no caso de Marta Ramos, sua situação jurídica é mais nebulosa para ser tratada como um direito público subjetivo. É preciso uma série de ações para conseguir resolver o problema da autora. E o direito não possui um arcabouço conceitual tampouco estrutura institucional para lidar com a situação. O que confirma a tese de Galanter: os despossuídos terão difi-culdade em ver seus direitos garantidos, pois necessitam alterar a forma

---

[62] Corte Suprema de Justicia de la Nación (Argentina). Ramos, Marta Roxana y otros c/ Buenos Aires, Provincia de y otros s/ amparo. Julgamento: 12/3/2002.

como os direitos são vistos. Essa mudança tem como obstáculos a tradição e a ideologia da cultura jurídica.

Dessa maneira, os direitos sociais como direito público subjetivo atuam em prol de uma distorção ainda mais profunda na distribuição dos bens que já não se mostra justa. Na verdade, os litigantes ainda são aqueles que possuem mais informação e renda, o que, portanto, distorce a alocação dos recursos (FERRAZ e VIEIRA, 2009, p. 245). Não por acaso, Florian Hoffmann e Fernando Bentes (2010, p. 110-111) identificaram maior litigância, com base nos direitos à saúde e à educação, nos Estados do Rio Grande do Sul e do Rio de Janeiro, que possuem uma população com maior renda e escolaridade em relação aos Estados de Goiás, Bahia e Pernambuco. Os autores também atentam para o fato de que não necessariamente os Estados mais litigantes são os que possuem os piores serviços de saúde e educação. Em outras palavras, os Estados que possuem uma estrutura básica pior acabam recebendo menos recursos via Judiciário. Tal realidade provoca uma distorção.

Mesmo instituições que poderiam auxiliar os grupos mais vulneráveis, como o Ministério Público, ainda atuam em prol de uma classe média, e as instituições que deveriam prover acesso à Justiça não possuem estrutura suficiente como as Defensorias Públicas (HOFFMANN e BENTES, 2010, p. 111-112).

Essas constatações revelam que os direitos sociais, da forma como vêm sendo utilizados e aplicados, em vez de incluírem os excluídos, incluem ainda mais os que já estão incluídos na sociedade. Não me parece que é esse o resultado que se espera da aplicação dos direitos sociais. Da mesma maneira, embora haja mecanismos (advocacia gratuita, etc.) para tentar minimizar essa distorção, o *punctum dolens* não é primeiramente institucional, processual ou social, mas, sobretudo, conceitual. Se os direitos sociais fossem compreendidos como direitos pertencentes não aos indivíduos, mas, sim, à sociedade, essas consequências seriam evitadas. Uma definição de direitos sociais que se afaste de uma vertente individualista trará um novo caminho para o seu debate.

Some-se a tudo isso o fato de que a aplicação dos direitos sociais, considerando exclusivamente o direito público subjetivo de cada cidadão, tem propiciado o surgimento de uma realidade perversa: a propositura de ações judiciais sujeita a objetivos escusos. O "mercado" de ações judiciais na área de saúde vem se mostrando bastante rentável. Não se pode

A REALIDADE CRIADA POR CONCEITOS

perder de vista que o Poder Público vem dispondo de verbas bilionárias para cumprir as decisões de ações judiciais na área de saúde nos últimos dois ou três anos. Se somarmos apenas os gastos da União com os gastos declarados pelo Estado de São Paulo para cumprir decisões judiciais na área de saúde, esse número supera a casa de R$ 1 bilhão.[63]

Chieffi e Barata, a partir de pesquisas empíricas realizadas no ano de 2006 no Estado de São Paulo, encontraram fortes indícios de fraudes nas demandas judiciais por parte de uma combinação de interesses entre advogados e indústria farmacêutica. Em primeiro lugar, as autoras questionam em alguns casos a real eficácia dos medicamentos prescritos pelos médicos[64] ou, no mínimo, se haveria outros tratamentos terapêuticos tão eficazes quanto, porém menos custosos. Em segundo lugar, a lista de medicamentos solicitados é pouco extensa, bem como o número de médicos que os prescrevem, e o número de advogados que atuam nas causas correspondem a um universo muito pequeno em comparação ao todo (CHIEFFI e BARATA, 2010, p. 423-425), o que mostra um forte indício de fraude.[65] Para se ter uma ideia dos números levantados pela pesquisa, apenas 32 advogados foram responsáveis por praticamente 50% das demandas judiciais propostas no Estado de São Paulo no ano de 2006 pleiteando medicamentos (CHIEFFI e BARATA, 2010, p. 424). Tendo por base esses dados, as autoras concluem que:

> Ao descreverem ações judiciais para fornecimento de medicamentos ajuizadas contra o Estado do Rio de Janeiro, entre 1991 a 2001, Messeder *et al.* observaram o surgimento e posteriormente o aumento das solicitações dos medicamentos mesalazina, riluzol, peginterferona, sevelamer, levodopa + benserasida, rivastigmina, sinvastatina e infliximabe a partir de 2001. Esses

---

[63] Cf. Anexo I.

[64] "Muitas liminares têm como objetivo atender à prescrição de produtos de alto custo, muitos deles recém-lançados em outros países e ainda não disponíveis no Brasil. O *lobby* da indústria e do comércio de produtos farmacêuticos com associações de portadores de doenças crônicas e o intenso trabalho de propaganda com os médicos fazem com que tanto os usuários quanto os prescritores passem a considerar imprescindível o uso de medicamentos novos. *Em regra*, esses produtos são de altíssimo custo, mas nem sempre são mais eficazes que outros de custo inferior, indicados para a mesma doença" (CHIEFFI e BARATA, 2010, p. 422, grifo nosso).

[65] "Os dados mostram que a distribuição dos processos é bastante concentrada em relação ao tipo de medicamento solicitado, aos médicos prescritores e aos advogados responsáveis por ajuizar as ações" (CHIEFFI e BARATA, 2010, p. 425).

medicamentos foram incorporados, no final do ano 2002, ao Programa de Medicamentos de Dispensação Excepcional do Ministério da Saúde. *O aumento de demanda desses itens pode indicar uma estratégia da indústria farmacêutica para introduzir medicamentos nos protocolos do SUS.*

Os medicamentos bevacizumabe e erlotinibe, usados no tratamento de diferentes tipos de câncer, não estavam disponíveis para compra no mercado nacional no período analisado, necessitando, assim, de importação pelo Estado. A Anvisa aprovou o registro desses medicamentos no ano de 2006, porém, os medicamentos tornaram-se disponíveis para venda no País somente no ano de 2007. Após a autorização do registro é necessária ainda a aprovação do preço de comercialização pela Câmara de Regulação do Mercado de Medicamentos (Cmed), órgão da Anvisa. Somente após registro do preço na Cmed é permitida a comercialização do medicamento no mercado nacional.

O intervalo entre o registro do medicamento e o registro do preço dá às indústrias a possibilidade de comercialização via demanda judicial com a possibilidade de praticar o preço estabelecido por elas, uma vez que esses medicamentos não têm similares, sendo produzidos por um único laboratório. Ajuizada uma ação, os gestores do SUS são obrigados a comprá-los por meio de importação, sem nenhuma possibilidade de negociação de preços.

Esse comportamento parece corroborar a estratégia para a introdução de uma "inovação". Inicialmente o produto é apresentado em eventos científicos, de preferência por meio de palestras ou conferências de um profissional de prestígio na especialidade. Em seguida, alguns médicos passam a prescrevê--lo. Os pacientes orientados pelos próprios médicos ou por associações de portadores da patologia, *frequentemente subsidiadas pelas indústrias farmacêuticas*, procuram a via judicial para obter a garantia de acesso. O processo se repete ampliando progressivamente o número de demandantes. (CHIEFFI e BARATA, 2010, p. 528, grifo nosso)

As ações individualizadas podem dar margem a uma subversão da distribuição de bens em sociedade. Na verdade, o que deveria beneficiar toda a coletividade está gerando custos altíssimos para o Poder Público, voltados, ao que parece, a aumentar o faturamento da indústria farmacêutica em detrimento de se alcançar um bem comum a todos. O direito, portanto, em vez de atuar como um catalizador de transformação da realidade social e de funcionar como uma ferramenta de *accountability*, em última instância, parece estar servindo a uma pequena parcela da população e à indústria farmacêutica.

Se efetivamente for comprovada a ação arquitetada entre advogados e indústria farmacêutica, a conclusão a que chegaríamos, em princípio, é a de que esse é um expediente imoral, porém em consonância com a aplicação dos direitos sociais enquanto direito subjetivo. Essa possível fraude só será devidamente detectada e transformada em problema se os direitos sociais passarem a ser compreendidos como uma defesa de bens públicos pertencentes a toda a coletividade. Assim, necessariamente o Poder Judiciário deverá decidir de um modo diverso ao que atualmente vem utilizando a respeito de sua interferência em políticas públicas que já existem ou as que ainda estão para ser criadas. A deferência do Poder Judiciário em relação ao Poder Público deverá ser muito maior, pois não estamos diante, diga-se novamente, de um direito público subjetivo, mas do controle das razões de distribuição de determinados bens, sendo que o resultado dessa (re)distribuição deveria diretamente beneficiar a toda a comunidade.

A posição dominante da jurisprudência e a doutrina expostas até o presente momento têm raízes no pressuposto de que a sociedade é composta somente por indivíduos. Assim, os direitos só podem ser prestados em caráter individual, pois são as pessoas – como unidades de composição da sociedade – que importam e nada mais. Essa visão acaba redundando em um modelo de adjudicação denominado por Owen Fiss como solução de controvérsia (2005, p. 29-39). Nesse modelo, o juiz é chamado ao processo como um sujeito imparcial que irá solucionar os casos para restabelecer a harmonia social (FISS, 2004a, p. 48-49; 2005, p. 32-33). O foco relevante é sempre o indivíduo.

O conceito de direito subjetivo está dentro dessa lógica atomista e individualista. Sem a expansão do conceito de direito subjetivo para outras situações ou a criação de outro artefato intelectual jurídico será mais difícil ver os conflitos de outra forma. Será mais difícil, assim, conseguir ver que certos grupos encontram-se em uma condição social indesejável para os valores constitucionais (FISS, 2004a, p. 40-41).[66]

A tutela individual dos direitos sociais gera, em certa perspectiva, uma série de problemas. Lon Fuller, em seu texto "Forms and limits of adjudcation", apresenta a maior dificuldade em relação a problemas policêntricos,

---

[66] É preciso deixar claro que Fiss não está imediatamente preocupado com a adjudicação de direitos sociais, mas, sim, com a reforma de instituições como presídios, escolas (objetivando o fim da segregação), etc. A esse modelo de adjudicação, em oposição ao de solução de controvérsia, Fiss atribuiu o nome de reforma estrutural.

como, por exemplo, o caso da adjudicação de direitos sociais. Os problemas policêntricos surgem diante de um cenário em que a decisão em relação a uma área pode trazer consequências não previstas para outras áreas. A distribuição de bens é tipicamente um problema policêntrico. Segundo Fuller, "[...] in allocation $100 million for scientific research it is never a case of Project A v. Project B., but rather of Project A v. Project B v. Project C v. Project D... bearing in mind that Project Q may be an alternative to Project B, while Project M supplements it, and that Project R may seek the same objective as Project C by a cheaper method, though one less certain to succeed, etc." (FULLER, 1981, p. 118). Por isso, o debate em torno de como deveríamos compreender a titularidade desses direitos é relevante. A adjudicação individual dos direitos sociais tem dificuldade de lidar com a distribuição de recursos escassos. Qual é o Poder do Estado que deveria fazê-lo? O Judiciário não pode simplesmente determinar ao Executivo onde e como ele deve gastar suas verbas, mas quando há uma decisão judicial obrigando o Estado a fornecer um remédio ou a custear um tratamento ele está determinando e limitando a formulação de políticas públicas por parte do Executivo.

O critério utilizado por um autor como Rodolfo Arango para justificar a intervenção do Judiciário nesses casos é o da *urgência* (ARANGO, 2003, p. 147; ARANGO, 2005, p. 324-329, 344-345). A Constituição não pode ser vista como um instrumento que consegue tornar possível todos os nossos desejos (ARANGO, 2003, p. 147), contudo, quando em um caso concreto, se o indivíduo estiver com sua dignidade e autonomia ameaçadas (necessitando urgentemente da prestação estatal, portanto), o direito social fundamental deve ser concedido.

Outros autores defendem ideia semelhante, mas principalmente com base em conceitos como dignidade da pessoa humana e mínimo existencial.[67] Eles admitem que o Estado não pode prover todos os direitos sociais

---

[67] Diversos autores seguem essa posição, tais como Ricardo Torres (2003, p. 124); José Reis (2001, p. 78-79); Vicente Higino Neto (2005, p. 63); Cláudia Gonçalves (2006, p. 232-233); Marcelene Ramos (2005, p. 150-151); Cármen Rocha (2005, p. 454-455); Rogério Legal (2006, p. 34); e Emerson Garcia (2005, p. 156, 162). Saliente-se que essa não é apenas uma questão enfrentada pela doutrina. O anteprojeto de lei proposto por Ada Pellegrini Grinover e por Kazuo Watanabe em seu art. 24 prescreve que "na hipótese de demandas para a tutela de direitos subjetivos individuais, que possam interferir nas políticas públicas de determinado setor, o juiz só poderá conceder a tutela se se tratar do *mínimo existencial* ou bem da vida

ou mesmo determinado direito social (ou saúde ou educação ou moradia) a todos os cidadãos ao mesmo tempo. No entanto, em algumas hipóteses, o Estado é obrigado, independentemente de questões orçamentárias, a prover o bem de que o indivíduo necessita. Esses autores afirmam que, quando o mínimo existencial e/ou a dignidade da pessoa humana está em jogo, o Estado não pode esquivar-se de atuar, não pode deixar de prestar o bem ou serviço requerido sob qualquer alegação. Se estiver comprovado que a dignidade do indivíduo está maculada ou inferior na linha de um mínimo existencial, o Estado necessariamente deve atuar.

Um bom resumo dessas ideias está em Sarlet (2002, p. 58-59):

> embora tenhamos que reconhecer a existência destes limites fáticos (reserva do possível) e jurídicos (reserva parlamentar em matéria orçamentária) e que, por esta razão, o fator "custo dos direitos" (não exclusivo dos direitos a prestações) implica certa relativização no âmbito da eficácia e efetividade especialmente dos direitos sociais a prestações, que, de resto, acabam conflitando entre si, quando se considera que os recursos públicos deverão ser distribuídos para atendimento de todos os direitos fundamentais sociais básicos, sustentamos o entendimento, pelos órgãos do Poder Judiciário, de direitos subjetivos a prestações, pelo menos não em toda e qualquer hipótese [...] sempre onde nos encontramos diante de prestações de cunho emergencial, cujo indeferimento acarretaria o comprometimento irreversível ou mesmo o sacrifício de outros bens essenciais, notadamente – em se cuidando de direito da saúde – da própria vida, integridade física e dignidade da pessoa humana, haveremos de reconhecer um direito subjetivo do particular a prestação reclamada em juízo [...]. A solução, portanto, está em buscar, à luz do caso concreto e tendo em conta os direitos e princípios conflitantes, uma harmonização dos bens em jogo [...] fazendo prevalecer, quando e na medida do necessário, os bens mais relevantes e observando os parâmetros do princípio da proporcionalidade e o respeito ao conteúdo mínimo dos direitos e prestações sociais, no sentido de um conjunto de prestações materiais indispensáveis para uma vida digna.

---

assegurado em norma constitucional de maneira completa e acabada, nos termos do disposto no parágrafo 1º do art. 5º e se houver razoabilidade do pedido e irrazoabilidade da conduta da Administração" (grifo nosso).

DIREITOS SOCIAIS

Acontece que esse tipo de raciocínio[68] traz em si um problema adicional ainda no que diz respeito à distribuição de recursos: se os direitos sociais devem ser prestados individualmente, como justificar que pessoas nas mesmas condições daquela que está pleiteando uma obrigação de dar ou fazer do Estado não recebem os mesmos serviços ou as mesmas prestações? Se há um indivíduo que chega até o Judiciário, ainda que seja em uma situação de urgência, como pretende Arango, não existiria no mesmo momento milhares de outras pessoas em situação de semelhante urgência? Como resolver esse impasse? Se o Judiciário usar os recursos escassos do Estado (que no fundo são da sociedade como um todo)[69] para proteger o direito de um indivíduo ele não estará, na verdade, concedendo um privilégio na medida em que outros em situação idêntica não poderão gozar dos recursos públicos? Imaginemos que um indivíduo adoentado devido a um câncer pleiteie junto ao Judiciário, com base no direito constitucional à saúde, um tratamento caríssimo no exterior, o qual seria custeado pelo Estado. Se a ação for julgada procedente, automaticamente (a) o Estado terá menos dinheiro para alocar em outras áreas de saúde (prevenção de doenças tropicais como febre amarela, doença de Chagas, dengue e malária; menos dinheiro para compra e distribuição de remédios etc.); (b) pessoas nas mesmas condições só terão a mesma oportunidade de fazer um tratamento no exterior se propuserem uma ação no Judiciário e este conceder o direito.

Toda essa questão é ainda agravada pelo fato de que os mais pobres acessam com mais dificuldade o Judiciário. E se chegam, não podem, em geral, contratar bons advogados, já que não detêm recursos financeiros para tanto. Assim, os poucos que chegam ao Judiciário possuem chances

---

[68] Cécile Fabre também tende, no que diz respeito à tutela individual, a pensar como Arango, porém ela percebe que há limites na adjudicação individual dos direitos sociais no que tange à distribuição de recursos escassos (1998, 282-283). Se não há recursos para todos, diz ela, como posso saber quais são os indivíduos mais necessitados se no processo eu só consigo visualizar a parte demandante e não a sociedade como um todo, nem um grupo determinado? Ela diz claramente que não pretende resolver o problema, mas deixa a dúvida, ao dizer que talvez os "juízes não possam adjudicar direitos sociais constitucionais em nível individual" (FABRE, 1998, p. 283).

[69] Como diz Canotilho, não é o Estado que paga a conta dos direitos sociais, mas é a própria sociedade que contribui para que outros cidadãos sejam os beneficiários das prestações (2004, p. 102-103).

mínimas de ver seu pedido concedido devido ao baixo grau de excelência do profissional que conseguem contratar.

Os limites apontados anteriormente, advindos de uma tutela individual dos direitos sociais, são realmente um problema? Bem, isso dependerá de como vemos o direito e a função do Poder Judiciário (além, é claro, das próprias regras e princípios do sistema jurídico em tela). Pode-se dizer simplesmente que não é papel do Judiciário se preocupar com a distribuição de recursos. Segundo Lopes (2004b, p. 197-200), com a modernidade houve uma separação funcional entre questões de justiça comutativa e de justiça distributiva (esse conceito de justiça lida com o problema de distribuição de bens escassos). As primeiras foram elaboradas e enfrentadas pelo direito; já as segundas ficaram a cargo dos poderes políticos. Ora, assim sendo, pode-se dizer que ao Judiciário cabe simplesmente adjudicar o direito individualmente no caso concreto. Os Poderes Executivo e Legislativo é que deveriam cumprir com seu papel de distribuir recursos e, entre outras ações, elaborar políticas públicas. O Judiciário e o direito não podem ser simplesmente a panaceia para todos os problemas surgidos na sociedade. A função do Judiciário é verificar se determinado indivíduo possui ou não o direito alegado. No caso do direito à saúde, por exemplo, a função mais corriqueira seria, desde que provocado, verificar se determinado indivíduo possui direito a certo medicamento, examinando se na política pública existente aquele medicamento é contemplado. Se o direito é confirmado, o Judiciário o concede; caso contrário, não. Essa é a lógica operada pelo Judiciário e assim deve continuar sendo sob pena de, em vez de auxiliar na tarefa distributiva e na diminuição da desigualdade social no país, complicar-se ainda mais a situação, pois o Judiciário não consegue ver todos os direitos e situações fáticas em jogo e só pode responder quando provocado. Quando se fala em direito, é quase tomado como pressuposto que os indivíduos estão em posição justificável de exigir, inclusive com o apoio do Estado-Juiz por meio do processo, uma ação de dar, fazer ou não fazer de alguém.[70]

No entanto, como afirma Silva (2009, p. 243):

> [...] a dificuldade de obter uma tutela jurisdicional satisfatória no âmbito dos direitos sociais reside no caráter coletivo desses direitos [...]. A realização

---

[70] Cf. Parcero (2007, p. 106-107).

DIREITOS SOCIAIS

> desses direitos é algo que só é possível se pensada coletivamente. Os procedimentos judiciais, sobretudo no Brasil, não estão, contudo, aptos a dar vazão a pretensões judiciais dessa natureza. Todo direito processual é pensado – e as raríssimas exceções não mudam esse quadro – para uma litigância individual. Quando existentes, as ações coletivas, com raríssimas exceções, pouco diferença têm em relação a ações individuais [...].

Por fim, gostaria de ressaltar que justamente por não haver um caráter essencialista dos direitos sociais, como será visto no próximo item, não há qualquer incongruência em entendê-los, sob certas circunstâncias, como direito público subjetivo. Em alguns casos, a aplicação dos direitos sociais deverá ser necessariamente por meio dessa categoria jurídica em razão do tipo de positivação. Ademais, em determinadas situações, a Administração pode conceder um direito público subjetivo para quem cumpra requisitos específicos.

Desse modo, há dois casos em que os direitos sociais podem ser público subjetivo: (i) quando uma política pública já realizou um raciocínio de custo-benefício decidindo quais são as prestações ou coisas que devem ser concedidas, bem como quais os grupos que devem recebê-las; (ii) por determinação constitucional.

No primeiro caso, se uma política pública estabelece regras e critérios para a distribuição de medicamentos ou benefícios para a aquisição da casa própria, por exemplo, caso a Administração não respeite as regras infraconstitucionais postas em jogo, caberá falar em direito público subjetivo. E, portanto, uma ação individual é perfeitamente cabível aqui já que não estão mais em discussão critérios para a alocação de recursos. A Administração já fez sua opção e deve ser constrangida, inclusive juridicamente, a cumprir a política pública em questão. Dada uma política pública que estabeleça a entrega de moradias para famílias desabrigadas e com renda de até 1 (um) salário mínimo, o Estado tem a obrigação de entregá-las a quem preencher esses requisitos. Caso não cumpra com a política pública, nascerá para o indivíduo um direito público subjetivo. Aqui, caso se proponha uma ação judicial, não caberá ao Judiciário realizar qualquer raciocínio de custo-benefício ou de redistribuição de bens, pois a Administração já o fez.

No segundo caso, refiro-me a eventuais enunciados normativos que prescrevam algum tipo de direito público subjetivo em relação a educação, saúde, moradia, alimentação, etc. O único exemplo, pelo menos o único explícito, a respeito de um direito público subjetivo ocorre nos termos do art. 208, §1º da Constituição Federal.[71] Por força do citado artigo constitucional, o Judiciário não pode realizar nenhum juízo de custo-benefício para atribuição ou não de vaga escolar quando se trate de ensino obrigatório. Caso seja recusada a vaga, nasce um direito público subjetivo para o estudante, que poderá ingressar com ação, ressalte-se individual, a fim de garantir a sua pretensão de ingressar em uma escola pública.

1.3.1. Direitos Sociais, Políticas Públicas e a Distribuição de Bens

Os bens garantidos pelos direitos sociais demandam a necessidade de um outro olhar para o direito. No entanto, ainda que parte da literatura[72] entenda que os direitos sociais devam ser garantidos coletivamente, há um descompasso entre uma tradição jurídica voltada à defesa do indivíduo e a percepção de que se deve buscar uma nova maneira de interpretar e aplicar os direitos sociais. Retomo uma ideia particular presente em um trecho da obra de Virgílio Afonso da Silva, anteriormente citado: "todo direito processual é pensado – e as raríssimas exceções não mudam esse quadro – para uma litigância individual" (SILVA, 2009, p. 243). Eu arriscaria dizer que, na verdade, todo o direito é assim estruturado. Mesmo no direito do consumidor e no direito ambiental, áreas em que conceitos como a tutela coletiva começaram a ser cunhados pelos processualistas, no final das contas, como afirma Veríssimo (2006, p. 172), os interesses difusos são tratados como direito subjetivo. Houve a substituição do indivíduo pela sociedade; não é mais o indivíduo que possui o direito, mas, sim, a sociedade. Nesses termos, Verísssimo faz as seguintes ponderações: "[...] como parece ficar claro, tratar esses interesses dispersos e contraditórios como se fosse uma coisa só, uma só vontade capaz de materializar-se pela boca do Ministério Público ou de uma associação qualquer, não contribui para a adequada compreensão nem para a melhor solução do conflito [...]"

---

[71] Art. 208. O dever do Estado com a educação será efetivado mediante a garantia de: [...] § 1º – O acesso ao ensino obrigatório e gratuito é *direito público subjetivo*.

[72] E mesmo discussões em torno da criação de legislação infraconstitucional sobre o assunto trazem esse aspecto coletivo. Isso ocorreu na discussão do anteprojeto que pretendia instituir um processo especial para o controle e intervenção em políticas públicas pelo Poder Judiciário da lavra de Ada Pellegrini Grinover e Kazuo Watanabe.

(VERÍSSIMO, 2006, p. 173). O resultado desse cenário é que não foram inseridos elementos importantes nessa "coletivização" dos direitos como o raciocínio de custo-benefício necessário para lidar com os direitos sociais.

Uma das principais dificuldades do direito atual é saber lidar com o planejamento. Isso, porque tradicionalmente ele foi utilizado para assegurar direitos existentes, e não como elemento-base para uma alteração na realidade social (LOPES, 1997, p. 26-27). O direito pressupunha uma sociedade em que todos eram iguais e deveriam ser tratados sem discriminações. Qualquer ato que rompesse com essa lógica deveria ser repudiado na tentativa de se restabelecer o *status quo*. Assim como, por exemplo, uma situação de desequilíbrio ocorre no direito privado, do ponto de vista jurídico, se uma das partes não adimple um contrato de compra e venda. O sistema jurídico reconhece a obrigação de pagar o preço e de entregar o objeto advindo da celebração do contrato entre as partes. Caso o preço ou o objeto não tenham sido entregues, fere-se o *status quo*, o qual deve ser restabelecido. Desestabiliza-se, assim, uma relação entre iguais nesta sociedade. O conceito de direito subjetivo encaixa-se perfeitamente nessa visão de mundo.

Ocorre que, enquanto a sociedade, o Estado e os textos legais foram profundamente alterados, a cultura jurídica não os acompanhou com abordagens teóricas consentâneas aos novos tempos. Nosso instrumental conceitual teve poucas alterações no último século. E aqui encontramos um descompasso: temos novos problemas, mas tentamos lidar com eles com as mesmas peças.

No processo civil, por exemplo, os autores que influenciaram amplamente, e continuam influenciando, a doutrina nacional resumem-se basicamente a nomes como Chiovenda, Calamandrei, Carnelutti e Liebman.[73]

---

[73] Uma das obras mais influentes da doutrina brasileira do processo civil nos últimos anos é *A instrumentalidade do processo*, cujo autor é Cândido Rangel Dinamarco. Os quatro autores mencionados são extensamente citados na bibliografia de *A instrumentalidade do processo*. No entanto, não há, por exemplo, autores com uma visão distinta do processo civil como Owen Fiss. Outro exemplo nesse mesmo sentido, e ainda mais influente na formação processualista dos juristas brasileiros pela sua adoção em diversos cursos de processo civil, é a obra *Teoria geral do processo*, escrita em coautoria por Dinamarco, Ada Pellegrini Grinover e Antonio Carlos de Araújo Cintra. Há mais de trinta anos esse livro fornece as primeiras noções dessa disciplina para os alunos das faculdades de Direito. Assim, formando diversas gerações de juristas. Basta olhar a bibliografia citada para perceber que, do ponto de vista teórico, os autores que influenciaram sua concepção são justamente Carnelutti, Chiovenda, Calamandrei e Liebman.

A REALIDADE CRIADA POR CONCEITOS

Autores cuja formação remonta ao início do século XX. Em *Instituições de direito processual civil*, de Chiovenda, o livro começa com uma discussão sobre "a lei e o direito subjetivo" (1965, p. 3), o que mostra claramente o forte viés de direito privado e individualista de sua visão processual. Se ação é "o poder jurídico de dar vida à condição para atuação da lei" (CHIOVENDA, 1965, p. 24), ou ainda se o processo "deve dar, quanto for possível praticamente, a quem tenha um direito, tudo aquilo e exatamente aquilo que ele tenha direito de conseguir" (CHIOVENDA, 1965, p. 46), o fato é que na visão do autor essa "atuação da lei" deve ser vista sob um viés individual, privatista e limitado pelo conceito de direito subjetivo.

Os direitos fundamentais são compreendidos sob a ótica de direitos subjetivos que se exige do Estado, cuja prestação pode ser materializada em fazer ou não fazer algo, bem como fornecer um bem. No entanto, esse esquema conceitual consegue dar conta dos direitos civis e políticos, mas não é capaz de resolver questões postas pelos direitos sociais. Nesse sentido, afirma Isabel Moreira (2007, p. 244, grifo nosso):

> A doutrina, por vezes, aflige-se perante os direitos sociais porque não consegue enquadrá-los nos clássicos dogmas em que assenta a matéria dos direitos fundamentais. A obsessão pela liberdade individual faz esquecer que as estruturas normativas inerentes aos direitos sociais não têm a determinabilidade a que as relativas aos direitos de liberdade nos habituaram, não por capricho de uma nova técnica experimental de construção de normas, mas porque as *normas têm a estrutura imposta pelo bem que visam proteger e pelo perigo que pretendem evitar.*

A liberdade individual não é o único valor a ser protegido pelos direitos fundamentais. Entretanto, toda a teoria dos direitos fundamentais está voltada para lidar com esse valor. O que fazer quando há textos jurídicos protegendo outros bens e evitando outros perigos?

O STF tentou incluir outra lógica em suas decisões além do direito subjetivo. As decisões objetivaram considerar a aplicação dos direitos sociais

---

Todos esses autores nasceram ainda no século XIX, com exceção de Liebman, nascido em 1903. A data de nascimento dos autores nos fornece uma pista acerca do ambiente cultural, ideológico e histórico sob o qual viviam. Por exemplo, nos casos mencionados, sequer havia sido desenvolvida amplamente a visão de um Estado Social.

a partir da necessidade da elaboração de uma política pública, bem como da visão de que sua aplicação está relacionada à alocação de recursos.

A Ministra Ellen Gracie, em início de 2007, inovou a análise jurídica de casos envolvendo o direito à saúde. Na SS 3073, o STF foi acionado pelo Estado do Rio Grande do Norte no intuito de suspender tutela que garantia o fornecimento do medicamento Mabthera para paciente com câncer. Em decisão de fevereiro de 2007, a Ministra Ellen Gracie deferiu o pedido de suspensão da tutela proposto pelo Estado do Rio Grande do Norte nos seguintes termos:

> Verifico devidamente configurada a lesão à ordem pública, considerada em termos de ordem administrativa, porquanto a execução de decisões como a ora impugnada afeta o já abalado sistema público de saúde. *Com efeito, a gestão da política nacional de saúde, que é feita de forma regionalizada, busca uma maior racionalização entre o custo e o benefício dos tratamentos que devem ser fornecidos gratuitamente, a fim de atingir o maior número possível de beneficiários. Entendo que a norma do art. 196 da Constituição da República, que assegura o direito à saúde, refere, em princípio, à efetivação de políticas públicas que alcancem a população como um todo, assegurando-lhe acesso universal e igualitário, e não a situações individualizadas*. A responsabilidade do Estado em fornecer os recursos necessários à reabilitação da saúde de seus cidadãos não pode vir a inviabilizar o sistema público de saúde. *No presente caso, ao se deferir o custeio do medicamento em questão em prol do impetrante, está-se diminuindo a possibilidade de serem oferecidos serviços de saúde básicos ao restante da coletividade* [...] finalmente, no presente caso, poderá haver o denominado "efeito multiplicador" diante da existência de milhares de pessoas em situação potencialmente idêntica àquela do impetrante. (SS 3073/RN. Julgamento: 9/2/2007, grifo nosso)[74]

A Ministra, de modo bastante distinto de outras decisões da jurisprudência nacional, defere o pedido de suspensão da tutela utilizando, como visto, os seguintes argumentos: (i) reconhece tanto a existência de uma política pública na área de saúde quanto o fato de que uma decisão do Judiciário poderá interferir indevidamente nessa mesma política; (ii) interpreta o direito à saúde como a garantia de efetivação de políticas públicas e não "situações individualizadas"; (iii) pressupõe a escassez de recursos para considerar que, caso haja o custeio para uma única pessoa,

---

[74] No mesmo sentido STA 91/AL, Julgamento: 26/2/2007; SS 3145/RN, Julgamento: 11/4/2007.

isso poderia comprometer "a possibilidade de serem oferecidos serviços de saúde básicos ao restante da coletividade".

A Ministra exarou outras decisões adotando essa mesma lógica. O que seria uma alvissareira realidade, pois decisões como essa poderiam, no mínimo, dar ensejo a discussões na jurisprudência nacional para além da aplicação do direito à saúde como um direito público subjetivo. No mínimo, talvez, doutrina e jurisprudência poderiam começar a dar mais atenção ao fato de que um outro caminho analítico e um outro tipo de decisão seriam possíveis.

Contudo, não houve uma profunda mudança na concepção sobre o direito à saúde no STF. A Ministra Ellen Gracie passou a indeferir os pedidos de suspensão propostos pelo Estado sem levar em consideração se os gastos realizados pelo Estado seriam excessivos ou ainda se seria constitucional reverter consideráveis parcelas do orçamento para proteger um único indivíduo.[75] O que mais salta aos olhos diz respeito à alteração de posição perpetrada pela Ministra, a qual não foi em nenhum momento justificada, ou seja, a Ministra simplesmente mudou de posição sem levar em consideração suas próprias decisões anteriores, as quais deferiam os pedidos de suspensão com base no argumento de que a prestação da saúde deve ser estruturada coletivamente, com base em uma política pública, e que, por isso, não garantia bens individualmente.

Ao retomar a análise da STA 175-AgR/CE vê-se que o Ministro Gilmar Mendes inicia uma discussão em sentido muito semelhante ao proposto, como visto anteriormente, pela Ministra Ellen Gracie. A discussão nesse caso, como é sabido, ocorreu acerca da suspensão ou não da concessão de tutela para o fornecimento de medicamento de alto custo para tratamento da enfermidade Niemann Pick C. O Ministro desenvolve uma lógica, influenciada pela audiência pública realizada em abril e maio de 2009,[76] que não está baseada no conceito de direito subjetivo. Grande parte de sua análise na STA 175 gira em torno da necessidade de "escolhas alocativas" imposta pelo direito à saúde:

---

[75] Cf. as últimas decisões monocráticas exaradas pela Ministra como Presidente do STF: STA 212, Julgamento: 22/4/2008; STA 217/RN, Julgamento: 22/4/2008; SL 188/SC, Julgamento: 14/12/2007.

[76] Para mais informações a respeito da mencionada audiência pública acessar: http://www.stf.jus.br/portal/cms/verTexto.asp?servico=processoAudienciaPublicaSaude. Acesso em: 8 maio 2019.

> [...] *em razão da inexistência de suportes financeiros suficientes para a satisfação de todas as necessidades sociais*, enfatiza-se que a formulação das políticas sociais e econômicas voltadas à implementação dos direitos sociais implicaria, invariavelmente, *escolhas alocativas*. Essas escolhas seguiriam critério de justiça distributiva (o quanto disponibilizar e a quem atender), configurando-se como típicas opções políticas, as quais pressupõem "escolhas trágicas" pautadas por critérios de macrojustiça. É dizer, a escolha da destinação de recursos para uma política e não para outra leva em consideração fatores como o número de cidadãos atingidos pela política eleita, a efetividade e a eficácia do serviço a ser prestado, a maximização dos resultados etc. [...] independentemente da hipótese levada à consideração do Poder Judiciário, as premissas analisadas deixam clara a necessidade de instrução das demandas de saúde para que não ocorra a produção padronizada de iniciais, contestações e sentenças, peças processuais que, muitas vezes, não contemplam as especificidades do caso concreto examinado, impedindo que o julgador concilie a dimensão subjetiva (individual e coletiva) com a dimensão objetiva do direito à saúde. (grifo nosso)

O Ministro Gilmar Mendes, por sua vez, inclui em seu voto diversos elementos no intuito de mostrar que o direito à saúde deve levar em consideração "escolhas alocativas". Apesar de toda uma linha argumentativa que se assemelhou à decisão proferida pela Ministra Ellen Gracie na SS 3073/RN, na realidade, o STF permanece identificando o direito à saúde como um direito público subjetivo. A decisão de Gilmar Mendes, em última instância, não levou em consideração toda a análise acerca da coletividade do direito à saúde.

Outros autores corroboram a posição exposta até aqui mostrando que, de fato, a jurisprudência nacional, quando se trata de direitos sociais, faz uma análise individual do conflito. A pesquisa coordenada por Hoffmann e Bentes, por exemplo, coloca-se nessa mesma linha. Os autores afirmam que a adjudicação dos direitos à saúde e à educação no Brasil possui principalmente os seguintes objetos de litígio: (a) acesso a medicamentos; (b) custeio de tratamentos médicos; (c) vaga em escola; (d) discussão sobre reajuste de mensalidade. Os objetos pleiteados mostram como os pedidos e as decisões a respeito de direitos sociais estão vinculados a uma visão que tem como foco o conceito de direito subjetivo. Essa visão reduz a complexidade exigida pelos direitos sociais. Afinal, o direito à educação tem por objetivo simplesmente assegurar uma vaga em uma escola ou pretende desenvolver as capacidades do aluno em um contexto pedagógico de qualidade? A Constituição é cumprida quando o aluno consegue uma vaga na escola, ainda que esta não apresente boa qualidade, seja pela formação e didática apresentadas pelo docente, seja na infraestrutura disponível em determinado estabelecimento de ensino? O art. 206, VII, afirma que a garantia do padrão de qualidade é um dos princípios pelos quais o ensino deve ser ministrado. Essa disposição jurídica não deve ser incluída em um raciocínio que demanda o direito à educação? O direito à saúde está exclusivamente vinculado à obrigação do Estado de fornecer medicamentos ou tratamentos de forma gratuita para seus cidadãos?

Entendo que a Constituição Federal vem sendo inadequadamente interpretada pelos Tribunais na medida em que os direitos sociais não demandam um direito público subjetivo, mas, sim, a distribuição de um bem (saúde, educação, moradia, alimentação, etc.) por meio de uma política pública. A complexidade dos bens protegidos pelos direitos sociais é minimizada e sua efetividade é restringida quando são vistas pela ótica do direito público subjetivo.

Isso, porque os direitos sociais não estão ligados primariamente a prestações específicas (remédios, vagas em escolas, etc.), mas, sim, ao modo pelo qual os bens saúde, educação, moradia e alimentação são distribuídos. Dessa forma, o direito à saúde, por exemplo, não está relacionado exclusivamente ao fornecimento de medicamentos e ao custeio de tratamento, mas, sim, a um complexo maior de serviços e decisões que precisam ser tomadas.[77] É preciso saber quais especialidades médicas devem ser focadas, quais doenças devem ser prioritariamente combatidas, etc. Essa realidade está envolta em necessidades que vão além de construir hospitais e fornecer medicamentos, pois, por exemplo, a contratação de médicos depende de existirem médicos para serem contratados. Ocorre que em determinadas áreas há falta de especialistas (CÂMARA MUNICIPAL DE SÃO PAULO, 2011). Nesse sentido, uma decisão que determinasse a contratação de clínicos gerais, os quais, segundo reportagem (CÂMARA MUNICIPAL DE SÃO PAULO, 2011), estão em falta, não poderia ser cumprida, pois a contratação de médicos em tal especialidade não dependeria nem de orçamento, tampouco da vontade do Estado, mas da existência de uma política pública que privilegiasse a formação de clínicos. Essa realidade não poderia

---

[77] Nesse mesmo sentido ver Amaral (2010, p. 179,183); Ferraz e Vieira (2009, p. 225).

DIREITOS SOCIAIS

ser alterada por decreto, mas apenas por uma política pública que tomasse diversas medidas para incentivar a formação de médicos nessa área.

A Constituição determina que o Estado priorize na área de saúde as atividades preventivas (art. 198, II).[78] Esse texto só pode ser concretizado mediante a elaboração de uma política pública. Não é possível determinar em uma sentença simplesmente se o Estado está ou não cumprindo com essa determinação constitucional.

Diante dessa nova realidade e das exigências constitucionais, é preciso desvencilhar-se das "análises tradicionais". Nesse sentido, afirma Garcia (2009, p. 207, grifo nosso) acerca dos direitos sociais:

> Al ser derechos que en muchos casos exigen para su realización efectiva, la acción positiva de los poderes públicos; ello requiere movilizar importantes recursos materiales y humanos y organizarlos en un proceso tremendamente complejo que incluye medidas legislativas, políticas públicas e sociales, planes y programas de actuación, organización de servicios básicos e infraestructuras como condición previa para ala realización efectiva de los objetivos materiales de protección y bienestar de los sujetos y grupos protegidos. Se trata de transformaciones que llevan a escenarios regulativos de implementación que implican cambio sustanciales en la estructura y las dinámicas tendentes a la realización de los derechos. *Estas mutaciones obligan a modificar no sólo la terminologia, sino también la perspectiva de los análisis tradicionales sobre la aplicación y evaluación del desarrollo de los derechos.*

Há atualmente uma deficiência teórica que prejudica a análise e a aplicação dos direitos sociais. Do mesmo modo, Wesly Newcomb Hohfeld (2008, *passim*), por exemplo, percebeu, no âmbito do direito privado, que havia um sério problema na teoria jurídica, com repercussões práticas, quando esta trata todas as diversas relações jurídicas como se fossem apenas direitos e deveres. O autor afirma que o indivíduo pode figurar não somente nessas duas posições jurídicas, mas em outras como imunidade, sujeição, poder, privilégio, impotência e não direito. Não se pode

---

[78] Art. 198. As ações e serviços públicos de saúde integram uma rede regionalizada e hierarquizada e constituem um sistema único, organizado de acordo com as seguintes diretrizes: I. descentralização, com direção única em cada esfera de governo; II. atendimento integral, com prioridade para as atividades preventivas, sem prejuízo dos serviços assistenciais; III. participação da comunidade.

A REALIDADE CRIADA POR CONCEITOS

simplificar os interesses e relações em jogo, pois isso traria um obstáculo à "solução correcta dos problemas jurídicos" (HOHFELD, 2008, p. 8). Afirma ainda o autor que "um dos grandes óbices a uma clara compreensão, enunciação incisiva e resolução verdadeira de problemas jurídicos surge frequentemente da pressuposição, expressa ou tácita de que todas as relações jurídicas podem reduzir-se a 'direitos' e 'deveres', e que estas categorias são, por conseguinte, adequadas para efeitos da análise até mesmo dos interesses jurídicos mais complexos, como [...] os interesses societários" (HOHFELD, 2008, p. 26).

A compreensão dos direitos sociais pela ótica do direito subjetivo está em desacordo com os valores de igualdade e justiça social consagrados constitucionalmente. O pressuposto dos direitos sociais não reside na simples ideia de que na sociedade todos são iguais (seja em seu poder econômico, político, social, etc.) e de que qualquer alteração nas relações jurídicas entre esses indivíduos iguais deve ser restabelecida. Essa é, implicitamente, a interpretação dos Tribunais, principalmente quando se trata do direito à saúde. De modo oposto, a criação dos direitos sociais tem como pressuposto o fato de que na sociedade há pessoas/grupos que gozam de uma posição econômica, política, social etc., muito diferente das demais. Essa posição socialmente privilegiada possibilita o açambarcamento com mais facilidade de bens que deveriam minimamente ser gozados por todos. Dessa forma, é preciso, em um mundo de escassez, promover um planejamento para que os mais necessitados gozem de bens básicos (como saúde, educação, moradia, segurança, alimentação, etc.) e possam tentar efetivamente fazer parte da sociedade. Os benefícios sociais devem ser minimamente partilhados por todos. Só haverá um exercício pleno da cidadania quando todos puderem acessar um "conjunto de sistemas sociais básicos" (COSTA, 2007, p. 14).

A visão albergada na Constituição de uma sociedade justa, solidária e democrática passa necessariamente pela divisão dos benefícios construídos pela sociedade. Isso não significa uma igualdade real, mas, sim, a atribuição da possibilidade de alterar estruturalmente a realidade dos cidadãos para que estes possam fazer parte da sociedade na qual vivem. Quem se sentiria parte de um grupo no qual alguns possuem um conforto material e psicológico enquanto outros sequer conseguem um local seguro e saudável para viver? Não há possibilidade de democracia e solidariedade social com uma profunda discrepância no gozo dos benefícios proporcionados pela sociedade. A resposta jurídica para essa realidade não pode ser traduzida pela ótica individualista segundo a qual alguém possui uma relação com o Estado e este deve lhe fornecer o remédio *x* ou a vaga na escola *y*.

Se o Estado gasta 50% dos recursos com educação, mas não temos estrutura física, tampouco um ambiente adequado para o desenvolvimento pedagógico, tudo isso ainda é uma questão jurídica relevante. Em outras palavras, os direitos sociais ficaram excessivamente associados aos custos, mas essa é uma ideia limitadora. O Estado tem de contratar e adquirir, por exemplo, professores de qualidade, boas lousas, livros, etc. Como ministrar uma aula sabendo que não há giz? Ou ainda, tendo consciência de que seus alunos passam fome? Como os alunos podem aprender se não recebem a quantidade calórica mínima por dia? Ou mesmo se não conseguem transporte para levá-los até a escola? Ora, isso não é uma questão do direito à educação? Tendo em vista as disposições jurídicas contidas na Constituição Federal, principalmente o art. 206 e o art. 214, entendo que todos esses temas devem fazer parte do direito à educação.

Só é possível lidar com esse conjunto de questões a partir do momento em que deixamos de ver os direitos sociais sob a ótica conceitual que molda as relações tipicamente privadas. Não há um direito público subjetivo a uma política pública. Repito que o titular do direito não é o indivíduo, mas, sim, a sociedade, e esta deve ser estruturada para propiciar a igualdade de condições para seus cidadãos. Não me refiro a uma igualdade em que todos possuem as mesmas coisas, mas, sim, a uma igualdade em que todos têm condições de participar da comunidade. Ter um direito à educação não é ter direito a um bem, a uma prestação específica. Não é ter direito a lápis, borracha, caneta, vaga em escola, mas, sim, a uma política pública que possa garantir um mínimo de educação para as parcelas menos favorecidas em prol da justiça social. O Estado deve zelar para que bens como educação, saúde, moradia, alimentação e segurança cheguem minimamente a todos. O que é o bem educação? Não é simplesmente uma prestação de dar ou fazer, mas um conjunto de decisões que envolvem não só a destinação de recursos, mas também a escolha entre contratação de professores, piso salarial, merenda escolar, estrutura física, etc.

Os direitos sociais são difusos pela simples razão de que há um interesse da coletividade no intuito de que os bens sejam distribuídos de forma igual e justa. Esse interesse difuso está disposto na Constituição ao almejar-se uma sociedade solidária. Não pode haver justiça, solidariedade e

A REALIDADE CRIADA POR CONCEITOS

sentimento de pertença a um grupo social enquanto os benefícios gerados pela sociedade forem desigualmente distribuídos.

Assim, o objeto assegurado pelos direitos sociais não diz respeito pura e simplesmente a prestações, mas, sim, à possibilidade de discutir se a redistribuição de bens em áreas como saúde, educação, moradia e segurança respeita a imparcialidade e a escassez dos recursos de acordo com as situações fáticas envolvidas. De certo, o resultado dessa discussão pode redundar no fornecimento ou não de remédio. No entanto, o pedido em uma ação, com base no direito à saúde, não seria para o fornecimento de remédio, mas para verificar se a distribuição do bem saúde, de acordo com a realidade econômica brasileira atual, não está privilegiando algum grupo social em detrimento de outro de forma injustificada. Nesses casos o Judiciário pode fazer um escrutínio detalhado dos motivos aduzidos pela Administração em não adotar, por exemplo, a inserção de um medicamento para distribuição gratuita à população.

A análise que o Judiciário deve realizar é se a ausência de política pública se justifica ou se determinada política pública está adequada de acordo com os parâmetros da escassez. Por exemplo, se a distribuição de um único remédio terá como custo 50% do orçamento do Estado de São Paulo destinado à saúde, essa medida só se justificaria em caráter de extrema excepcionalidade (uma crise epidêmica que colocasse em risco a integridade da própria comunidade, por exemplo). Em outras palavras, será necessário um raciocínio de custo-benefício que se torna inerente para a atribuição, ou não, de direitos sociais. Esse tipo de raciocínio foi realizado, segundo Lopes (2006, p. 246), pelo Tribunal de Justiça do Estado de São Paulo ao negar um pedido do Ministério Público para a compra e guarda de medicamento contra a síndrome de hipertermia maligna. O Tribunal levou em consideração três elementos para realizar o raciocínio: (i) o alto custo do medicamento; (ii) a raridade da mencionada síndrome; (iii) e o prazo de validade do medicamento (LOPES, 2006, p. 246). Levando em consideração tais elementos, o Tribunal julgou a ação improcedente, pois haveria um alto custo para adquirir um medicamento que poderia atingir a sua validade sem chegar a ser utilizado pelos portadores da síndrome em razão de sua rara ocorrência.

Esse último exemplo é bastante interessante, pois, quando se pensa em raciocínio de custo-benefício em decisões judiciais que consideram não uma relação bilateral, mas o gozo simultâneo dos bens por um grupo ou pela sociedade, essa realidade assusta os juristas em razão de uma pretensa alta complexidade no raciocínio e principalmente da necessidade de diversas informações (técnicas, orçamentárias, etc.). Entretanto, esse exemplo mostra que é possível, a depender da demanda, elaborar um raciocínio simples de custo-benefício que contribui para a redistribuição de bens na sociedade, pois, ao não se obrigar o Estado a gastar com a compra de tal medicamento, ele poderá reverter esses recursos para outras políticas públicas.

Esses bens devem ser objeto de discussão para a sua distribuição. Educação não é dar vaga na escola, mas envolve diversas ações que pretendem atribuir habilidades e competências. Para tanto, a vaga na escola é só um passo. É preciso lidar com falta de estrutura, professores mal pagos, incompetentes e desestimulados. Não é possível falar em direito à educação sem levar em conta essas dimensões. Ao mesmo tempo, o direito só conseguirá identificar essas demandas como conflitos jurídicos se existirem conceitos que visualizem essas questões como jurídicas.

Os direitos sociais preocupam-se com a divisão social de alguns bens, não tanto com o que é materialmente assegurado a cada pessoa. A pergunta a ser respondida em última instância pelos direitos sociais é: como dividiremos alguns bens básicos? Esse é um fato relevante para diferenciar os direitos sociais, de um lado, e os civis e políticos, de outro. Nesses casos não há uma preocupação, embora empiricamente isso seja possível, com os recursos a serem gastos em segurança para proteger a propriedade ou ainda uma discussão sobre a divisão de recursos para realizar eleições. Por outro lado, esse é o ponto dos direitos sociais. Todos os direitos podem ter custos, mas a questão dos custos só é um ponto para os direitos sociais, pois estes tratam de divisão de um conjunto de bens públicos.

Outro ponto relevante diz respeito ao que significa violar os direitos sociais. Se a posição da doutrina e da jurisprudência estiver correta, nós teremos direitos que serão impossíveis de serem efetivados. Isso, porque em qualquer caso no qual a pessoa necessitasse de remédio ou tratamento médico esses deveriam ser custeados pelo Estado. O que me faz pensar que em qualquer situação de desprovimento material (saúde, educação, moradia, alimentação) o Estado estaria violando os direitos sociais. A aplicação dos direitos sociais não gera obrigação de custear todos os tratamentos possíveis, mas distribuir justificadamente em uma República Imparcial os bens sociais para tentar modificar estruturas de desigualdade. Essa é a análise que deve ser realizada pelo jurista.

1.4. Por que Direito Subjetivo? O Mundo Recortado pelos Conceitos

Se, por um lado, a aplicação da noção de direito público subjetivo aos direitos sociais traz diversos problemas, por outro lado, surge a questão se seria possível ir contra uma longa tradição jurídica que consolidou a ideia de que os direitos fundamentais assim devem ser compreendidos. É possível, portanto, atribuir um outro caráter aos direitos sociais que não o de *direito público subjetivo*? Nesse item discuto a não essencialidade e a não neutralidade dos conceitos jurídicos, estabelecendo a possibilidade de entendermos os direitos sociais de forma não necessariamente vinculada ao conceito de direito público subjetivo.

É interessante notar que as definições não são neutras e, portanto, podem trazer consequências positivas ou negativas a depender dos grupos sociais que podem se beneficiar dos resultados dessas categorias jurídicas. Segundo Diogo Coutinho "[...] the law is everything but a neutral variable when it comes to inequality and poverty levels" (COUTINHO, 2010, p. 6). Esquemas conceituais também não são neutros, apesar de, muitas vezes, não nos darmos conta desse fato.

Ferrajoli, por exemplo, elabora uma definição que ele mesmo qualifica como "puramente forma ou estrutural" de direitos fundamentais nos seguintes termos:

> [...] son "derechos fundamentales" todos aquellos *derechos subjetivos* que corresponden universalmente a "todos" los seres humanos en cuanto dotados del status de personas, de ciudadanos o personas con capacidad de obrar; entendiendo por "derecho subjetivo" cualquier expectativa positiva (de prestaciones) o negativa (de no sufrir lesiones) adscrita a un sujeto por una norma jurídica; y por "status" la condición de un sujeto, prevista asimismo por una norma jurídica positiva, com presupuesto de su idoneidad para ser titular de situaciones jurídicas y/o autor de los actos que son ejercicio de éstas. (FERRAJOLI, 2010, p. 37, grifo nosso)

O autor entende que essa definição traz evidentes vantagens, pois

En cuanto prescinde de circunstancias de hecho, es valida para cualquier ordenamiento, con independencia de los derechos fundamentales previstos o no previsto en él, incluso los ordenamentos totalitarios y premodernos. Tiene por tanto el valor de una definición perteneciente a la teoría general del derecho. *En cuanto es independiente de los bienes, valores o necesidades sustanciales que son tutelados por los derechos fundamentales, es, además, ideológicamente neutral. Así, es válida cualquiera que sea la filosofía jurídica o política que se profese: positivista o iusnaturalista, liberal o socialista e incluso antiliberal y antidemocrática.* (FERRA-JOLI, 2010, p. 38, grifo nosso)

Destaco o pensamento de Ferrajoli, pois o que está por trás das definições atuais de direitos fundamentais é uma visão da sociedade e do direito tomada inadvertidamente a partir de definições que seriam puramente formais. Em outras palavras, se levássemos às últimas consequências as palavras de Ferrajoli, chegaríamos próximos a uma definição essencialista de "direitos fundamentais". Se há uma essência de todo e qualquer direito fundamental, suas ideias estariam imunes a críticas. Nesse sentido, todo e qualquer direito fundamental necessariamente é um direito subjetivo.

A ideia de um conceito essencial que não traga qualquer carga valorativa parece-me impossível. Isso não significa fazer uma análise maniqueísta valorando moralmente os autores a partir da escolha de um lado, ou seja, autores que estariam do lado do "bem" e autores que estariam do lado do "mal". Pretendo apenas ressaltar que a frase de Ferrajoli não faz sentido na medida em que necessariamente toda definição vai, a partir de uma determinada visão, prejudicar ou consagrar, ressaltar ou ignorar grupos sociais, pessoas, bens, valores, fatos. Destarte, uma definição de direitos fundamentais como direitos subjetivos, independentemente do fato de ser considerada correta ou razoável a partir de suas consequências ou mesmo a partir das disposições jurídicas de um dado ordenamento, não é neutra. Segundo Sunstein, "in law, the pragmatic claim would manifest itself in a recognition that legal categories were not static or given, or merely descriptions of preexisting 'kinds'. They were instead human creations to be assessed in terms of their consequences for human welfare" (SUNSTEIN, 1993, p. 53).

Afirmar que um dos elementos característicos dos direitos fundamentais é o direito subjetivo importa em recusar a possibilidade de considerar outros modelos.[79] Entender os direitos sociais como público subjetivo, como visto até aqui, é reforçar um esquema teórico-jurídico que tem grandes chances de privilegiar parcelas mais abastadas da sociedade em detrimento dos mais pobres. Se "a principal patologia social brasileira é a desigualdade social" (KERSTENETZKY, 2012, p. 257), esse esquema conceitual tende a reforçar tal patologia na medida em que inadvertidamente redistribui bens sem levar em consideração o todo, ou seja, descurando-se de identificar quem são os grupos "vencedores" e os "perdedores" com essa divisão. Nesse sentido, a análise dos direitos sociais não pode ser feita pelo conceito de direito subjetivo, já que ele não leva em consideração na atribuição de bens "o tema da universalidade e do gozo simultâneo dos direitos" (LOPES, 2006, p. 255).[80]

Coutinho (2010, p. 5) afirma que a estrutura jurídica no Brasil privilegia os ricos. Essas estruturas jurídicas geralmente são pensadas, por exemplo, em termos de um sistema tributário regressivo (tributando proporcionalmente mais os mais pobres) ou ainda de um sistema previdenciário que privilegie apenas algumas parcelas da sociedade. No entanto, há um aspecto não menos relevante, ou até mais relevante em razão de sua

---

[79] "Los derechos subjetivos y los derechos colectivos son categorias normativas con distintas características que impiden una asimilación automática entre ambos. Los derechos colectivos tienen características propias que forjan una identidad determinada con modalidades y alcances distintos de los que tienen los derechos subjetivos. Es hora de que la doctrina, la legislación y la jurisprudencia comiencen a percibir estas notables diferencias, para poder dar a los derechos colectivos una real vigencia en torno a su naturaliza, contenido y tipologia, como así también respecto de sus mecanismos de tutela. El desafio es la construcción de un concepto estructural de derecho colectivo que permita afirmar su carácter de derecho fundamental en el marca de un Estado constitucional de derecho. De esta manera, se ampliaría la base sustancial del modelo y se instauraria una concepción solidaria de la democracia a partir del reconocimiento y garantia de derechos que por su tipologia no concibem el uso y goce de determinados bienes desde una visión exclusivamente individualista" (DOMÍNGUEZ, 2005, p. 128).

[80] "Devido à dinâmica do processo civil tradicinal bilateral (um antagonismo dual) e às teorias do direito subjetivo que dominam a discussão, não se nota nos argumentos constitucionais o tema da universalidade e do gozo simultâneo dos direitos. Ou seja, os tribunais e seus argumentos, tanto quando concedem quanto quando negam os pedidos, não discutem que muitas vezes o que está em jogo em uma disputa da determinação da extensão dos direitos de um cidadão ou de um grupo de cidadãos não é o dever de uma pessoa – o Estado – mas os direitos dos outros cidadãos e dos outros grupos. Muitas vezes a discussão que deveria importar é se o Estado, ao negar certo benefício ou certo direito a alguém, não o está fazendo justamente em nome da manutenção dos direitos dos outros cidadãos em geral" (LOPES, 2006, p. 255).

pretensa neutralidade, que diz respeito aos conceitos jurídicos. A estrutura jurídica brasileira que pode privilegiar os mais ricos não está relacionada simplesmente às disposições jurídicas, embora elas desempenhem um papel importante na distribuição dos bens em sociedade, mas também a algo que parece ser pouco notado pelos autores – os conceitos que parecem "inocentes", mas não o são.

Permanecer entendendo direitos sociais como subjetivos é trilhar o caminho do reforço de estruturas que privilegiam os mais ricos em detrimento dos mais pobres. Por outro lado, a compreensão dos direitos sociais como difusos possibilita que os recursos e a elaboração das políticas públicas sejam discutidos em um foro público que envolva os interesses da coletividade. Se historicamente as elites influenciam na condução dos seus interesses por meio do Estado (COUTINHO, 2010, p. 13), os direitos sociais podem se tornar um meio de amenizar essa influência quando se trata de situações relevantes em que bens como saúde, educação, moradia, etc. estão em jogo. Os direitos sociais compreendidos como difusos, como veremos melhor nos próximos dois capítulos, contribuem para que o Estado se mantenha imparcial em suas decisões e para que o Judiciário seja mais um instrumento de controle quando estamos lidando com bens essenciais para a existência do bom convívio entre as pessoas nas sociedades contemporâneas, a saber, saúde, educação, moradia, alimentação, etc. Se o Brasil "[...] could be considered a case of 'inequality trap', i.e., in a situation where persistent diferences in power, wealth and status between socio-economic groups, which are sustained over time by economic, political and socio-cultural mechanisms and institutions, permanently reinforce inequality" (COUTINHO, 2010, p. 14), a reconceituação dos direitos sociais como difusos poderia auxiliar em criar barreiras a fim de tornar esse ciclo vicioso menos provável.

O direito é um campo propício para que se reproduza a ideia de universalidade e neutralidade. Isso, porque a linguagem jurídica (BOURDIEU, 2001, p. 215-216) é formulada a partir de um sujeito pretensamente universal, imparcial e objetivo que tem por base "valores transobjetivos que pressupõem a existência de um consenso ético (por exemplo, 'como bom pai de família')" (BOURDIEU, 2001, p. 216). O direito, seja como um objeto de estudo ou como um meio de resolução de conflitos, tende a levar-nos a compreendê-lo como se fosse construído sobre algum tipo de substrato imutável.

A doutrina jurídica constrói seus discursos a partir dessas características de universalidade e neutralidade. No entanto, ao contrário do que se possa imaginar, esses discursos comportam uma capacidade de influenciar outros discursos ou comportamentos humanos não com base em uma racionalidade rigorosa, mas, sim, em razão de seu poder simbólico.[81] Não há universalidade e neutralidade no direito. E aqui não faço um julgamento de valor, isto é, não vejo como deletéria essa falta de universalidade e neutralidade. O problema surge quando tomamos um discurso, um conceito (como é o caso da visão de Ferrajoli sobre direitos fundamentais), uma interpretação como universal ou neutra sem que, na verdade, seja possível alcançar essa universalidade ou neutralidade.

Por meio do poder simbólico, a doutrina neutraliza valores, ou seja, vale-se deles como se não estivessem arraigados a contextos e situações específicos (FERRAZ JR., 1998, p. 182). A construção doutrinária acaba por determinar quais são as opções viáveis e aquelas que sequer devem ser consideradas como opções. Na área acadêmica há um forte controle da produção científica pelos próprios pares. É a comunidade acadêmica que, em última instância, sentenciará uma tese como absurda ou como genial. Essa realidade é ainda mais marcante na área de ciências humanas, em que uma lógica dedutiva tem sérios limites devido à dificuldade de se estabelecer com rigor tanto a interpretação do enunciado normativo quanto dos fatos.

Esse pressuposto de que há um substrato imutável e universal no direito, apenas a título de ilustração, fica claro nos estudos de direito romano realizados no Brasil. Há várias instituições de ensino superior que possuem tal disciplina, que, em geral, costuma ensinar aos jovens alunos que a tradição jurídica do Ocidente possui mais de dois mil anos. Isso, porque seu berço é o direito romano. Esse é um ponto que tem repercussões fundamentais na formação do jurista brasileiro. A visão exposta por Thomas Marky mostra

---

[81] "O poder simbólico como poder de constituir o dado pela enunciação, de fazer ver e fazer crer, de confirmar ou de transformar a visão de mundo e, deste modo, a ação sobre o mundo, portanto o mundo; poder quase mágico que permite obter o equivalente àquilo que é obtido pela força (física ou econômica), graças ao efeito específico de mobilização, só se exerce se for *reconhecido*, quer dizer, ignorado como arbitrário [...] o que faz o poder das palavras e das palavras de ordem, poder de manter a ordem ou de a subverter, é a crença na legitimidade das palavras e daquele que as pronuncia, crença cuja produção não é da competência das palavras" (BOURDIEU, 2001, p. 14-15).

algumas características importantes para se compreender a visão da doutrina brasileira sobre o direito, o que repercutirá de maneira decisiva sobre a legislação e as decisões dos Tribunais. Afirma o autor que:

> A importância do estudo do direito romano *não precisa ser explicada*, pois é de conhecimento mesmo do leigo que o nosso direito e o de todos os povos do Ocidente derivam do direito romano. Portanto, ao estudá-lo, vamos às origens do nosso próprio direito vigente.
>
> Ele apresenta as *categorias jurídicas fundamentais* nas quais o direito moderno se baseia e, por isso, se presta magnificamente a dar aos principiantes uma visão geral e todo o sistema jurídico, especialmente do direito civil. Ao mesmo tempo os inicia na técnica do *raciocínio jurídico*. Tudo isto com a vantagem de explicar as categorias básicas conforme sua *evolução histórica*, o que facilita a compreensão. (MARKY, 1995, p. 3-4, grifo nosso)

Os termos grifados deixam transparecer o *status quo*, pelo menos no Brasil, da compreensão não só do direito romano, mas do direito em geral. A afirmação de que o estudo do direito romano não requer explicações, pois a sua relevância é evidente, ocorre em virtude de uma quase subserviência do jurista à tradição. Outro ponto importante do trecho apresentado anteriormente diz respeito a apresentar o direito romano como um portador de categorias jurídicas fundamentais. Dessa maneira, o direito romano contém uma espécie de essência da qual não podemos nos afastar se quisermos de modo adequado identificar e operacionalizar o direito atual.

No entanto, o direito romano tal como apresentado nas faculdades de direito está muito longe dos acontecimentos históricos. Veyne relata como operava o sistema jurídico romano até o início da época clássica, mostrando uma realidade bastante distinta daquela em geral pressuposta que entende o direito romano como um sistema quase perfeito de justiça. Segundo Veyne (1997, p. 166):

> Suponhamos que um devedor não quer pagar o dinheiro que tomou emprestado; ou ainda que temos como única fortuna um pequeno sítio, ao qual nos apegamos porque nossos ancestrais ali viveram ou porque a região é agradável. Um poderoso vizinho cobiça nosso bem; à frente de seus escravos armados, invade a propriedade, mata nossos escravos que tentavam nos defender, nos mói de pancadas, nos expulsa e se apodera do sítio como se

A REALIDADE CRIADA POR CONCEITOS

lhe pertencesse. O que fazer? Um moderno diria: apresentar a queixa ao juiz (*litis denuntiatio*), obter justiça e recuperar nosso bem através da autoridade pública (*manu militari*) [...]

A agressão de nosso poderoso vizinho constitui um delito puramente civil e não implica coerção penal; cabe-nos, pois, garantir o comparecimento do adversário perante a justiça; para isso precisamos agarrar esse indivíduo no meio de seus homens, arrastá-lo e acorrentá-lo em nossa prisão privada até o dia do julgamento. Se não pudermos levá-lo à presença do juiz, não haverá processo (*litis contestatio*).

Com esse exemplo pretendo mostrar que o jurista é alguém que se imagina trabalhando com categorias praticamente imutáveis, amorais. Ao que tudo indica, os problemas são resolvidos com o conhecimento já disponível desde os romanos. Assim, basta dominar as regras e os conceitos para que tenhamos boas decisões por parte dos juízes. Jhering (1974, p. 281-355) é crítico dessa postura do jurista que parece buscar no *céu dos conceitos jurídicos* todos os significados possíveis independentemente da realidade. Tudo já estaria resolvido de antemão. Caso o problema não seja solucionado a contento, isso não se deve a um "defeito" do conceito, mas, sim, ao jurista que ou não o aplicou devidamente ou não o conhece profundamente.

Embora a doutrina jurídica transmita um ar de universalidade, na verdade, ela está sempre respaldada com algum tipo de valor que a subjaz. Não se pode deixar de considerar que "a determinação do 'conceito jurídico' faz-se no interior de um ambiente histórico e de um sistema normativo" (LOPES, 1997, p. 24). Em outras palavras, os conceitos jurídicos estão vinculados a como o Estado e a sociedade estão estruturados (LOPES, 2004a, *passim*).

Uma transformação relevante na concepção do conceito de direito, principalmente do direito público e sua relação com a justiça, começa a ocorrer a partir do século XVII. O direito deixa de ter como foco a justiça, e a distribuição de bens na sociedade passa a ser uma preocupação da política (LOPES, 2004a, p. 197-200). Nas palavras de Lopes (2004a, p. 230): "A tarefa maior do soberano converteu-se em legislar. Legislar passou também a não ser propriamente ato de justiça, mas de governo, de polícia, de comando".

O contexto cultural do jusnaturalismo moderno, bem diferentemente das ideias dos antigos, é personalista e individualista (LOPES, 1996, p. 22;

LOPES, 2000, p. 180). Para Hobbes, por exemplo, o mundo é formado apenas por um conjunto de indivíduos e eles é que estabelecerão as suas regras de convivência tendo como objetivo a ordem. O mundo não possui qualquer natureza ou essência. O homem nada tem de um animal político em consonância com o cosmos. Não está em busca de um bem comum, mas tão somente visa seu bem-estar individual (GOYARD-FABRE, 1975, p. 69). As multidões não têm direito, mas somente o indivíduo (VILLEY, 2005, p. 707). A partir da modernidade, todo o direito será compreendido pela ótica individualista (CARPINTERO *et alii.*, 2003, p. 390-391).

Nesse contexto histórico e ideológico que vê uma sociedade composta por indivíduos que terão suas necessidades satisfeitas exclusivamente do ponto de vista individual é que se desenvolve o conceito de direito subjetivo.[82] A sociedade não existe para além dos indivíduos e todo o direito está diretamente a eles vinculados (DABIN, 2006, p. 47-55). Não por acaso a relação do cidadão por meio do direito administrativo passou a ser de um direito de comutação (LOPES, 2004a, p. 231), ou seja, mediado a partir de um conceito de direito público subjetivo.

O conceito de direito subjetivo vincula-se a uma concepção de justiça liberal. Para os liberais, a justiça está ligada ao mérito e não à necessidade de cada indivíduo na sociedade. Se alguém não tem bens suficientes para seu desenvolvimento enquanto pessoa ou mesmo para sua sobrevivência, essa situação não pode ser creditada a não ser a ela mesma. Em outras palavras, o fato de o indivíduo eventualmente não conseguir sequer prover sua própria subsistência deve-se a um "defeito" dessa pessoa (incompetência, esforço insuficiente para alteração de sua condição de vida, etc.). A sociedade não tem qualquer responsabilidade pelos reveses enfrentados por um membro da coletividade. O indivíduo é quem deve agir para melhorar sua qualidade de vida.

Essas ideias ficam claras em Tocqueville (2003, p. 61 s.). Ele repudia a assistência pública como uma forma de combater a miséria. O Estado pode intervir auxiliando em proporcionar meios (por exemplo, distribuindo terras) para que as pessoas alterem sua condição social. No entanto, a caridade não é uma qualidade que o Estado deva ter. Ela não é um mal na sociedade, portanto, não é um desvalor ser caridoso, porém essa virtude

---

[82] Cf. Lopes (2002, p. 116-124).

não é pública e, sim, privada. Os católicos, por exemplo, podem se valer da caridade, mas não o Estado.

Em suma, toda essa visão representa os valores liberais de uma sociedade que compreendia (ou ainda compreende) a distribuição de alguns tipos de bens como caridade. Na ótica liberal, a instituição que deve redistribuir bens não é o Estado, mas, sim, o mercado. O Estado garante apenas o funcionamento do mercado assegurando direitos como liberdade, propriedade e segurança pública. Nesse sentido, afirma Faria (1988, p. 79):

> o processo de racionalização se destaca por seu caráter essencialmente individualista. Ou seja: ele parte do pressuposto de que a vida social e as relações de produção tornam-se mais eficientes à medida que os indivíduos maximizam suas oportunidades individuais, desprezando deste modo as intervenções estatais e os comandos normativos capazes de limitar a ação individual.

A partir de todo esse contexto econômico e político, o direito cria meios para analisar e resolver conflitos jurídicos. E, claro, a análise jurídica fica limitada às ferramentas teóricas disponíveis. Os conflitos só são detectados enquanto tal e eles são solucionados a partir de determinadas categorias jurídicas e com consequências limitadas juridicamente. Faria (1991, p. 84-85) é bastante elucidativo em relação a esse ponto:

> Como tais esquemas teóricos e metodológicos acabam por impor quer a definição dos problemas quer a organização das estratégias de resolução, as discussões no âmbito das ciências "desenvolvidas" e "maduras" correm o risco de se transformarem em *puzzles* – isto é, enigmas com um número limitado de peças que o cientista, à imagem de um jogador de xadrez, vai movendo até encontrar a solução final [...] o paradigma adquirido pelo cientista, no decorrer de sua formação profissional, fornece-lhe as "regras do jogo", descreve-lhe as "peças" com que deve jogar e, por fim, indica-lhe a natureza do resultado a se chegar. Portanto, caso o cientista venha a fracassar nas primeiras tentativas, seus equívocos e dificuldades poderão ser seguramente imputados apenas ao seu despreparo ou a sua inabilidade. As regras fornecidas pelo paradigma jamais são postas em causa – mesmo porque na ausência delas não existiria sequer o próprio enigma.

Contemporaneamente está ocorrendo justamente um descompasso entre uma nova compreensão do papel do Estado, enunciados normativos que claramente, como os direitos sociais, atribuem ao direito algum papel na área social e as categorias jurídicas existentes para analisar e solucionar conflitos. O Estado pós-Segunda Guerra Mundial passa a preocupar-se com temas que não lhe eram típicos. Assim, passa a legislar em áreas sociais e econômicas (CAPPELLETTI, 1999, p. 34-69). Nesse contexto, a grande alteração ocorrida dentro das exigências demandadas pelo direito deixa de ser, pelo menos em parte, um sistema garantidor de interesses para ser um promotor de mudança social (LOPES, 1997, p. 26).

A dificuldade é: como falar em direitos sociais, que têm como justificativa uma justiça ligada não aos méritos, mas à redistribuição de bens em sociedade, levando em consideração a situação de determinados grupos independentemente de questões relacionadas ao mérito, com base em uma estrutura jurídica que não está apropriada para isso? Não há um quadro conceitual adequado para lidar com os direitos sociais que exigem a verificação da distribuição de bens (LOPES, 2004a, p. 200; FERRAJOLI, 2010, p. 30). As alterações apresentadas por Mauro Cappelletti não foram seguidas pela criação de conceitos e instituições que moldassem juridicamente o Estado Social. Não há uma teoria do direito voltada às demandas postas pelo Estado Social (FERRAJOLI, 2006, p. 12). Desse modo, como afirma Faria (1991, p. 85), o jurista deverá lidar com os conflitos surgidos a partir das "regras do jogo" que conhece. E, basicamente, o jurista vê o mundo por meio das categorias de direito privado que são compreendidas como "[...] nociones autónomas e independientes de la forma histórica en la que nace y se aplican, y contribuyen por esta vía, a olvidar las relaciones económicas que subyacen las mismas" (DÍAZ, 2009, p. 85).

Nesse sentido, é importante entender o processo de alteração da positivação do direito e dos novos valores constitucionalizados. A compreensão dessa nova realidade pode ser mais bem obtida por meio de duas ideias básicas. É preciso reintroduzir no direito brasileiro o fato de que pelo menos desde a Constituição de 1988 o direito constitucional está muito mais próximo de temas tradicionalmente deixados para a esfera política: distribuição de bens e o bem comum. Esses valores não podem ser concretizados por meio de um conceito como direito público subjetivo. Os direitos sociais devem ser lidos, portanto, pela ótica dos direitos difusos.[83]

---

[83] Dedico o Capítulo 2 a desenvolver a ideia de que os direitos sociais são direitos difusos.

Capítulo 2 – O Conceito de Direitos Sociais

O mote do desenvolvimento deste capítulo é definido a partir de quatro indagações: (i) os direitos sociais devem ser considerados como um conjunto distinto de direitos em relação aos direitos civis e políticos ou por todos serem direitos fundamentais apresentam características semelhantes? Em outras palavras, a tese de que há uma identidade estrutural entre, de um lado, os direitos civis e políticos e, de outro, os direitos sociais está correta?; (ii) a quem cabe a titularidade dos direitos sociais: ao indivíduo ou à sociedade?; (iii) qual é o conteúdo garantido pelos direitos sociais? Eles asseguram obrigações de dar e fazer por parte do Estado que, assim, deve conceder moradia, medicamentos, tratamentos médicos e vagas em escola?; (iv) qual o papel da política e qual o papel do direito em relação a prestações de bens sociais (saúde, educação, moradia, etc.)?

O presente capítulo pretende, portanto, desenvolver propriamente a tese de que os direitos sociais são direitos difusos e mostrar as consequências práticas dessa reformulação teórica. Com isso, dirijo respostas a críticos dos direitos sociais que afirmam que a sua aplicabilidade resta prejudicada pelos altos custos gerados com as obrigações imputáveis ao Estado e questionam o papel das instituições em relação ao modo de aplicação desses direitos e à forma pela qual devem ser judicialmente demandados, entre outras críticas que tratarei a seguir.

2.1. Uma Categoria à Parte

A defesa dos direitos sociais passou pela afirmação de que os direitos fundamentais compõem um único conjunto de direitos. Assim se entende, por exemplo, a partir da Declaração de Viena de 1993 com a afirmação de que "todos os direitos humanos são universais, indivisíveis, interdependentes e inter-relacionados".

Tal expressão foi traduzida pelo entendimento de que "a comunidade internacional deve tratar os direitos humanos de forma global, justa e equitativa, em pé de igualdade e com a mesma ênfase". Essa é a ideia contida na doutrina de Flavia Piovesan, que afirma: "Os direitos humanos compõem, assim, uma unidade indivisível, interdependente e inter-relacionada, capaz de conjugar o catálogo de direitos civis e políticos ao catálogo de direitos sociais, econômicos e culturais. Consagra-se, desse modo, a visão integral dos direitos humanos" (PIOVESAN, 2004, p. 22).

Como visto no Capítulo 1, a tentativa teórica de compreender os direitos sociais como verdadeiros direitos levou os autores a adotar o caminho de sua semelhança com os direitos civis e políticos. As teses desenvolvidas recentemente de que os direitos sociais são estruturalmente muito semelhantes aos direitos civis e políticos, ou mesmo a compreensão de que todos os direitos têm os mesmos custos, desembocam em um possível entendimento de que todos os direitos fundamentais devem ser protegidos do mesmo modo e, assim, que todos os direitos fundamentais devem ser aplicados da mesma forma. No entanto, leituras como essa, embora sejam historicamente importantes porque procuram oferecer uma possibilidade real de aplicação dos direitos sociais e permitem sua qualificação como jurídicos – de modo a se distanciar e nitidamente se contrapor a quem os vê não como direitos, mas, sim, como simples exortações ao Poder Público a fazer o "bem" –, dificultam um desenvolvimento teórico dos direitos sociais que permitiria sua distinção, em um âmbito aprofundado, em relação aos direitos civis e políticos. Minha tese é de que os direitos sociais são, sim, uma categoria bastante distinta dos civis e políticos, ainda que não percam seu caráter de direitos fundamentais.

Dizer que direitos sociais, por um lado, e direitos civis e políticos, por outro, possuem o mesmo *status* de direitos fundamentais (alta relevância moral e jurídica, cláusulas pétreas, etc.) não significa que devem ser compreendidos exatamente da mesma forma ou que possuam proteção semelhante.[84] Entendo que compreender os direitos sociais como civis e

---

[84] Frank Michelman, por exemplo, afirma que os direitos sociais, civis e políticos possuem semelhante proteção. "The fact that social rights make budgetary demands, or call for government actions and not just forbearance, does not differentiate them radically from

O CONCEITO DE DIREITOS SOCIAIS

políticos não apenas não ajuda em sua aplicação, como tampouco é teoricamente adequado.

Sobre a comparação entre essas espécies de direitos fundamentais, Francisco Javier Ansuátegui Roig deixa claro que uma teoria dos direitos sociais deveria dar-se conta de que o discurso dos direitos civis e políticos e sociais não se diferencia tanto assim (2010, p. 62). Diferentemente do que defende esse autor, os direitos sociais só serão compreendidos a contento quando for assumido que eles são afirmativamente diferentes dos direitos civis e políticos e que isso não implica sua não aplicação e inefetividade.

Ao tratar desse tema, Sarlet traduz a ideia, à qual gostaria de me contrapor, de que ou os direitos sociais são subjetivos ou, caso contrário, sofrerão uma redução em sua potencialidade de judicialização. Assim, afirma o autor que:

> Em verdade, causa mesmo espécie que de uns tempos para cá haja quem busque refutar – ainda que movido por boas intenções – a titularidade individual dos direitos sociais, como argumento de base para negar-lhes a condição de direitos subjetivos, aptos a serem deduzidos mediante demandas judiciais individuais. O curioso é que notoriamente se trata de uma nova – e manifestamente equivocada – estratégia para impedir ou eventualmente limitar a assim chamada judicialização das políticas públicas e dos direitos sociais, restringindo o controle e intervenção judicial a demanda coletiva ou o controle estrito (concentrado e abstrato) de normas que veiculam políticas públicas ou concretizam deveres em matéria social. (SARLET, 2011, p. 216)

Pelo que foi visto até o presente momento neste trabalho, a doutrina discute os direitos sociais a partir de um visão dicotomizada, bem como a jurisprudência adota essa compreensão para sua aplicação. Compartilhar dessa visão dicotômica significa dizer que ou os direitos sociais são alocados dentro da categoria de direitos fundamentais, gozando das mesmas características dos direitos civis e políticos, ou os direitos sociais só possuem condições reais de aplicabilidade a partir de decisões políticas tomadas pelo Executivo e Legislativo, os quais elaboram políticas públicas. Essa última visão, na prática, acaba deslocando a discussão dos direitos sociais para a esfera política, minimizando sobremaneira suas consequências jurídicas.

constitutionally protected rights to property, to equality before the law, or to so-called negative liberties" (MICHELMAN, 2011, p. 24).

Minha proposta desvincula-se da necessidade de tomarmos um caminho ou outro. O que pretendo mostrar é que os direitos sociais não devem ser completamente equiparados aos direitos civis e políticos, ao mesmo tempo que isso não significa desconfigurá-los como verdadeiros direitos. Assim, entendo que os direitos sociais conquanto sejam fundamentais apresentam uma estrutura diferente dos civis e políticos. Essa afirmação, ao contrário do que muitos possam imaginar, não pretende enfraquecê--los enquanto direitos, mas sim, muito pelo contrário, fortalecê-los ao facilitar sua aplicabilidade na medida em que temos uma compreensão mais completa e exata de sua configuração, de seus objetivos, e a partir dessa realidade poderemos começar a discutir qual o papel que o Judiciário poderá exercer na aplicação desses direitos.

2.2. O Conceito de Direitos Sociais

2.2.1. Uma Definição: os Direitos Sociais como Direitos Difusos

O conceito de direitos sociais aqui apresentado não se baseará nos direitos civis e políticos como parâmetros para afirmar a possibilidade de sua aplicação ou mesmo argumentar a favor de sua juridicidade. Pretendo mostrar que os direitos sociais, embora sejam considerados direitos fundamentais, configuram uma categoria razoavelmente distinta dos direitos civis e políticos, o que não implica fragilizá-los, mas, sim, muito pelo contrário, fortalecê-los. Dentro dessa perspectiva, sua tutela não pode ser individualizada, já que os bens protegidos pelos direitos sociais, enquanto bens que devem ser distribuídos levando-se em consideração a possibilidade de seu gozo simultâneo, só podem ser adjudicados coletivamente.[85]

Conforme discutido no Capítulo 1, diferentemente do que estou propondo aqui, a noção de direito público subjetivo impossibilita a análise do conflito jurídico envolvendo direitos sociais em sua completude, além

---

[85] Courtis parece partilhar dessa ideia ao afirmar que os direitos sociais garantem acesso a serviços que exigem planejamento para sua consecução. Assim, esclarece o autor: "La satisfacción de derechos sociales, como el acceso a servicios de salud, vivienda, educación, *exige necessariamente una planificación de carácter colectivo, una planificación de escala*: es *imposible* pensar en la asignación de un maestro por niño, o de un médico por persona" (COURTIS, 2007, p. 189, grifo nosso).

O CONCEITO DE DIREITOS SOCIAIS

de conduzir a uma realocação de bens ou recursos quando os Tribunais garantem tratamentos médicos ou remédios individualmente. O problema é que isso tudo é feito a partir da análise de uma situação individual, sem se considerar quer a possibilidade de existirem outras pessoas em situação semelhante, quer a sociedade como um todo. Se atender a determinada decisão do Judiciário de dar tratamento diferenciado a um paciente implicar, por exemplo, retirar recursos de vacinas aplicadas pelo SUS, a quem estarão sendo garantidos os direitos sociais?

A análise de conflitos jurídicos gerados pelos direitos sociais e pelos direitos civis, bem como o modo de aplicação desses direitos, deve ocorrer de forma bastante distinta. Qual a decisão correta a ser tomada pelo juiz quando em um procedimento administrativo não se assegura ao réu o contraditório e o devido processo legal? Qual seria a decisão correta a ser tomada pelo juiz quando alguém formula um pedido de fornecimento de medicamento ou tratamento médico? Entendo que esses dois casos possuem naturezas analíticas completamente distintas. A resposta adequada, em se tratando de direitos sociais, não pode ser baseada em um juízo que simplifique e recorte demasiadamente os fatos sem se considerar que a escassez de recursos impõe que se tome algumas decisões acerca de que direitos são devidos a que grupos de pessoas.

Com isso, quero dizer que, enquanto no caso dos direitos civis a análise é realizada a partir da relação do indivíduo com o Estado e apenas essa relação é a que deve ser enfocada para a decisão dos Tribunais, o mesmo não ocorre com os direitos sociais. Se não foi dado ao réu o direito ao contraditório e à ampla defesa, não cabe ao Tribunal realizar uma análise levando em consideração se mais ampla defesa nesse caso gerará menos ampla defesa para outro réu em outro processo. Esse modo de pensar simplesmente não faz sentido, pois a decisão do Tribunal não afetará o gozo de direito por outros indivíduos ou grupos. Por sua vez, com relação aos bens protegidos pelos direitos sociais, é preciso compreender como o fornecimento ou não de um medicamento em um caso específico pode afetar a todos os outros. Além disso, como afirmei anteriormente, é possível que os impactos desse fornecimento feito de forma individualizada possam surtir efeitos negativos sobre políticas públicas de saúde, as quais, podemos pressupor, devem ter sido elaboradas a partir de uma análise orçamentária, um diagnóstico sobre a situação da saúde no país, conhecimentos técnicos acerca de doenças e medicamentos e, ainda, da vontade política daqueles que receberam votos para realizar suas promessas de campanha. Tal como a moralidade de um ato não pode ser determinada atomisticamente, sendo preciso saber inserir esse ato em um sistema completo (HARDIN, 1977, p. 22-23),[86] entendo que a aplicação dos direitos sociais deve ser realizada levando-se em consideração todo um sistema, pois apenas assim é possível visualizar o impacto que sua aplicação pode causar na esfera do gozo de direitos de outras pessoas.

Assim, a meu ver, o ponto nevrálgico para a compreensão do conceito de direitos sociais reside em dois pilares: (a) o resultado da distribuição dos bens que pretende proteger pode ser apropriado individualmente (remédio, vaga na escola, moradia, etc.), porém o que está em jogo não é uma obrigação de dar ou fazer específica, mas a racionalidade da distribuição de um bem público, como educação, saúde, moradia, alimentação, segurança, etc., que deve beneficiar a todos; (b) a aplicação dos direitos sociais está inserida em uma lógica bastante distinta quando comparada à visão clássica do direito que, em geral, está ancorada nos conceitos e estrutura do direito privado. Enquanto a preocupação do direito, em geral, é com o passado, os direitos sociais se projetam para o futuro. No direito penal, por exemplo, o processo é voltado para saber quais são os fatos que ocorreram no passado. O direito, nesse caso, analisa, avalia e, por fim, sentencia a partir do conhecimento de fatos pretéritos. Por sua vez, os direitos sociais estão inseridos em uma lógica distributiva de bens, pretendendo, dessa forma, alterar o *status quo* a fim de tornar o futuro distinto.[87]

---

[86] Segundo Hardin, "it is noting that the morality of an act cannot be determined from a photograph. One does not know whether an elephant or setting fire to the grassland is harming others *until one knows the total system in which his act appears*" (HARDIN, 1977, p. 22 23, grifo nosso).

[87] "A natureza prospectiva do planejamento, assim, quando as definições através dele consumadas assumem forma normativa, implica uma ruptura da técnica ortodoxa da elaboração do Direito, tradicionalmente retrospectiva. A afirmação de que a partir das experiências vividas é que são elaboradas as normas jurídicas é então negada pela realidade do planejamento e o método retrospectivo é substituído por outro, prospectivo [...] [as normas jurídicas] definem antecedentes que, em ocorrendo, darão origem à aplicação de certa disposição. Tais antecedentes, que impõem uma conduta normada, no entanto, são sempre determinados, porque construídos desde uma visão retrospectiva. O objeto da norma é sempre certo. Quando porém examinamos as normas construídas desde uma visão prospectiva, o seu objeto aparece como incerto, como fim a ser perseguido. Não se trata portanto de norma voltada a assegurar um tipo de conduta, mas sim o próprio alcance do seu objeto" (GRAU, 1978, p. 74-76).

O CONCEITO DE DIREITOS SOCIAIS

Essa lógica diferenciada não nega a juridicidade dos direitos sociais, pois a estrutura básica do direito é mantida, ou seja, a possibilidade de influenciar condutas a partir do código proibido, permitido e obrigatório permanece. Além disso, a distribuição de bens por meio do planejamento e de políticas públicas é uma prática racional[88] e que, portanto, pode ser regrada. Se, por um lado, os direitos sociais não vão definir toda a pauta política dos governos federal, estaduais ou municipais, por outro, eles pretendem garantir a racionalidade na distribuição de determinados bens por parte do Estado, que não pode ser ignorada por qualquer corrente político-partidária. Da mesma forma que, independentemente de posições partidárias, a liberdade de expressão e a propriedade estão garantidas pelo direito e são protegidas pelo Judiciário.

Se o bem protegido pelos direitos sociais é de natureza transindividual e a titularidade cabe à sociedade, então, por consequência, são difusos[89] os direitos sociais. Essa afirmação pode causar certa estranheza, mas espero deixar claro nas próximas páginas que a natureza do bem em questão e o fato de que todos serão diretamente afetados pela decisão acerca da distribuição advinda com a aplicação dos direitos sociais identifiquem estes com o conceito de direitos ou interesses difusos.

Se é assim, seria possível a exigência judicial de direitos sociais? Se estamos considerando que os direitos sociais servem como balizas para a elaboração de políticas públicas, considerados os dados do contexto em que tais decisões são tomadas, como mencionei anteriormente, seria possível exigir direitos sociais? Teria o Judiciário alguma função nessa área?

Se compreendermos as circunstâncias da decisão política, poderemos concluir que há uma falha na elaboração das políticas sociais, caso consideremos que os direitos sociais, enquanto direitos, consistem em categoria que se deve aplicar a todos indistintamente. Sendo assim, a falha da política nessa seara estará justamente no fato da existência de grupos hegemônicos, que poderão conduzir as políticas em seu próprio benefício, além do fato

---

[88] Cf. GRAU (1978, p. 38).

[89] Conforme o conceito exposto pelo Código de Defesa do Consumidor: Art. 81. A defesa dos interesses e direitos dos consumidores e das vítimas poderá ser exercida em juízo individualmente, ou a título coletivo.

Parágrafo único. A defesa coletiva será exercida quando se tratar de:

I – *interesses ou direitos difusos, assim entendidos, para efeitos deste código, os transindividuais, de natureza indivisível, de que sejam titulares pessoas indeterminadas e ligadas por circunstâncias de fato.*

DIREITOS SOCIAIS

da subrepresentação, ou seja, da incapacidade dos partidos, o que se tem percebido nas democracias, de representarem legitimamente interesses.

Sendo assim, os direitos sociais poderiam servir como um fator para racionalizar a distribuição de bens garantidos constitucionalmente (saúde, educação, moradia, etc.), de forma a garantir que as parcelas vulneráveis da sociedade gozem, na medida das possibilidades fáticas, desses benefícios.[90] A vida em sociedade exige que haja distribuição de ônus e bônus em prol de sua própria manutenção. Como desenvolverei adiante, sociedades desiguais tendem a enfraquecer a coesão social. Dada essa afirmação, a (re) distribuição dos bônus, sem perder de vista que esses bônus existem, direta ou indiretamente, porque vivemos em sociedade, devem ser repartidos em benefício de todos.

Os direitos sociais são difusos, o que significa dizer que o titular desse bem é a sociedade, a qual se beneficiará diretamente da distribuição racionalizada desses bens, ainda que essa seja feita a grupos ou classes específicos. O objetivo dos direitos sociais não é garantir um mínimo existencial para os sujeitos, mesmo porque, como visto no Capítulo 1, isso seria faticamente impossível em razão do número de pessoas individualmente consideradas que, por não receberem remédio, por não frequentarem escolas de qualidade, por não poderem se alimentar ou ainda por morarem em locais insalubres, veem o seu mínimo existencial ou sua dignidade humana em xeque. Por isso, não me vinculo a teorias que compreendem os direitos sociais como uma garantia mínima de um bem-estar material para

---

[90] Fernando Scaff posiciona-se nesse mesmo sentido ao questionar se "seria o direito à saúde uma norma programática? Veicularia direitos passíveis de subsunção ao Poder Judiciário visando a obtenção de prestações individualizadas de saúde? Volta-se à questão da justiça distributiva e o papel do Poder Judiciário, observada sua atuação pelo *prisma dos interesses difusos [...] o foco da implementação do direito à saúde tem que ser na **formulação de políticas públicas de saúde**, e não em busca individualizada de medicamentos ou de outras ações correlatas* [...] não vejo nenhum óbice em se pleitear perante o Poder Judiciário que sejam inseridos nos Protocolos determinados procedimentos ou medicamentos hoje não contemplados. Ou mesmo que haja uma fiscalização na aplicação dos recursos públicos destinados a esta atividade [...] entendo que o direito à saúde *não* é um direito que deva ser compreendido individualmente, mas *deve sê-lo de maneira compreensiva ao **bem comum**, as efetivas e reais **condições de possibilidade** para uma existência de todos em sociedade*" (NUNES e SCAFF, 2011, p. 129-131, grifo nosso). Para entendimento semelhante cf. Canela Jr. (2011, p. 141-146; 173).

os indivíduos de uma sociedade.[91] Além disso, o que é tido como "mínimo" para cada um poderia ser levado a infindáveis discussões ante a inexistência de um critério objetivo que tenha sido estabelecido constitucionalmente para orientar a distribuição em todos os campos.

Certamente, estabelecer um ponto de partida igual para que todas as pessoas possam seguir com seus planos de vida é importante, porém esse não é o papel do direito. Essa não é uma obrigação jurídica. David Bilchitz é partidário da tese de que o Estado está obrigado a garantir um núcleo mínimo desses direitos para impedir que as pessoas vivam sem recursos suficientes. Segundo o autor: "the minimum core approach does require us to take a rigid stance in one respect: it require us to recognize that it is simply unacceptable for human beings to have to live without sufficient resources to be free from threats to their survival" (2008, p. 208).

Aqui cabe uma diferenciação essencial entre direito e política para se saber exatamente o que devemos exigir dos direitos sociais e para se saber o que devemos exigir do processo democrático. Em primeiro lugar, reforço a ideia de que os direitos sociais não são alçados à panaceia de todos os problemas sociais do Brasil. O motivo é muito simples: a complexidade de lidar com questões dessa magnitude não cabe ao direito, além de que enfrentaríamos sérios problemas de legitimidade caso passássemos todo o poder ao Judiciário.

Sendo assim, é preciso diferenciar, então, o que cabe ao direito e o que cabe à política. Dessa forma, entendo, como Dworkin, que política é um "tipo de padrão que estabelece um objetivo a ser alcançado, em geral uma melhoria em algum aspecto econômico, político ou social da comunidade" (DWORKIN, 2002, p. 36). Nesse sentido, concordo com Bilchitz que, moralmente, é inaceitável convivermos em uma sociedade, como a brasileira, na qual parcelas substanciosas da população possuem quase nada ou muito pouco para sobreviver. Isso não significa, a meu ver, que essa seja uma questão a ser resolvida pelo direito. É a política, como diz Dworkin, que traça um objetivo e os meios para melhoria de aspectos econômicos ou sociais para a comunidade.

---

[91] Tampouco entendo que todas as desigualdades devam ser eliminadas. Como diz Philips: "[...] the notion that equality means eliminating *all* inequalities in income or wealth has come to be regarded as so absurd that people are hard to put to it to believe that anyone ever intended their equality so literally" (PHILIPS, 2004, p. 45).

DIREITOS SOCIAIS

Com base nessa leitura, é ingenuidade imaginar que os direitos tenham condições de evitar ou eliminar a pobreza. Esse deve ser o papel da política, por meio de ações tomadas pelo Executivo e pelo Legislativo, que, como se sabe, dependem de uma série de circunstâncias alheias ao direito, tais como conjuntura internacional, política econômica, etc., ou mesmo opções sobre o funcionamento do sistema tributário ou previdenciário. Essas são, todavia, decisões que não cabem aos direitos sociais.

Os direitos sociais pretendem manter a coesão social pelo combate à exclusão social. O indivíduo excluído rompe com sua participação em diversos sistemas sociais básicos, como família, amigos, mercado de trabalho, habitação (não apenas sua ausência, mas também precariedade), acarretando a perda do sentimento de pertencimento a uma determinada comunidade (COSTA, 2007, p. 10-17).[92]

A garantia da igual consideração de todos exige que os bens protegidos pelos direitos sociais, como saúde, educação, moradia e alimentação, devam ser considerados *bens públicos* na medida em que beneficiam a sociedade

---

[92] A falta de moradia, por exemplo, implica diversas restrições cotidianas ao indivíduo ou à sua família. Há relações e ações, como receber uma carta, ter conta bancária, convidar amigos para um jantar, etc., que são naturalizadas pela maioria das pessoas, porém elas só podem ser concretizadas caso haja um teto minimamente adequado para se viver. Seguindo essa lógica, afirma Giddens que "[...] ser sem abrigo é um dos exemplos mais precisos de exclusão social. As pessoas a quem falta um lugar de residência permanente *descobrem ser quase impossível participar em termos igualitários na sociedade*" (GIDDENS, 2009, p. 325, grifo nosso). Giddens volta ao tema com amparo em Jenks: "[...] independentemente das razões pelas quais as pessoas vivem nas ruas, dar-lhes um lugar para morar que ofereça um mínimo de privacidade e estabilidade é geralmente a coisa mais importante que se pode fazer para melhorar as suas vidas. Sem habitações estáveis, nada mais resultará" (JENKS *apud* GIDDENS, 2009, p. 333). No mesmo sentido Ramón (2010, p. 30).
"Where one lives [...] plays a critical role in fixing a person's place in society and in the local community" (BRATT, STONE e HARTMAN, 2006, p. 2).
"Yet housing is even more than residential environment, for it is only in relation to those who inhabit and use it that housing has meaning and significance – not only physical and economic, but emotional, symbolic, and expressive. We occupy our houses, and, for better and for worse, they become our homes. The residence is both the primary setting are defined, shaped, and experienced" (STONE, 1993, p. 13). "[...] people who are without homes for more than relatively brief or transitory periods suffer from a whole range of medical conditions: hunger and imbalanced diets are more likely; there are increased hazards to pregnancy, maternal health, infant and child development; sexual relations are more likely to transmit venereal disease; mental health is impaired. The homeless are especially subject to victimization and crime" (STONE, 1993, p. 16).

O CONCEITO DE DIREITOS SOCIAIS

e ninguém pode ser excluído de seu gozo.[93] Em outros termos, é o que Anton denomina *commonstock*, ou seja, "social property from which, like a public park, we have a right not to be excluded" (ANTON, 2000, p. 4).[94]

Dessa forma, caso um remédio não possa ser distribuído para todo um grupo, por exemplo, por razões orçamentárias, ele não será um bem público e, portanto, não será protegido pelo direito. Saúde, moradia, etc. são bens públicos na medida em que toda a sociedade goza de seus benefícios e sua aplicação está voltada em primeiro lugar para gerar maior coesão social.[95] Nesse sentido, ninguém se vê excluído de seu gozo. Aqui cabe uma advertência importante: os bens protegidos pelo direito se limitam à divisão de recursos e não ao máximo de proteção, ou seja, protege a racionalização na distribuição desses bens a partir da escassez de recursos de um determinado Estado. Ou todos gozam de um remédio ou esse remédio não compõe o bem público saúde.

É essencial que se reforce: os direitos sociais não visam à proteção do indivíduo, mas, sim, da manutenção da sociedade. Segundo David Hume, o homem apresenta diversas carências e necessidades que só podem ser supridas por meio da sociedade. Assim, afirma o autor que:

---

[93] Segundo Mankiw, "alguns bens podem ser classificados em públicos ou privados, dependendo das circunstâncias [...] ao se decidir se algo é um bem público, é preciso determinar o número de beneficiários e verificar se eles podem ser excluídos do uso do bem" (MANKIW, 2009, p. 220). Nesse sentido, bens como saúde, educação ou moradia podem até ser classificados como privados, isto é, excludentes (é possível impedir outra pessoa de consumi-lo) e rivais (com seu uso o bem esvai-se). No entanto, os bens protegidos pelos direitos sociais são necessariamente públicos, já que todos se beneficiam deles, ainda que indiretamente, e ao mesmo tempo o uso do bem por uma pessoa não pode reduzir o seu uso por outra. Caso essa "equação" não possa ser cumprida, não se está falando de um bem público e, assim, não é um bem protegido pelos direitos sociais. Se não é possível, por impossibilidade de recursos, a distribuição de um determinado medicamento para todos os enfermos que não possam arcar com seus custos, então, essa não é uma faceta do bem saúde assegurada pelos direitos sociais.

[94] Anton considera que os direitos sociais "can be seen as defining the issue of access to the social commonstock" (ANTON, 2000, p. 25).

[95] "The ground for the right to welfare is membership of a community, in particular the cooperation and reciprocity that such membership typically involves [...] everyone benefits from being in the community – mutual protection, some division of labour, social life, and so on. Everyone typically contributes to these benefits [...] it may seem that financial support for, say, a single mother in a modern urban slum is pure charity and has nothing to do with reciprocity, but that is not so. It matter to a society whether children in it grow up alienated and hostile or co-operative and productive [...]" (GRIFFIN, 2011, p. 178).

DIREITOS SOCIAIS

> De todos os animais que povoam o globo não há nenhum para com o qual a natureza, segundo parece à primeira vista, tenha exercido mais crueldade do que para com o homem, pela quantidade infinita de carências e necessidades com que o encheu, e pela fraqueza dos meios que lhe concedeu para satisfazer essas necessidades [...] é só no homem que se pode observar, no mais alto grau de perfeição, esta conjunção antinatural da fraqueza e da necessidade. Não só o alimento necessário à sua sustentação escapa às suas buscas e aproximação, ou pelo menos exige trabalho para a sua produção; mas torna-se ainda necessário que ele possua vestuário e uma habitação para se defender das contrariedades do tempo; contudo, considerado apenas em si mesmo, não está provido nem de armas, nem de força, nem de outras capacidades naturais que correspondam em qualquer grau a tantas necessidades.
>
> É apenas através da sociedade que ele é capaz de suprir estas deficiências e elevar-se à igualdade com as outras criaturas e mesmo adquirir superioridade sobre elas. A sociedade compensa todas as suas enfermidades; e, ainda que nesta situação as suas necessidades se multipliquem a todo instante, essas capacidades são ainda aumentadas e deixam-no sob todos os aspectos mais satisfeito e feliz do que poderia jamais tornar-se no seu estado de selvageria e solidão. Quando cada pessoa individual trabalha isoladamente e só para si, as suas forças são demasiado fracas para executar um trabalho importante; como emprega o esforço a suprir todas as suas várias necessidades, nunca atinge a perfeição em nenhuma atividade particular; e como as suas forças e o seu êxito não são sempre iguais, o menor deslize num ou noutro destes pontos será necessariamente acompanhado de inevitável catástrofe e desgraça. A sociedade fornece um remédio para estes três inconvenientes. A união das forças aumenta o nosso poder; a divisão das tarefas aumenta a nossa capacidade; a ajuda mútua faz que estejamos menos expostos à sorte e aos acidentes. É mediante esta força, capacidade e segurança suplementares que a sociedade se torna vantajosa. (HUME, 2010, p. 559-560)

As ideias de Hume nos remetem ao fato de que os indivíduos auferem vantagens por conviverem em sociedade.[96] Dessa maneira, a manutenção

---

[96] Gostaria de esclarecer que minha intenção não é adotar uma teoria filosófica específica tampouco iniciar uma discussão sobre se o homem apenas consegue desenvolver todas as suas potencialidades em sociedade. Essa citação de Hume desempenha um papel muito simples em meu argumento: a sociedade é benéfica, de uma forma ou de outra, para os indivíduos e, portanto, é preciso estabelecer mecanismos para sua preservação. Para diferentes visões sobre o estado de natureza cf. Lopes (2008a, *passim*).

O CONCEITO DE DIREITOS SOCIAIS

da sociedade é benéfica para todos. No entanto, o indivíduo não tomará decisões que beneficiem o grupo e, consequentemente, a si mesmo. Nesse sentido, conforme Mancur Olson, "[...] rational, self-interested individuals will not act to achieve their common or group interest. In other words, even if all of the individuals in a large group are rational and self-interested, and would gain if, as a group, they acted to achieve their common interest or objective, they still not voluntarily act to achieve that common or group interest" (OLSON, 1971, p. 2).

No caso dos direitos sociais, a compreensão de que esses bens devem ser "individualizados" para cada sujeito criaria uma incongruência, levando ao que se costuma denominar a "tragédia dos comuns".[97] Essa "tragédia" envolve uma incompatibilidade entre decisões a serem tomadas a partir de critérios distintos: maximização dos interesses individuais ou preservação do bem ainda que isso não gere a maximização desses interesses do ponto de vista individual.

Ilustro essa proposição a partir de um exemplo muito comum entre os economistas: suponhamos a existência de um pasto em que toda a comunidade possa dele usufruir e, assim, todos acabem por colocar seu gado para pastar ali. Um raciocínio que levasse em consideração apenas o bem-estar individual de cada pastor sugeriria que fosse introduzido cada vez mais uma maior quantidade de gado para poder explorar econômica e lucrativamente essa atividade. Entretanto, esse raciocínio autointeressado e que atende ao interesse de um único indivíduo pode gerar sérios problemas para ele e para toda a comunidade caso todos os pastores pensem da mesma maneira. O resultado inevitável de um aumento da quantidade de gado pastando em um mesmo espaço (mantendo constante a variável *hectares de terra*) é de que a terra não será sustentável para atender infinitamente a soma dos interesses individuais de cada pastor. O interessante desse exemplo é que o impacto desse aumento é irrisório do ponto de vista individual, porém multiplicando essa mesma ação por dezenas, centenas, milhares ou até milhões de pessoas todos acabam sendo prejudicados, já que o esgotamento da terra impactará negativamente toda a comunidade.[98] Todos perdem a terra.[99]

---

[97] Cf. Hardin (1977, p. 20-21).

[98] Para um outro exemplo, mas com as mesmas consequências, cf. Holmstrom (2000, p. 81).

[99] "O que causa a tragédia? Por que os pastores permitem que a população cresça a ponto de destruir a Comuna Local? A razão é que os incentivos sociais e privados são diferentes. Evitar a destruição das pastagens depende de ação coletiva por parte dos pastores. Se os pastores

DIREITOS SOCIAIS

Se todos individualmente propusessem ações com pedidos de remédios, tratamentos médicos, moradia, alimentação e vagas em escolas como um direito público subjetivo, o Estado seria incapaz de atender, por razões orçamentárias, todas essas ações, pois apenas os custos relacionados à saúde, sem a realização de nenhum tipo de raciocínio de custo-benefício, já são altíssimos. Essa realidade de uma multiplicidade de demandas judiciais (denominado *efeito multiplicador*),[100] mesmo que improvável[101] na prática, poderia ser um outro exemplo de "tragédias dos comuns". Como visto (Capítulo 2, item 3), os Tribunais concedem o direito à saúde, na maior parte das ações, não para grupos desfavorecidos, mas para as parcelas sociais mais abastadas. Essa constatação sugere que só não há mais processos judiciais porque diversas pessoas provavelmente não sabem que poderiam propor uma ação e ter seu remédio e/ou tratamento médico garantidos pelo Judiciário. O que não significa que o número de ações permaneça constante no transcorrer do tempo, muito pelo contrário: segundo Ferraz (2011, p. 82), considerando apenas as ações em face do Ministério da Saúde entre os anos de 2005/2009, houve um aumento em seu número superior a 450%. Esse dado é bastante relevante, pois em um curto período de tempo (5 anos) houve um aumento no número de ações de 387 em 2005, as quais geraram custos da ordem de R$ 2,4 milhões, para 2.174 em 2009, as quais geraram custos da ordem de R$ 53 milhões. Interessante também notar que, embora o número de ações tenha aumentado em pouco mais de 450%, os gastos não acompanharam exatamente a mesma pro-

---

agissem juntos, poderiam reduzir a população de ovelhas para um nível que a Comuna pudesse sustentar. Entretanto, nenhuma família tem incentivo para reduzir o tamanho do seu rebanho porque cada rebanho representa apenas uma pequena parte do problema" (MANKIW, 2009, p. 222).

[100] Um dos argumentos muito utilizados pelo Poder Público para se defender em ações cujo objeto é a concessão de remédio ou custeio de tratamento médico resume-se à ideia de que o custo gerado por uma única decisão é ínfimo perto de todo o orçamento destinado para a saúde, contudo essa única decisão poderia dar ensejo a um perigoso precedente ao propiciar o chamado *efeito multiplicador*, ou seja, enquanto o custo de um remédio pode ser baixo, caso todos aqueles que precisam de um remédio ou tratamento médico proponham uma ação solicitando esse tipo de prestação, o ente federativo demandado não teria como lidar com esses custos.

[101] Saliento que essa realidade é improvável não por questões outras se não as relacionadas à desigualdade social que proporciona uma desigualdade de informações e incapacidade de os indivíduos suportarem os custos de uma ação judicial.

porção, alcançando um aumento de mais de 2.000% se compararmos os custos das ações para o Ministério da Saúde entre os anos de 2005 e 2009.[102]

Em dezembro de 2012, a Advocacia-Geral da União elaborou um relatório[103] calculando os gastos do governo federal com o cumprimento de decisões judiciais para aquisição de medicamentos, insumos e equipamentos entre 2005 e 2012 (ver Anexo I). Em 2005, os gastos com decisões judiciais por parte do governo federal giravam em torno de R$ 2,5 milhões. Em 2012, esse número subiu para quase R$ 290 milhões, o que representa um aumento de mais de 11.500% nos gastos do governo federal em apenas oito anos. Ainda segundo o mesmo relatório, a tendência de um significativo aumento nos gastos também ocorre nos Estados. Santa Catarina, apenas para ficar em um exemplo, passa de gastos com ações judiciais em torno de R$ 18 *mil* em 2001 para quase R$ 95 *milhões* em 2010. Dados mais recentes mostram que a tendência de gastos cada vez maiores com a saúde em razão de decisões judiciais permanece. Segundo acórdão do TCU, em 2015 a União desembolsou R$ 1 bilhão, significando um aumento de mais 1.300% considerando o período de 2009 a 2015.[104]

Os direitos sociais garantem que os bens sejam distribuídos em proteção ao interesse comum de toda a comunidade (algo que a leitura dos direitos sociais pelo viés do direito subjetivo não pode fazer). Os direitos sociais garantem uma racionalidade na distribuição dos bens impedindo que ocorra um uso desenfreado, pois, em última instância, se todos peticionarem a fim de que se custeie um tratamento médico, o orçamento do Estado não será capaz de faticamente cumprir com todas essas decisões, ou seja, é empiricamente impossível responder ao conjunto de demandas tendo em vista as necessidades de saúde, moradia, educação e alimentação de todos os membros de uma dada comunidade. Tal como a terra que foi totalmente inutilizada pela grande quantidade de animais pastando no mesmo espaço, nós poderíamos inviabilizar uma distribuição igualitária dos bens públicos em jogo.

---

[102] Todos os dados foram obtidos em Ferraz (2011, p. 82).

[103] Relatório obtido e disponível em: http://portalarquivos2.saude.gov.br/images/pdf/2014/maio/29/Panorama-da-judicializa----o---2012---modificado-em-junho-de-2013.pdf. Acesso em: 9 maio 2019 (cf. Anexo I).

[104] Dados disponíveis em: https://portal.tcu.gov.br/imprensa/noticias/aumentam-os-gastos--publicos-com-judicializacao-da-saude.htm. Acesso em: 9 maio 2019.

Poderia ser racional fornecer o remédio para uma única pessoa, mas essa lógica individual esconde que não fornecer o remédio para uma única pessoa pode ser a decisão menos adequada individualmente, porém a mais acertada coletivamente. Hardin aponta os limites da lógica individual para o uso de bens públicos. Em uma passagem bastante contundente, o autor afirma que "ruin is the destination toward which all men rush, each pursuing his own best interest in a society that believes in the freedom of the commons. Freedom in a commons brings ruin to all" (1977, p. 20). Em outras palavras, o que é racional do ponto de vista individual pode não ser racional do ponto de vista coletivo (HOLMSTROM, 2000, p. 72).

Nesse momento, parece-me imprescindível uma explicação adicional para que meu argumento não seja interpretado equivocadamente. De forma alguma o que escrevi anteriormente significa colocar um interesse coletivo acima da individualidade das pessoas ou minar a autonomia do indivíduo; na verdade, muito pelo contrário, para se auferirem os benefícios da convivência em sociedade é preciso mantê-la existindo, e essa existência depende do uso dos bens públicos de forma que atenda a todos.[105] Tampouco significa que essa racionalidade coletiva só seja viável, como teme Hayek, a partir de uma "direção central de toda a atividade econômica de acordo com um só plano, que estabelece como os recursos da sociedade devem ser 'conscientemente dirigidos' para servir a determinados fins de modo específico" (HAYEK, 2009, p. 62-63).

Dado que o direito não assegura saúde, educação, moradia, etc. como bens privados (excludente/rival), mas, sim, como bens públicos, o juiz só pode raciocinar em termos coletivos. O indivíduo não tem direito ao remédio, ao tratamento médico, a uma casa ou a uma vaga na escola, mas, sim, todos devem participar desses bens públicos. Essa racionalidade coletiva terá efeitos individuais (assim como a despoluição de um rio, embora seja um direito difuso, pode ter reflexo direto nas populações ribeirinhas), mas esse fato não descaracteriza a qualidade de coletivo em sentido amplo dos bens sociais como saúde, educação e moradia. O seu gozo só pode ser efetivado por uma racionalidade coletiva, ou seja, a comunidade deve

---

[105] De certo, não há qualquer pressuposto teórico ou qualquer indicação nesta obra que pretenda sustentar a ideia de que a sociedade deve ser organizada a partir de uma finalidade única e imutável, impedindo, ou dificultando ao extremo, que os indivíduos possam seguir com seus planos de vida. Para preocupações em relação ao coletivismo em detrimento do liberalismo/individualismo cf. Hayek (2009, p. 59-68; 85-100).

O CONCEITO DE DIREITOS SOCIAIS

ser beneficiada com a decisão do juiz e não necessariamente o indivíduo concretamente. A decisão tomada de um ponto de vista individual, que, no caso de uma ação judicial, significa considerar única e exclusivamente um conflito em particular, e não toda a coletividade, ou parte dela, que não pode ser excluída do uso de um bem público, não protege constitucionalmente os bens sociais.

Pelo fato de os direitos sociais garantirem bens públicos, sua titularidade pertence à sociedade, pois uma ação de cunho individual tem por base o autointeresse e um raciocínio, e não poderia ser diferente, parcial e, portanto, não coletivo. Uma ação coletiva proposta pelo Ministério Público seria juridicamente adequada dentro dessa lógica na medida em que, pelo sistema constitucional brasileiro, ele é o órgão incumbido de representar interesses de toda a coletividade.[106]

De qualquer forma, essa titularidade deve ser da coletividade em razão de um outro argumento, além de questões vinculadas à possibilidade, improvável como já indicado, de exaurirmos os bens públicos como saúde, educação, etc., pela adoção de uma racionalidade exclusivamente individual, há um outro ponto moralmente relevante a ser enfrentado: o enfraquecimento dos laços sociais, da coesão social em virtude de uma distribuição não igualitária ou, em outros termos, em virtude do afastamento do uso de uma racionalidade coletiva em prol de uma racionalidade individual.[107] A aplicação individual de direitos sociais pode influir negativamente nas condições de desigualdade. Por sua vez, o entendimento dos direitos sociais como difusos atua em prol da igualdade.

Antes ainda de qualquer consideração entre direitos difusos e igualdade, pode surgir uma questão anterior: *qual a relação entre igualdade/desigualdade*

---

[106] O art. 127 da Constituição Federal delineia essencialmente qual é o papel do Ministério Público nos seguintes termos: "O Ministério Público é instituição permanente, essencial à função jurisdicional do Estado, incumbindo-lhe a defesa da ordem jurídica, do regime democrático e dos *interesses sociais* e individuais indisponíveis" (grifo nosso). Segundo Zavascki, a interpretação mais adequada para o trecho em que o art. 127 aponta como uma das funções do Ministério Público a defesa dos interesses sociais é a seguinte: "[...] o interesse social vai além e acima dos meros direitos subjetivos dos entes públicos. Sua dimensão social está, exatamente, na relação que tem com valores e instituições de alcance mais elevado, a preservação das condições de vida em sociedade, da manutenção da organização estatal e da democracia" (ZAVASCKI, 2009, p. 46-47).

[107] "Another empirical fact about public goods is that they can be achieved only by collective action" (HOLMSTROM, 2000, p. 85).

e coesão social? Por isso, nos próximos parágrafos, faço uma relação entre essas duas dimensões: igualdade/desigualdade e coesão social.

Nos últimos 30 anos, a desigualdade e a pobreza aumentaram gradativamente (KERSTENETZKY, 2012, p. 92). Essa realidade mundial impactou de forma excessivamente negativa o Brasil. Não é novidade que somos um país extremamente desigual e que gozamos de dados sociais pouco animadores. Segundo dados do Banco Mundial,[108] o Brasil apresenta graves distorções na distribuição de renda: a parcela da população correspondente a 1% mais pobre apresenta média de rendimento mensal de R$ 62,51, a parcela dos 10% mais pobres renda média mensal de R$ 255,10, enquanto os 10% mais ricos média mensal de R$ 8.529,07. Por sua vez, o IDH – 2014 revela que temos graves problemas sociais.[109] O Brasil ocupa a 75ª posição, o que significa dizer que países da América Latina como Argentina (40ª), Chile (42ª), Uruguai (52ª), Panamá (58ª), México (60ª) e Cuba (67ª) estão em posições muito acima da ocupada pelo Brasil. E não se pode deixar de destacar que o Brasil, embora não muito distante, apresenta IDH pior do que países como Costa Rica (69ª) e Venezuela (71ª). Esses números podem ser lidos como ainda mais preocupantes se for considerado que o PIB brasileiro é um dos maiores do mundo.

Por um lado, os dados são muito patentes ao indicar o Brasil como um país desigual. Por outro lado, cooperação e confiança entre os membros de uma sociedade são essenciais para o seu funcionamento. Nesses termos, Stiglitz categoricamente afirma que "cooperation and trust are important in every sphere of society" (STIGLITZ, 2012, p. 121). A falta de cooperação e confiança recíprocas geram fraturas na sociedade que a tornam disfuncional; ou seja, sem coesão social, "societies have become dysfunctional" (STIGLITZ, 2012, p. 122). Segundo o mesmo autor:

> The breaking of the social bonds and trust [...] will, inevitably, have broader social consequences. Trust and reciprocal goodwill are necessary not only for the functioning of markets but also for every other aspects of societal cooperation. We have explained how the long-term success of any country requires social cohesion – a kind of social contract that binds members of

---

[108] Dados disponíveis em: https://nacoesunidas.org/banco-mundial-alerta-para-desigualdades-de-renda-no-brasil/. Acesso em: 9 maio 2019.

[109] Dados disponíveis em: http://www.br.undp.org/content/brazil/pt/home/idh0/rankings/idh-global.html. Acesso em: 9 maio 2019.

O CONCEITO DE DIREITOS SOCIAIS

society together. Experiences elsewhere have shown, however, the fragility of social cohesion. When the social contract gets broken, social cohesion quickly erodes. Governments and societies make decisions – expressed through policies, law and budgetary choices – that either strengthen that contract or weaken it. (STIGLITZ, 2012, p. 125)

Se precisamos de confiança e reciprocidade para mantermos o funcionamento da sociedade, o problema é que a desigualdade gera desconfiança e menos possibilidade de coesão social. Richard Wilkinson e Kate Pickett fazem justamente essa associação entre desigualdade e mútua confiança entre os membros de uma sociedade. Conforme dados coletados pelos autores, nas sociedades em que a desigualdade é maior, os seus cidadãos não confiam uns nos outros (2011, p. 52-63).[110]

Stiglitz (2012, p. 83-84) aponta as consequências da ausência de coesão social em razão de altos graus de desigualdade do seguinte modo:

We are paying a high price for our large and growing inequality, and because our inequality is likely to continue to grow – unless we do something – the price we pay is likely to grow too. Those in the middle, and especially those at the bottom, will pay the highest price, but our country as a whole – our society, our democracy – also will pay a very high price [...] We know these extremes of inequality play out because too many countries have gone down this path before. The experience of Latin America, the region of the world with the highest level of inequality, foreshadows what lies ahead. Many of the countries were mired in civil conflict for decades, suffered high levels of criminality and social instability. *Social cohesion simply did not exist.* (grifo nosso)

Um exemplo de como essa desigualdade pode afetar o funcionamento da nossa sociedade é traduzida por Oscar Vilhena Vieira (2011, p. 224; 229):

[...] a desigualdade profunda e duradoura gera a erosão da integridade do Estado de Direito.
[...] índices elevados de desigualdade econômica e social que segregam os economicamente desfavorecidos de um lado e os favorecidos de outro criam

---

[110] "With greater inequality, people are less caring of one another, there is less mutuality in relationships, people have to fend for themselves and get what they can – so, inevitably, there is less trust. Mistrust and inequality reinforce each other" (WILKINSON e PICKETT, 2011, p. 56).

um obstáculo à integridade do Estado de Direito [...] torna-se difícil promover a reciprocidade em uma sociedade onde grandes hierarquias e desigualdades entre os indivíduos existem [...] os agentes menos privilegiados dificilmente terão razões para agir conforme as regras do jogo que sistematicamente prejudicam seus interesses.

Sem coesão social qualquer projeto de vida, seja individual, seja coletivo, não pode prosperar. A solidariedade não é simplesmente mais um valor que se busca por meio do direito. Na verdade, a nossa sobrevivência enquanto sociedade depende da solidariedade para manutenção da coesão social. Na medida em que os direitos sociais asseguram bens que atuam em prol, ainda que possam ser individualmente fruídos, da coesão social, eles devem ser vistos como difusos.[111]

A possibilidade de participação da vida em sociedade pressupõe um *common good*.[112] Só haverá cooperação em sociedade se determinados conjuntos de valores e direitos forem usufruídos pelos seus participantes. Nesse sentido, afirma Anthony Giddens (2009, p. 325) que "para uma comunidade ou sociedade estar socialmente integrada, é importante que os seus membros partilhem instituições como escolas, instalações de saúde e transportes públicos. Essas instituições partilhadas contribuem para a existência de um sentido de solidariedade social na população". Os direitos sociais objetivam assegurar um conjunto de bens que garantem, pelo menos em parte, o *common good*. A sociedade detém esses bens e, ao mesmo tempo, seu gozo por todos gera um bem geral, ou seja, contribui para a solidariedade social.[113]

---

[111] "Los derechos colectivos adscriben a una vision de la persona que se sitúa más allá de su individualidad y se ubica en torno a la solidariedad" (DOMINGUEZ, 2005, p. 134). Segundo Waldron, "a public good may still be a good consumed and enjoyed by individuals: this publicness may consist simply in the fact that, if any individual is to benefit from the good, then no individual can be excluded from such benefit" (WALDRON, 2001, p. 354).

[112] Adoto a definição de Finnis: "a set of conditions which enables the members of a community to attain for themselves reasonable objectives, or to realize reasonable for themselves the value(s), for the sake of which they have reason to collaborate with each other (positively and/or negatively) in community" (2011, p. 155).

[113] "[...] education benefits the individual but also society at large. Considered from this perspective, allocation funds to education represents an investment in the human resources that promote the nation's economic prosperity as well as its general social well-being, expressed in rising levels of culture, decreased crime rates, prevention of sexually transmitted diseases, such as AIDS, and promotion of the war on poverty, among other social goals. These outputs,

O CONCEITO DE DIREITOS SOCIAIS

Cada membro da sociedade possui um dividendo por fazer parte dela. Esse dividendo não será exatamente o mesmo para todos, pois dependerá da situação (econômica, de reconhecimento, etc.) de cada um. Essa repartição é realizada, portanto, para redistribuir bens e dissolver desigualdades, isto é, objetivando construir um patamar mínimo para assegurar uma solidariedade social e minimizar processos de exclusão. Nesse sentido, saúde, educação e moradia voltam-se para os mais necessitados. Não são direitos que garantem "coisas" para todos, mas, sim, possibilidades de um escrutínio detalhado, desde que sejam satisfeitos alguns critérios (ver Capítulo 3) por parte do Poder Judiciário intervindo tanto para reformular políticas públicas já existentes quanto para alterar um *status quo* exigindo a elaboração de uma política pública quando se faça necessário.

Só é possível apreender os direitos sociais em sua completude se sua leitura for realizada por uma ideia de *bem comum*. Não há nenhum óbice lógico ou ontológico à afirmação de que grupos ou comunidades possam ter direitos (WALDRON, 2001, p. 361). Jeremy Waldron constrói um exemplo bastante significativo a respeito da diferença entre o gozo individual de determinados bens e o usufruto de um bem que só pode ser gerado coletivamente.[114]

Waldron (2001, p. 355) toma como ponto de partida de seu exemplo o *good of conviviality*. Os anfitriões pretendem alcançar esse bem por meio da escolha dos convidados, da comida, etc. No entanto, não é o desfrute de um bom vinho ou o fato de se saborear um belo peixe, mas, sim, o prazer da companhia alheia que propicia o gozo do bem da *conviviality*. Nesse sentido, "a party is convivial when people derive benefit from the active enjoyment of one another's company, not when each of them sits around experiencing the pleasures of the evening – the food, the wine, the music – as a purely personal enjoyment. Of course, it is possible to

---

despite their diversity, touch the lives of each and every individual [...] the assumption shared by this plethora of positions is that an individual without and education not only deprive themselves of their own rights and humanity, but they also jeopardize their community's legitimate interests" (RABIN, 2011, p. 269-270).

[114] É importante destacar que essa não é a posição de Jeremy Waldron em relação aos direitos sociais. Para o autor, tanto os direitos civis e políticos quanto os direitos sociais expressam interesses individuais (WALDRON, 2001, p. 344). No entanto, pretendo usar o conceito de *communal good* cunhado pelo autor para dizer que os direitos sociais também protegem bens que pertencem não ao indivíduo, mas à sociedade.

get all sorts of goods at a party; but if one comes away having enjoyed it and knowing that others did not, one has not participated in the sort of good that I am talking about. Conviviality or good atmosphere is a *communal* good experienced as such by people only to extent that they are participant member of a group to which the benefit of the good accrues at a collective level [...] in cases like this, the individual experiences are unintelligible apart from their reference to the enjoyments of others" (WALDRON, 2001, p. 355).

Da mesma forma, os direitos sociais podem gerar bens que são gozados individualmente: tratamento médico, moradia, remédio ou a vaga em uma escola. No entanto, os direitos sociais não objetivam em primeiro lugar garantir o gozo individual de todos esses bens, mas, sim, a possibilidade de socialmente, ao garanti-los, convivermos em harmonia. Os indivíduos terão cada vez mais um sentimento de pertencimento à sociedade na medida em que estão integrados a ela por diversos meios. A diminuição da exclusão social permite que todos possam gozar de um benefício que só pode ser adquirido coletivamente (tal qual *the good of conviviality*). Por isso, saúde, educação, moradia, alimentação, etc. não são compreendidos pela ótica de um direito individual a ter o máximo desses bens (ausência absoluta de doença, a moradia mais luxuosa e agradável possível ou mesmo ter direito a ingerir alimentos caros como lagosta ou caviar); na verdade, o que se quer estabelecer é a integração social dos indivíduos para que possamos construir uma sociedade fraterna, justa e solidária nos termos da própria Constituição Federal. Para que alcancemos esse *communal good*, não é preciso a distribuição do remédio mais caro ou de tratamento médico no exterior para todos.

Volto ao exemplo exposto por Waldron. Para alcançar *the good of conviviality* não é preciso que os anfitriões sirvam aos seus convivas uma garrafa de Romanée-Conti (a qual pode chegar a custar mais de R$ 40 mil). Os direitos sociais são efetivados não por obrigarem o Estado a fornecer vagas em escolas com estrutura voltada para a alta tecnologia ou comidas sofisticadas, mas, sim, por terem um planejamento de distribuição, de modo minimamente equitativo e racional, na sociedade. Em outras palavras, os direitos sociais não obrigam o Estado a ser perdulário, mesmo porque não é a quantidade de verba gasta em uma política pública que efetivará os direitos sociais, mas, sim, abrir possibilidades concretas para a inserção de grupos marginalizados na sociedade em que vivemos. Essa integração não ocorre apenas em virtude do montante gasto. Uma política pública voltada à alimentação pode prever um programa de alimentação saudável, nutritiva e a baixo custo para o cidadão, cumprindo com o direito à alimentação, previsto desde 2010 na Constituição Federal, ainda que não esteja nesse prato um naco de filé mignon ou uma porção de camarão.

A discussão em torno dos direitos sociais geralmente está associada com custos e distribuição de verbas. Embora esse seja um ponto importante, o que se distribui não é o dinheiro única e exclusivamente, mas, sim, saúde, educação e moradia. Em outras palavras, a garantia de direitos sociais passa por escolhas inseridas em um contexto complexo. A participação na sociedade requer o gozo de bens que não podem ser exclusivos de grupos específicos.

Nesse sentido, aqueles que participam de uma sociedade podem legitimamente esperar, em razão da pertença a uma determinada comunidade, alguns benefícios. Esses benefícios, no caso dos direitos sociais, correspondem ao gozo simultâneo e não excludente de bens como saúde, educação, moradia, alimentação, etc., sem que com isso se queira afirmar que os indivíduos são titulares de medicamentos independentemente de seu custo ou da doença que combatam ou mesmo que possam exigir qualquer tipo de alimento ao Estado. O indivíduo pode esperar que os bens sejam distribuídos de modo justificado em nome da própria sociedade em questão. No entanto, os direitos sociais não correspondem a uma obrigação do Estado de auxiliar os indivíduos necessitados, mas, sim, de distribuir equitativamente bens públicos, assegurando, assim, a possibilidade de existência da comunidade, ainda que isso gere benefícios individuais muito palpáveis.

Esse é um ponto importante a ser explorado: se os direitos são difusos, como ocorre claramente o gozo individual de um determinado bem? O objetivo primeiro dos direitos sociais não é efetivar uma igualdade material de todos os indivíduos, ou seja, assegurar um mínimo de coisas para todos. Os direitos sociais objetivam remover ou alterar estruturas sociais ou econômicas para garantir uma distribuição equitativa de bens, ainda que essa distribuição não seja capaz de amparar todos os membros da sociedade com os recursos disponíveis para oferecer todos os remédios existentes no mercado. Em outras palavras, os direitos sociais não deixam de ser efetivos em um país onde há pobreza e poucos recursos. Aquelas não são tarefas primárias do direito, ainda que possam contribuir para tanto.

Na verdade, o objeto "saúde" é indivisível na medida em que a sua redistribuição deve ser benéfica para a sociedade e não apenas para certo grupo. O raciocínio jurídico a ser implementado não é: dado um recurso x e os grupos y, z e w, qual deles devo atender nas medidas de sua necessidade. A questão é outra: dado os grupos y, z e w, qual a distribuição a ser adotada tendo em vista o benefício da sociedade. Esse raciocínio possibilita pensarmos, por exemplo, que não há qualquer benefício para a sociedade na atribuição individual de medicamentos ou ainda que não há qualquer benefício para a sociedade em gastar todos os recursos públicos com o ensino universitário e abandonarmos o ensino fundamental e médio, por exemplo.

A exclusão de parcelas da sociedade de determinados bens deve ser justificada e esse *accountability* deve ser feito, em alguns casos, diretamente pela sociedade. Em parte, esse *accountability* é realizado de diversas formas, entre as quais por meio do voto, porém o direito tem um papel a ser exercido nesses casos, já que a Constituição garante bens que possuem essas características, como os direitos sociais. A propriedade privada é excludente, ao passo que os bens em jogo por meio dos direitos sociais não podem ser excludentes. Os direitos sociais possuem o papel de redistribuir os benefícios criados em sociedade.

Como o direito poderia assegurar um bem que serve apenas para algumas pessoas? Entender a teoria dessa forma é incoerente, e imaginar que o direito crie uma racionalidade que não é igualitária não faz qualquer sentido dentro de nosso ordenamento jurídico. Não é, certamente, a melhor leitura do texto constitucional. Da mesma forma que a poluição dos rios pode prejudicar o abastecimento de água para todos, o não compartilhamento de determinados bens pode gerar um ambiente menos propício para o convívio social. As pessoas se sentem menos cidadãs e menos respeitadas como seres humanos ao não conseguir participar dos benefícios básicos da sociedade: saúde, educação, moradia, alimentação, etc. Por que um indivíduo deve participar da comunidade se não aufere nenhum benefício? Os direitos sociais asseguram a integração das pessoas em um sistema de saúde, educação ou moradia, o que não pode ser traduzido única e exclusivamente em obrigações de dar por parte do Estado. Na verdade, por mais paradoxal que possa parecer, o indivíduo, mesmo não tendo seu remédio garantido, pode estar integrado ao sistema coletivo de saúde desde que sejam garantidos os mesmos benefícios para todos.

O CONCEITO DE DIREITOS SOCIAIS

Ilustro essa afirmação com uma ideia similar exposta por Stiglitz. Tomando por base que "perceptions of unfairness affect behavior" (STIGLITZ, 2012, p. 127), o autor afirma que a motivação dos empregados em uma empresa está diretamente associada ao fato de serem tratados de modo justo e não exatamente ao valor do salário que auferem.

> *Equally important in motivating workers is their sense that they are being fairly treated.* While it is not always clear what is fair, and people's judgments of fairness can be biased by their self-interest, there is a growing sense that the present disparity in wages is unfair. When executives argue that wages have to be reduced or that there have to be layoffs in order for corporations to compete, but simultaneously increase their own pay, workers rightly consider that what is going on is unfair. That will affect both their effort today, their loyalty to the firm, their willingness to cooperate with others, and their willingness to invest in its future [...] Recent experiments in economic have confirmed the importance of fairness. One experiment showed that raising wages of workers who felt that they were being treated unfairly had a substantial effect on productivity – and no effect on those who felt they were being treated fairly. (STIGLITZ, 2012, p. 103-104, grifo nosso)

Os resultados dessa experiência podem ser extrapolados a nossa participação em sociedade: a ideia de que uma distribuição justa atua em prol da coesão social. No caso dos direitos sociais, se o Estado não provê justificadamente um remédio para todos, esse é um reforço à coesão social e à participação das pessoas nos bens sociais pela negação justificada de que *ninguém* terá um benefício em detrimento do outro. Se esse não é o ponto ideal, é essa divisão de bens que o direito garante e torna equitativa, o que é um fator importante para a manutenção da coesão social e da própria existência da sociedade. O importante não é apenas o que absolutamente possuo, mas o que relativamente possuo. Em outras palavras, se o Estado fornece um ensino de qualidade nas universidade públicas, frequentadas em sua maioria pelos grupos sociais mais abastados da sociedade, por que ele não deveria fazer o mesmo com o ensino fundamental e médio? Essa realidade cria uma situação clara e injustificada de repartição de bens que pode gerar distúrbios na visão de que vivemos em sociedade e de que os benefícios e ônus devem ser minimamente suportados por todos. Novamente de acordo com Stiglitz: "[...] people can feel confident that they will be treated well, with dignity, fairly [...] if individuals believe the economic and political system is unfair, the glue doesn't work and societies don't function well" (2012, p. 122).[115]

A garantia do direito à saúde, por exemplo, significa distribuição desse bem tendo em vista a coletividade, ou seja, se não é possível distribuir um remédio para todos, o remédio não deve estar em jogo, porque o que está em jogo é que todos possam gozar simultaneamente desse mesmo bem sem exclusões, ou, de outro modo, caso apenas alguns possam gozar desses bens, então o direito à saúde não pode albergar essa distribuição. Esse raciocínio leva em consideração o benefício para a sociedade e para a garantia dos valores constitucionais, não só de igualdade, mas principalmente de solidariedade e justiça. A construção de uma sociedade solidária passa pela necessidade de uma divisão moral e constitucionalmente justificada de bens como saúde, educação e moradia. A questão que envolve os direitos sociais não diz respeito diretamente à riqueza do Estado, mas, sim, ao modo como esse Estado distribui os seus bens para auxiliar na concepção de uma sociedade justa e solidária. A questão dos direitos sociais não é tanto o quanto o "Estado dá", mas as razões que justificam o que ele dá.

Esses bens só podem ser alcançados com ações coletivas, ou seja, só há a garantia de um sistema de ensino se houver uma série de ações compartilhadas por diferentes participantes de uma determinada comunidade. No caso em tela, é preciso o fornecimento de material de construção para a escola, as pessoas que vão construí-la, os professores que são formados em outras instituições de ensino, os alunos, o usufruto de um conhecimento adquirido pela humanidade, etc.

Os bens saúde, educação e moradia, garantidos pelos direitos sociais, não se reduzem simplesmente a objetos e ações específicas, mas a um conjunto desses objetos e ações que é formatado a partir de um contexto histórico, social e econômico. Não existe "o" bem saúde, pois ele não detém uma essência. Sua caracterização vai ocorrer a partir de circunstâncias históricas, sociais e econômicas, ou seja, será alterada a partir de diversos parâmetros. Quando uma ação é proposta por uma parte para que o Estado seja obrigado a fornecer um remédio ou a custear um tratamento médico,

---

[115] "Such civic virtue should not be taken for granted. If the belief takes hold that the political system is stacked, that it's unfair, individuals will feel released from the obligations of civic virtue. When the social contract is abrogated, when trust between a government and its citizens fails, disillusionment, disengagement, or worse follows. In the United States, and in many other democracies around the world, mistrust is ascendant" (STIGLITZ, 2012, p. 120).

o que está em jogo não é apenas o remédio ou o tratamento discutido na ação, mas a racionalidade de distribuição de um bem chamado "saúde" para fins jurídicos.[116] Esse bem "saúde" deve ser visto como um conjunto de tratamentos, fornecimento de remédio, construção de hospitais, contratação de mão de obra especializada (médicos, enfermeiros, etc.), e, portanto, na medida em que há a adjudicação do direito à saúde, ela não pode ocorrer senão pela visão geral e totalizante de um bem denominado "saúde".

2.2.2. Repercussões Práticas e Teóricas do Conceito de Direitos Sociais como Difusos: uma Discussão com a Doutrina e com a Jurisprudência

A principal consequência da compreensão dos direitos sociais como difusos é trazer para o direito questões que permanecem ignoradas[117] ou que são vistas como questões políticas, econômicas ou sociais, mas não jurídicas.

A definição dos bens assegurados pelo direito à saúde, educação, moradia ou alimentação como públicos insere definitivamente no debate constitucional questões importantes, tais como os critérios a serem adotados para alocação de recursos escassos, que dizem respeito à sociedade em que queremos viver. A alocação de recursos envolve, de certo, questões técnicas que podem ser altamente complexas, contudo me parece que, independentemente delas, o mais relevante são os argumentos que nos levam a aceitar o gasto público de uma forma e não de outra. A elaboração de políticas públicas não pode ser comparada ao trabalho de um matemático que resolve uma equação ao chegar à única resposta possível.[118] Nesse sentido, Giandomenico Majone (2005, p. 57) traz lições importantes:

> El analista de políticas es un produtor de argumentos de las políticas, más semejante a un abogado – un especialista en argumentos legales – que a un ingeniero o un científico. Suas capacidades básicas no son algorítmicas, sino argumentativas: para examinar con espíritu crítico los supuestos, para producir

---

[116] Meu objetivo não é definir a essência de bens chamados "saúde", "educação" ou "moradia". O fato é que esses bens são lidos pelo direito de uma forma própria, ou seja, busco aqui estabelecer em que medida e com qual extensão o direito protege tais bens.

[117] Para uma ideia similar a respeito da inserção de questões ignoradas no debate atual em razão da compreensão dos bens saúde e educação como *commonstock*, cf. Anton (2000, p. 26-27).

[118] Cf. Aguilar (2005, p. 14-15).

y evaluar pruebas, para conversar muchos hilos en la mano, para buscar un argumento en muchas fuentes dispares, para comunicarse efectivamente. El analista reconoce que se requieren juizos de valor para decir algo importante en materia de política, juicios que deben ser explicados y justificados, y está dispuesto a aplicar suas capacidades en cualquier tema de interés para la discusión pública.

O conceito de direitos sociais apresentado por esta obra deixa claro que as decisões alocativas não são exclusivamente políticas, pois nosso sistema constitucional protege juridicamente bens como saúde, educação, moradia e alimentação. Em sentido contrário, por exemplo, colocam-se Nunes e Scaff (2011, p. 38-39) ao afirmarem que os recursos disponíveis em uma dada sociedade nunca são suficientes para efetivar todos os direitos sociais para todos os cidadãos, o que gera a necessidade de se fazer escolhas. Segundo os autores, essas escolhas são políticas e, portanto, não podem ser feitas legitimamente pelos Tribunais. Ora, parece-me que visões como essa são inadequadas para a interpretação de Constituições como a brasileira, que claramente integrou os direitos sociais em uma linguagem jurídica, redundando na interferência do Judiciário nessas questões. O modelo constitucional exige que o direito interfira com alocações de recursos em casos nos quais estão em jogo bens como saúde, educação, moradia, etc.

O ponto relevante é que Nunes e Scaff (2011) e uma série de outros autores desenvolvem críticas aos direitos sociais, como a necessidade de altos orçamentos para a sua aplicação, que são respondidas pela compreensão dos direitos sociais como difusos. Apresentarei essas críticas para mostrar como elas podem ser contornadas a partir da abordagem adotada por este trabalho.

Os principais críticos aos direitos sociais constroem suas refutações a partir da comparação com os direitos civis e políticos, os quais conformariam os direitos fundamentais por excelência. Os direitos sociais seriam garantidos por meio de obrigações positivas do Estado (dar e fazer), as quais gerariam custos. Assim, o direito à saúde, por exemplo, dependeria de construção de hospitais, contratação de médicos, enfermeiros e atendentes, compra de medicamentos e de equipamentos, manutenção física do imóvel onde se encontraria o hospital e dos próprios equipamentos, etc. Portanto, para a concretização deste direito é necessário o dispêndio de altos aportes financeiros pelo Estado. Ocorre que os recursos são escassos

O CONCEITO DE DIREITOS SOCIAIS

e as necessidades humanas são infinitas;[119] dessa forma, esses direitos ficam na dependência da disponibilidade de recursos públicos para sua concretização. O Estado, do ponto de vista jurídico, pouco se compromete com os direitos sociais, pois ninguém é obrigado ao impossível.

Já os direitos civis e políticos impõem meramente obrigações negativas (não fazer). Para respeitar, por exemplo, o direito à liberdade de expressão, o Estado deve tão somente não interferir na esfera privada de ninguém. Essa espécie de direito não gera qualquer custo, pois o Estado deve simplesmente se omitir. E para tanto, não precisa gastar dinheiro para estabelecer estruturas (tais como, por exemplo, o direito à saúde demandaria), a fim de que se abstenha de agir.

Maurice Cranston, Charles Fried e Marc Bossuyt são três autores que ficaram notabilizados por adotar essa posição crítica frente aos direitos sociais.

Maurice Cranston faz três tipos de crítica aos direitos sociais. A primeira tem como base a ideia de que moralmente os direitos sociais são menos importantes do que os civis e políticos (1979, p. 67-71). Há uma manifesta repulsa moral, diz ele, quando não se salva uma criança do afogamento ou quando um estudante negro é impedido de sair de seu país devido a uma característica física. Por outro lado, o autor acredita que ninguém se sinta muito incomodado quando não se garante direito a férias remuneradas.

A segunda crítica está permeada pelos valores da Guerra Fria (CRANSTON, 1979, p. 73-77). Os direitos sociais poderiam servir para que países como a antiga União Soviética se desviassem dos "verdadeiros" direitos humanos, que são os civis e políticos. Assim, os soviéticos, e outros Estados, poderiam usar os direitos sociais de uma forma escusa no jogo político ao tentarem desviar a atenção da comunidade internacional do fato de que eles mesmos violavam direitos civis e políticos (moralmente mais relevantes, segundo Cranston). A retórica desses Estados violadores seria a de que estão implementando os direitos humanos, pois estão cumprindo com os direitos sociais presentes na Declaração Universal dos Direitos

---

[119] Falando ainda em direito à saúde, várias questões são levantadas: quais doenças serão custeadas pelo Estado? Que tipo de tratamento o indivíduo pode exigir? Se as necessidades humanas são infinitas, a tendência é dizermos que todas as doenças devem ser custeadas pelo Estado da forma mais efetiva possível (se há uma vacina brasileira mais barata, porém com resultados menos satisfatórios, então, o indivíduo poderia exigir aquela mais cara e com melhores resultados).

Humanos de 1948 e no Pacto de Direitos Econômicos, Sociais e Culturais de 1966. Isso seria um problema para a causa dos direitos humanos, pois com esses discursos os países podem esconder que não estão respeitando os direitos civis e políticos.

A terceira crítica apontada por Cranston, e que realmente interessa a este trabalho, afirma que os direitos sociais possuem certos atributos essenciais, os quais os tornam muito diferentes dos direitos civis e políticos. Sustenta o autor que:

> não há nada essencialmente difícil em transformar direitos políticos e civis em direitos positivos [ou seja, formalizados como textos jurídicos, positivados] [...] os assim chamados direitos econômicos e sociais não podem ser transformados em direitos positivos por imposições análogas. Um direito é como uma obrigação, na medida em que ele tem que passar pelo teste da praticabilidade. Não é minha obrigação fazer o que é fisicamente impossível fazer. Não se pode razoavelmente dizer que era minha obrigação ter pulado no rio Tamisa, em Richmond, para salvar uma criança que se afogava, se eu não estava em nenhum lugar próximo de Richmond na época em que a criança estava se afogando. O que é verdadeiro sobre as obrigações é igualmente verdadeiro sobre os direitos. Se é impossível que uma coisa seja feita, é absurdo reivindicá-la como direito [...] os tradicionais direitos políticos e civis podem ser prontamente assegurados por legislação e geralmente podem ser assegurados por legislação razoavelmente simples. Como esses direitos são, na maior parte, direitos contra a interferência do governo nas atividades do indivíduo, uma grande parte da legislação necessitada deve conter o braço executivo do próprio governo [...] para que o governo proporcione seguro social, precisa fazer mais do que leis. Ele tem que ter acesso a uma grande riqueza de capital, e muitos governos no mundo hoje ainda são pobres. (CRANSTON, 1979, p. 76)

A citação mostra claramente como o autor entende que os direitos civis e políticos podem ser muito mais facilmente garantidos do que os sociais. O que mais chama atenção no texto é que Cranston tenta mostrar que os direitos sociais são *necessariamente* impossíveis de serem cumpridos.

Por sua vez, Charles Fried critica os direitos sociais a partir do desenvolvimento de dois pontos. O primeiro é sua ideia do papel do Estado na proteção dos direitos. Fried percebe, sim, que os direitos negativos poderiam gerar custos ao Estado. Um exemplo é a liberdade de expressão. Eu não poderia considerá-la como um direito a ser ouvido ou ainda a

O CONCEITO DE DIREITOS SOCIAIS

ter minhas visões transmitidas via satélite? Fried nega essa possibilidade, pois, se o considerarmos dessa forma, o direito à liberdade de expressão seria positivo e esbarraria na limitação dos recursos (1980, p. 110-111). Se o texto constitucional não é expresso, pode-se tentar interpretá-lo de vários modos, e entender que a liberdade de expressão tem um conteúdo apenas negativo é uma forma possível e plausível. Contudo, Fried vai mais longe. O direito à liberdade de expressão, diriam alguns, também é positivo, pois o Estado também tem o dever de nos proteger contra terceiros que impeçam o exercício desse direito. Essa objeção, segundo o autor, "perde o ponto, pois o fato de eu ter um direito à liberdade de expressão contra o governo não implica que eu tenha um direito de que o governo proteja meu exercício daquele direito" (1980, p. 111). Se pudéssemos exigir uma proteção do Estado contra uma violência não autorizada, teríamos um direito positivo, mas não podemos fazê-lo (1980, p. 111). No caso do direito à integridade física, surge a mesma questão. Se alguém é assaltado, poderíamos, de certo modo, culpar o Estado, já que ele não forneceu os bens necessários para que a violação de tal direito não ocorresse. E essa proteção exige gasto de dinheiro público com iluminação das ruas, treinamento policial, melhoria nos programas de reabilitação de presos, etc. Para a efetivação dessa proteção, esse direito negativo à integridade física também precisa de recursos escassos; portanto, tanto direitos positivos quanto negativos estão sob a limitação natural da escassez. Seguindo sua linha de raciocínio, Fried (1980, p. 111) afirma que o indivíduo não goza de um direito de ficar livre de assaltos, mas, sim, de não ser assaltado. O Estado, quando não faz tudo o que deveria para impedir que a violência ocorra, não pode ser responsabilizado por esse acontecimento. É o assaltante que fere nosso direito à integridade física, e não o Estado (1980, p. 111-112).

O segundo ponto importante da argumentação de Fried é sua negação dos direitos positivos como, nas palavras do próprio autor, uma "entidade categorial", por causa da intensa limitação ao seu exercício diante da escassez (1980, p. 113). Eliminar a fome em todo o subcontinente indiano, diz ele, não é apenas custoso, mas pode ser simplesmente impossível (1980, p. 113). Essa mesma impossibilidade não ocorre com os direitos negativos (1980, p. 113).[120]

---

[120] "Positive rights, by contrast, cannot as logical matter be treated as categorical entities, because of the scarcity limitation. It is not just that it may be too costly to provide a subsistence

DIREITOS SOCIAIS

Por fim, Marc Bossuyt apresenta, a meu ver, a análise mais completa a respeito da distinção entre direitos sociais e direitos civis e políticos. Isso, porque, por um lado, ele mostra de modo sistemático quais são as consequências práticas quando se adota essa visão bipartida dos direitos, e, por outro, vê com maior flexibilidade a questão dos custos.

O critério que diferencia ambos os tipos de direitos é a ausência ou a presença de custos (BOSSUYT, 1975, p. 790). Para a concessão de direitos sociais é necessário um aporte financeiro do Estado. Assim, os direitos civis e políticos não custam nada? Essa é a grande contribuição crítica de Bossuyt, pois ele não vai simplesmente afirmar que os direitos sociais custam muito e que outros não custam nada. Segundo ele, é um erro acreditar que só há direito civil quando o custo é igual a zero (1975, p. 790). Ele vai introduzir uma importante questão de grau. O autor refuta a ideia de que os direitos civis, por precisarem de aparelho judiciário e de polícia, também custam muito dinheiro (1975, p. 813-814, nota 19). Esse seria o limite mínimo para o Estado funcionar. Bossuyt parece querer afirmar que esse mínimo do Estado deve ser usado por ambos os tipos de direito, contudo, os direitos sociais precisam de um gasto público ainda maior para serem implementados. Por exemplo, sem segurança pública seria impossível viver nas sociedades modernas. Essa segurança pública, no fundo, não está apenas garantindo os direitos de propriedade ou direitos análogos, mas também a própria convivência social. Provavelmente se não houvesse segurança pública nenhum direito poderia ser garantido, na medida em que estaríamos perto do caos.

Se há altos custos para garantir os direitos sociais, então há diferenças importantes entre esses direitos. Os direitos civis e políticos têm um conteúdo necessariamente invariável e um caráter absoluto (devem ser aplicados em todos os casos) (BOSSUYT, 1975, p. 790-791). Já os direitos sociais têm um conteúdo variável, pois dependem do nível de desenvolvimento econômico do Estado e da ordem de prioridade na realização desses direitos, além de um caráter relativo (sua aplicação só será possível dentro de determinadas circunstâncias) (BOSSUYT, 1975, p. 790-791). Dentro dessa perspectiva, os direitos civis são aplicados imediatamente em sua totalidade (os Estados não podem violar qualquer direito dessa espécie)

---

diet to the whole Indian subcontinent in time of famine – it may be simply impossible. But it is this impossibility which cannot arise in respect to negative rights" (FRIED, 1980, p. 113).

O CONCEITO DE DIREITOS SOCIAIS

e seu gozo é universal (BOSSUYT, 1975, p. 791). Por sua vez, os direitos sociais não podem ser realizados todos ao mesmo tempo, assim, sua execução se faz progressivamente, apenas uma parte desses direitos pode ser realizada imediatamente (é preciso escolher quais serão protegidos) e nem todos podem gozar dos direitos sociais (é preciso priorizar certos grupos de pessoas que serão seus titulares) (BOSSUYT, 1975, p. 792).

Outros autores enfocam na dificuldade de identificação das obrigações jurídicas geradas pelos direitos sociais em razão de sua indeterminação. Para um setor da doutrina jurídica,[121] os direitos sociais apresentam uma alta carga de indeterminabilidade em seu conteúdo, o que dificultaria muito a sua aplicação. Um alto grau de vagueza e ambiguidade é inerente a esses direitos. Ainda que pudéssemos identificar em um caso concreto que um indivíduo possui um direito à saúde ou à moradia ou à educação, ficam em aberto os benefícios exatos dos quais deveria gozar.

Por exemplo, um portador de uma doença rara, a qual, portanto, acomete somente uma parcela muito pequena da população brasileira, tem direito: (a) a remédios independentemente do custo? (b) a tratamento no Brasil ou no exterior? (c) se for necessário, a enfermeiros e médicos que lhe assistam em sua residência disponibilizados pelo Estado? Ou ainda, no fundo, esse indivíduo não pode ter um direito à saúde assegurado pelo Estado já que, devido à escassez de recursos, o Estado poderá alocá-los para combater epidemias e endemias pelos mais diversos rincões do Brasil? Os poderes públicos não têm liberdade para elaborar e implementar políticas públicas para combater doenças que atingem sobretudo populações mais carentes? Sem dúvida, diz Frank Cross (2001, p. 904-905), todas essas questões são passíveis de solução, contudo, o Judiciário não é o lugar mais adequado para concebê-las. Esses direitos, portanto, não possibilitam ao Poder Judiciário uma base sólida para que se consiga apontar exatamente quais são as obrigações devidas pelo Estado. As obrigações, na verdade, são tantas, tão variadas e envolvem matérias tão diferentes (quem serão os beneficiários dos recursos públicos? Quanto desses recursos será destinado à garantia do direito? Quais serão os bens distribuídos: remédios,

---

[121] Adotam essa visão, por exemplo, Böckenförde (1991, p. 197); Cross (2001, p. 901-905). Por sua vez, Alexy (2008, p. 507-508), Abramovich e Courtis (2002, p. 38-39, 122-123) e Mapulanga-Hulston (2002, p. 41-42) não aceitam essa postulação, mas mostram de forma sintética o que ela defende.

DIREITOS SOCIAIS

tratamentos ou aparelhos médicos?) que não é viável, embora não seja impossível, um órgão cuja atividade principal é a jurisdicional decidir sobre os direitos chamados sociais.

Nessa linha de argumentação de que os direitos sociais possuem alto grau de indeterminabilidade, levanta-se a questão do nível de garantia detido pelo titular desses direitos. Ainda que se admita que em um caso concreto o Estado tenha a obrigação de custear, com base no direito constitucional à saúde, remédios para certo indivíduo, permanece a dúvida sobre exatamente quais são os remédios devidos a essa pessoa. O Estado será obrigado a entregar-lhe o remédio mais eficaz que existe no mercado mundial ou não é necessário chegar a tanto? Em outras palavras, o grau de garantia usufruído por quem tem esses direitos é mínimo, médio ou máximo? O Estado tem o dever de dar a vacina mais eficaz possível, mas ao mesmo tempo a mais cara, ou é suficiente entregar à população uma vacina mais barata ainda que não seja tão eficaz? O Estado deve custear um tratamento de saúde no exterior, pois assim o indivíduo teria mais chances de obter resultados satisfatórios, ou cobrir uma internação nos hospitais públicos brasileiros já seria o suficiente?

Essas críticas podem ser resumidas em dois pontos: (i) os custos para efetivar os direitos sociais seriam tão elevados que não poderíamos considerá-los como verdadeiros direitos na medida em que as obrigações a eles correspondentes seriam impossíveis de serem cumpridas; (ii) por serem direitos que exigem um raciocínio prospectivo e, assim, por exemplo, as mais diferentes ações poderiam ser efetivas para curar um doente ou fornecer moradia para alguém, isso geraria a dificuldade em saber exatamente qual ação deveria ser tomada e qual o nível de sua proteção.

Os direitos sociais entendidos como difusos, nos termos desenvolvidos por este trabalho, respondem a essas críticas. Em primeiro lugar, a escassez de recursos não é um problema para a efetividade dos direitos sociais. Certamente, não seria concebível um direito que exige uma obrigação desarrazoada ou, até mesmo, impossível de ser faticamente cumprida. No entanto, da forma como entendo os direitos sociais, eles não exigem qualquer gasto orçamentário irreal. Os direitos sociais partem de uma realidade dada e exigem uma distribuição de bens que não privilegia grupos sociais em detrimentos de outros. Em outras palavras, se há um orçamento de 100 para a educação, não se pode simplesmente gastar 90 com os mais ricos da sociedade. Essa distribuição gera exclusão social e coloca em risco

O CONCEITO DE DIREITOS SOCIAIS

a própria existência de uma determinada comunidade.[122] Assim, a escassez de recursos e a chamada reserva do possível não são consideradas de modo externo aos direitos sociais. Dito de outra forma, a escassez de recursos não é um limite para o gozo dos direitos sociais. Ela deve ser incorporada na própria dinâmica de aplicação dos direitos sociais, o que significa dizer que a aplicação dos direitos sociais pressupõe o fato inegável de que os recursos são escassos e que decisões alocativas são necessárias. Altera-se o modo pelo qual os direitos sociais são compreendidos na medida em que a distribuição de bens será realizada a partir do "tamanho do bolo" existente em determinada sociedade.

O conceito de reserva do possível foi cunhado exatamente com esse intuito. O Estado só pode ser obrigado àquilo que está ao seu alcance. Embora Sunstein e Holmes não usem o termo "reserva do possível", eles transmitem a melhor ideia do problema que esse conceito tenta enfrentar. Segundo eles, a efetividade dos direitos não depende apenas das Cortes, mas também da cooperação de outros órgãos estatais, os quais estão limitados pelos escassos recursos financeiros (SUNSTEIN e HOLMES, 1999, p. 94). Assim, é inevitável que às vezes um direito seja violado e que o Estado nada possa fazer para garanti-lo. "Isso é deplorável, mas em um mundo imperfeito, de recursos limitados, isso é inevitável. Levar os direitos a sério significa levar a escassez a sério" (SUNSTEIN e HOLMES, 1999, p. 94).

Vivemos em um mundo no qual a escassez está presente, pois sempre queremos ter mais do que podemos ter. Por isso, é preciso fazer escolhas entre aquilo que vamos ter e aquilo que vamos desistir de ter (MILLER, BENJAMIN e NORTH, 1999, p. 1). É preciso partir da realidade que os recursos são escassos para compreender adequadamente o papel dos direitos sociais. Não me refiro apenas a dinheiro, mas também a médicos, hospitais, alimentos, etc. Nesse sentido, afirmam Ferraz e Vieira que "[...] é necessário reconhecer a escassez de recursos como fato inevitável.

---

[122] "[...] a desigualdade profunda e duradoura gera a erosão da integridade do Estado de Direito" (VIEIRA, 2011, p. 224). "[...] índices elevados de desigualdade econômica e social que segregam os economicamente desfavorecidos de um lado e os favorecidos de outro criam um obstáculo à integridade do Estado de Direito [...] torna-se difícil promover a reciprocidade em uma sociedade onde grandes hierarquias e desigualdades entre os indivíduos existem [...] os agentes menos privilegiados dificilmente terão razões para agir conforme as regras do jogo que sistematicamente prejudicam seus interesses" (VIEIRA, 2011, p. 229).

Ignorá-la não significa apenas um erro conceitual sem repercussões práticas significativas, implica [...] riscos graves ao objetivo de aplicação adequada dos recursos limitados da saúde, tanto do ponto de vista da eficiência quando do da justiça" (FERRAZ e VIEIRA, 2009, p. 232). Partindo do pressuposto de que os recursos são escassos e que, portanto, escolhas deverão ser tomadas, o papel do direito é verificar se a distribuição dos bens realizada pelas políticas públicas pode ser constitucionalmente justificada.

A partir dessa perspectiva, fica claro que os direitos sociais não são mais ou menos efetivos a depender de "cofres cheios". Os direitos sociais não dependem do estágio de desenvolvimento econômico de um país. Sua missão é distribuir bens, e não prover um Estado Social semelhante ao alcançado nos países nórdicos, por exemplo. A compreensão e a efetividade dos direitos sociais serão exatamente as mesmas independentemente do fato de estarmos diante da sociedade de Serra Leoa ou da Suécia. Não é uma questão importante para os direitos sociais se o Estado possui um PIB de um trilhão ou de um bilhão, na medida em que seu objeto é verificar se os recursos estão sendo distribuídos de forma justificada.

Portanto, não há uma contraposição entre orçamento, escassez e direitos sociais; na verdade, esses elementos devem ser discutidos no momento da elaboração da política pública garantidora da distribuição justa de bens. A escassez não é uma realidade que impede a aplicação dos direitos sociais. O fato de haver poucos recursos não está relacionado com a efetividade dos direitos sociais. A escassez deve ser levada em consideração para que se determine quais serão os beneficiários e o que exatamente receberão.

Se os recursos são excessivamente limitados, as políticas públicas devem priorizar aquelas capazes de atender às parcelas mais necessitadas e com os objetos prioritários. Por exemplo, com relação ao direito à educação, em uma sociedade que possui poucos recursos, seria preciso priorizar vagas nas escolas, a escola primária, etc. Não está de acordo com o direito à educação investir dinheiro público em universidades que serão frequentadas apenas pela elite política e econômica de um país. Imaginando que o Estado invista todos os seus recursos no ensino universitário e ignore as necessidades do ensino básico e médio, o que provavelmente ocorrerá é que as elites matricularão seus filhos em escolas particulares, contudo gozarão dos benefícios estatais quando, em vez de se matricularem em uma universidade particular, preferirão o ensino universitário público se este for melhor. Essa situação hipoteticamente relatada encerraria uma

O CONCEITO DE DIREITOS SOCIAIS

política pública contra o direito à educação, pois reparte de forma completamente desigual o bem *educação*. Os mais pobres dificilmente conseguirão passar no processo seletivo para a universidade pública. Assim, além de terem uma formação básica de pouca qualidade, passarão o período universitário longe dos melhores quadros. Nesse cenário, grande parte dos recursos estão voltados para uma elite. Os recursos, aparentemente, estão sendo mal gastos. Caso o governo não consiga justificar esses gastos, é uma obrigação constitucional com base no direito à educação que os recursos sejam desviados para políticas educacionais de maior prioridade. O direito à educação diz respeito ao controle das justificativas das prioridades.

Em segundo lugar, os direitos sociais não são garantias de ausência de doença ou fome, de presença de uma educação de máxima qualidade ou mesmo da certeza de que todos terão lugar para morar. Eles não garantem nem uma prestação máxima, tampouco uma prestação mínima. Não são esses os critérios que devem pautar o julgamento das ações, ou omissões, do Poder Público. Mesmo porque, como veremos melhor no Capítulo 3, o direito não interferirá em todas as políticas públicas elaboradas pelo Estado ou em todas as políticas públicas que o Estado não fez. Apenas em algumas situações o direito realizará um escrutínio para saber se determinada prestação em prol de saúde, educação ou moradia atende a todos e, caso atenda, se não ocorre algum tipo de discriminação injustificada para os gastos previstos com essa política prestacional.

A partir do conceito de direitos sociais delineado neste trabalho, outras consequências são dignas de nota. Mesmo que decisões dos Tribunais protegessem individualmente aqueles que não têm condições, ainda assim isso não estaria de acordo com os direitos sociais, pois estaríamos excluindo parcelas da sociedade do gozo desses bens que, como bens públicos, necessariamente não podem incluir alguns e excluir outros. Dada uma mesma categoria de pessoas (por exemplo, todos aqueles que possuem a doença A ou B), elas devem simultaneamente gozar ou não gozar daquele bem.

A consequência prática é que em algumas situações as pessoas não receberão remédios, casa ou comida. Ressalte-se que o direito nada pode fazer nessas situações, mas a esfera política e econômica poderia. Não há proteção jurídica nesses casos, o que não significa que não possa haver proteções em outros âmbitos.

A compreensão de que a sociedade tem interesse na distribuição de bens públicos traz a seguinte consequência: o direito não analisará todos

DIREITOS SOCIAIS

os elementos para fazer justiça distributiva. Isso, porque não haverá uma redistribuição de bens para acabar com as desigualdades, mas essa redistribuição será feita nos limites dos bens garantidos pela Constituição – como saúde, educação e moradia – para incluir os excluídos e proporcionar convívio social. Uma distribuição de renda e uma alteração no quadro social e econômico dependem de diversas ações que não podem ser tomadas pelo Judiciário, mas apenas pelo Legislativo e pelo Executivo. Não só porque o Judiciário não pode lidar com todas as alternativas, mas também, e principalmente, porque o juiz e o jurista decidem por regras. O que o sistema político precisa fazer é alterar as regras e elaborar políticas públicas, como elaborar mecanismos de transferência de renda, por exemplo, criando um regime tributário progressivo, ou seja, que tribute mais os que possuem maior renda e, por sua vez, tribute menos o que possuem menor renda. O crescimento econômico depende de uma série de decisões que não podem ser tomadas pelo juiz: política industrial, setores que serão financiados com verba pública (financiamentos do Banco Nacional de Desenvolvimento Econômico e Social), política cambial, regras de ação para o mercado (por exemplo, impedir o repatriamento dos lucros), etc. Essas são decisões importantes para a economia e que, portanto, podem ter impacto sobre a quantidade de bens a distribuir, mas que cabem ao Executivo e ao Legislativo e não ao direito *per se*.

Uma outra consequência relevante a partir da adoção do conceito de direitos sociais como difusos diz respeito ao fato de se tornarem claras situações antes ignoradas. A concepção dos direitos sociais como direitos difusos pode causar um desconforto moral, na medida em que traz à tona o fato de que, se os recursos são escassos, a alocação de bens necessariamente determinará os grupos "vencedores" e os grupos "perdedores". A concepção dos direitos sociais como direitos subjetivos mascara uma redistribuição de bens e dá a entender que todos vencem e ninguém perde.[123] Entretanto, esse alívio moral, que pode deixar as mentes e os espíritos de juízes, promotores e doutrinadores em paz, na verdade não passa de

---

[123] "Health officials are quick to disclose and publicize the spiraling costs of judicialization, yet much less ready to divulge where the resources are being reallocated from. This is some degree understandable, for if they publicize that some programs are losing resources in order to cover the costs of judicialization, the 'losers' would become easily identifiable and might be able to complain. It would create an additional problem for the health administration to deal with" (FERRAZ, 2011, p. 99).

mera ilusão. Nem todos poderão "vencer".[124] Tendo em vista essa realidade, o papel do direito é, em determinadas circunstâncias, obrigar o Estado a enunciar suas justificativas em torno de uma política pública para dizer o motivo pelo qual parcelas da sociedade estão sendo beneficiadas em detrimento de outras.

Outro ponto importante a destacar é a única posição possível a ser defendida a partir do que foi exposto até aqui em relação às ações individuais com base nos direitos sociais quando não há uma política pública garantidora da posição jurídica do indivíduo ou quando não há a garantia de um direito subjetivo público constitucional (como, por exemplo, o art. 208, §1º da Constituição Federal). Em situações como essa, o Poder Judiciário não deverá analisar o caso simplesmente porque o indivíduo não tem qualquer direito assegurado pelo ordenamento jurídico brasileiro. Nesse caso, a petição inicial será inepta em virtude da ausência de uma das condições da ação: possibilidade jurídica do pedido. Reitero que discordaria de qualquer expediente que pudesse fazer prosperar uma ação individual pleiteando um direito social como o mínimo existencial, o núcleo essencial dos direitos ou mesmo a dignidade da pessoa humana (ver item 2.2.3). Essa discordância está vinculada à conceituação de direitos sociais como difusos por envolverem bens públicos, bem como o interesse da coletividade na distribuição desses bens, o que a torna titular desse direito, e não o indivíduo.

2.2.2.1. Aplicação dos Direitos Sociais como Direitos Difusos a um Caso Concreto

Uma das raras decisões judiciais sobre direito à habitação tendo como objeto a discussão em torno da alteração de uma política pública de moradia ocorreu em Portugal. Esse debate consubstancia-se no Acórdão n. 590/2004 do Tribunal Constitucional de Portugal. O Tribunal enfrenta, em última instância, a dificuldade de se realizar um controle de constitucionalidade sem se saber ao certo qual é o conceito de direitos sociais e o conteúdo do direito à moradia.

O Decreto-Lei n. 349/1998 estabelecia três regimes de crédito para a habitação (regime geral de crédito, crédito bonificado e crédito jovem

---

[124] Cf. Coutinho (2010, p. 9).

bonificado). Esse crédito poderia ser usado para a aquisição de casa própria, terreno para construção, reformas ou locação.[125] O governo português editou o Decreto-Lei n. 305/2003 revogando dois dos benefícios garantidos pelo Decreto n. 349. O governo aboliu o crédito bonificado e o crédito jovem bonificado para habitação. Essas duas espécies de regime de crédito eram mais facilitadas, principalmente porque o Estado subsidiava uma parte dos juros pagos pelo mutuário (art. 11º, 7; art. 16º, c do Decreto-Lei n. 349/1998). Assim, o Partido Socialista apresentou ao Tribunal um pedido de declaração de inconstitucionalidade do Decreto-Lei n. 305/2003. Conforme a alegação do Partido Socialista, essa revogação feriria, entre outros artigos que aqui não cabe mencionar, o art. 9º, d[126] e o art. 65º, 3[127] todos da Constituição portuguesa. O Estado, por sua vez, defendeu-se dizendo (a) que não havia abolido o crédito em si; (b) que sua política de habitação se redirecionaria a programas que contemplassem um auxílio à locação, implicando uma menor preocupação, por parte do governo, com a aquisição da casa própria; e (c) e que, por tudo isso, pode-se dizer que não se feriu o princípio da proibição do retrocesso social, pois houve apenas um reequacionamento da política de habitação.

O Tribunal, por maioria de votos, acabou julgando a lei constitucional. O que interessa aqui é ver como o controle de uma política pública do governo é realizado de modo meramente formal, não se discutindo a fundo os motivos pelos quais houve essa alteração na política pública e o verdadeiro impacto que isso pode causar na distribuição em sociedade do bem moradia.

O Tribunal entendeu que o crédito bonificado não é uma exigência constitucional para se cumprir o art. 65º, 3 e o art. 9º. Conforme entendimento do Tribunal:

---

[125] Na verdade, o termo técnico no sistema jurídico português para locação de coisa imóvel é *arrendamento* (art. 1023 do Código Civil Português), mas para evitar qualquer tipo de má compreensão, já que para nós juridicamente não há um termo específico para designar locação de bens imóveis, preferimos usar *locação*.

[126] Art. 9º (Tarefas fundamentais do Estado) São tarefas fundamentais do Estado [...] d) Promover o bem-estar e a qualidade de vida do povo e a igualdade real entre os portugueses, bem como a efectivação dos direitos económicos, sociais, culturais e ambientais, mediante a transformação e modernização das estruturas económicas e sociais.

[127] Art. 65º (Habitação e urbanismo) [...] 3) O Estado adoptará uma política tendente a estabelecer um sistema de renda compatível com o rendimento familiar e de acesso à habitação própria.

O CONCEITO DE DIREITOS SOCIAIS

A Constituição obriga a existência de uma política de acesso à habitação própria, que tem de traduzir-se na adopção de medidas concretas, mas cuja escolha compete exclusivamente ao legislador. Os únicos condicionalismos constitucionais são, neste campo, o facto de ter de haver *algumas* medidas, independentemente da sua configuração (não constituindo opção constitucionalmente admissível a sua inexistência), e a necessidade de tais medidas de promoção de aquisição de casa própria serem distintas dos incentivos ao arrendamento [locação].

O Tribunal tende a julgar a questão de modo meramente formal (há ou não há uma política pública constituída em prol do direito à habitação?), pois não se determina com clareza qual o conteúdo substancial desse direito.

O Tribunal faz ainda considerações sobre a proibição do retrocesso social defendendo que ela não se aplica a este caso. No entender do Tribunal, esse princípio poderia ser aplicado em duas hipóteses: (1) quando a Constituição dá parâmetros precisos para o legislador; (2) caso contrário, ela só pode ser aplicada em casos-limites "quando se deixe de assegurar o núcleo essencial de um direito fundamental consagrado na Constituição". O decreto objeto do controle de constitucionalidade, segundo o próprio Tribunal, não cai na primeira hipótese, pois a Constituição não contém uma ordem precisa sobre o que *exatamente* se deveria legislar. Nem na segunda, pois o núcleo essencial foi respeitado.

Em primeiro lugar, a hipótese 1 dificilmente, para não dizer praticamente nunca, será satisfeita, pois em relação aos direitos fundamentais a Constituição não fornece parâmetros precisos ao legislador, nem ao Executivo, para que realizem uma de suas principais tarefas, que é a de elaborar políticas públicas. A Constituição não é um repertório de políticas públicas ou de regras prontas para todos os casos.

Em segundo lugar, a hipótese 2 leva ao problema de compreender o que se deve entender por núcleo essencial. Pela leitura do acórdão, não fica claro o que o Tribunal entende por núcleo essencial. Talvez uma das ideias seja a de que sempre quando há pelo menos *uma* política habitacional cumpre-se o núcleo essencial do direito à habitação. Contudo, um controle de constitucionalidade material, nesses termos, não pode ser feito sobre uma política pública. Isso, porque, pelo menos na visão dos votos vencedores neste caso, o critério a ser usado para verificar a constitucionalidade de uma política pública resume-se à análise de questões formais: há alguma política habitacional ou não há? Ela contempla uma política de aquisição de casa própria? Digo que aqui não há interpretação do conteúdo constitucional do direito à habitação, pois o Tribunal português está preocupado simplesmente com a existência de uma política pública de moradia e nada mais.

As críticas dos votos vencidos dirigem-se justamente à adoção de critérios excessivamente formais pelo Tribunal Constitucional para julgar o caso. A juíza Maria Fernanda Palma critica o apego ao elemento literal da fórmula constitucional do art. 65º, 3. E o juiz Mário José de Araújo Torres diz que "importaria ainda demonstrar [além da existência de políticas públicas habitacionais] a *efectividade* dessas medidas, em termos de se pôr adequadamente satisfeito esse objetivo constitucional, demonstração essa que o precedente acórdão nem sequer esboçou".

O foco do Tribunal português para o julgamento do caso se deu sobre o fato de existir ao menos uma política pública voltada para a moradia. Isso seria o suficiente para cumprir com os ditames constitucionais. Na verdade, supondo que o Tribunal devesse intervir nesse caso, ele deveria avaliar as justificativas do governo para diminuir benefícios para determinados grupos (como os jovens) e os impactos que isso poderia ter para a sociedade. Seria necessário complexificar a análise do caso solicitando, por exemplo, explicações mais detalhadas sobre essa readequação da política de moradia. Por exemplo, os recursos excedentes com a economia dos créditos bonificados irão ser usados para quê? Afinal, é preciso controlar a redistribuição do bem moradia. O Tribunal aqui funciona como uma instituição a realizar um controle sobre as razões do Estado.

2.2.2.2. A Titularidade dos Direitos Sociais

No Capítulo 1 mostrei que a jurisprudência nacional aplica os direitos sociais como se individuais fossem. Da mesma forma posiciona-se grande parte da literatura jurídica nacional e estrangeira. Exponho alguns autores que discutem sobre a titularidade dos direitos sociais, como Rodolfo Arango, Martin Borowski, Beatriz Moreno e Ingo Sarlet, a fim de trazer esse debate à tona e reforçar minha tese de que os direitos sociais devem ser compreendidos como direitos difusos, e não individuais.

O CONCEITO DE DIREITOS SOCIAIS

Martin Borowski (2003, p. 148-152), curiosamente, nem cogita a possibilidade de os direitos de prestação[128] serem concedidos coletivamente, pois para ele esses direitos, como direitos subjetivos, "fundamentam pretensões jurídicas *individuais*" (BOROWSKI, 2003, p. 148-149, grifo nosso). Assim, Borowski refutará duas teses contrárias à subjetivação dos direitos de prestação: (a) não são direitos subjetivos em nenhum caso; e (b) são subjetivos apenas em casos evidentes, nos demais são meras normas objetivas (BOROWSKI, 2003, p. 149). A primeira tese é descartada sem uma análise muito aprofundada, pois, segundo o autor, nem a doutrina nem a jurisprudência adotam essa linha (conforme nos conta Borowski, o Tribunal Constitucional Alemão tutelou em diversas oportunidades a violação dos direitos fundamentais de prestação). A segunda tese acaba por confundir direitos subjetivos e normas objetivas com, respectivamente, direitos definitivos e direitos *prima facie*. Uma ponderação material deve ser feita no caso concreto para saber se é razoável (ou até se é possível) aplicá-lo ou não, mas isso não significa que os direitos de prestação, quando se conclui que não devem ser aplicados, são normas objetivas.

Por sua vez, Beatriz Moreno (2002, p. 162-171) sustenta que os direitos sociais não podem ser tutelados coletivamente conquanto sua origem esteja fortemente relacionada com a defesa das parcelas mais desfavorecidas da sociedade. Os motivos pelos quais a autora chega a tal conclusão são (a) as Constituições democráticas modernas asseguram direitos sociais para todos e não apenas para algumas parcelas da população (MORENO, 2002, p. 164); (b) a necessidade social não atinge somente as classes economicamente mais débeis, mas todos enfrentam algum tipo de incapacidade impeditiva de "dominar por si mesmos las condiciones de existencia" (MORENO, 2002, p. 165); (c) o direito, por exemplo, de uma pessoa com deficiência ou de um ancião à assistência não se dá pela sua pertença a um grupo. Ele é protegido como indivíduo. Por isso, entender que os direitos sociais deveriam ser tutelados coletivamente é cair no vazio, já que o titular imediato não é o grupo, mas, sim, os seus membros (MORENO, 2002, p. 168).

---

[128] Na verdade, Borowski (2003, p. 144-147) não se refere especificamente aos direitos sociais, mas a todas as subespécies dos direitos fundamentais de prestação, quais sejam, direitos sociais fundamentais, direitos fundamentais de proteção e direitos fundamentais a organização e procedimento.

Um autor brasileiro bastante citado na área de direitos fundamentais, bem como especificamente em discussões sobre direitos sociais, é Ingo Wolfgang Sarlet. O autor expõe claramente sua posição contrária à tutela coletiva de direitos sociais ao afirmar que os direitos fundamentais são voltados para garantir a dignidade do indivíduo, da pessoa. Assim, entende Sarlet (2011, p. 214) que:

> Os direitos sociais (tanto na sua condição de direitos humanos, quanto como direitos fundamentais constitucionalmente assegurados) já pelo seu forte vínculo (pelo menos em boa parte dos casos) com a dignidade da pessoa humana e o correlato direito (e garantia) a um mínimo existencial, surgiram e foram incorporados ao direito internacional dos direitos humanos e ao direito constitucional dos direitos fundamentais como direitos referidos, em primeira linha, à pessoa humana individualmente considerada.

Em outra passagem, reforça o mesmo autor:

> O que há de ser devidamente enfatizado é a circunstância de que direitos humanos e fundamentais, sejam eles civis e políticos, sejam eles sociais, econômicos e culturais (assim como ambientais, em certo sentido), são sempre direitos referidos, em primeira linha, à pessoa individualmente considerada, e é a pessoa (cuja dignidade é pessoal, individual, embora socialmente vinculada e responsiva) o seu titular por excelência. (SARLET, 2011, p. 216)

Por fim, gostaria de reproduzir o pensamento de Rodolfo Arango. Ele se dedica a desenvolver, em diversas passagens de seu livro *El concepto de derechos sociales fundamentales*, a ideia dicotômica da tutela coletiva ou individual dos direitos sociais.

A chave de interpretação a respeito da posição do autor em considerar os direitos sociais como individuais reside em sua leitura da relação entre justiça e direitos sociais. Para Arango, os direitos sociais devem ser inseridos dentro de um conceito de justiça compensatória e não distributiva. Assim, afirma o autor que:

> [...] deseo defender la tesis de que los derechos sociales fundamentales deben adscribirse a la justicia compensatória antes que la justicia distributiva. El argumento principal para ello es que los derechos sociales fundamentales deben verse como una etapa previa a la distribucón de cargas y benefícios, si

O CONCEITO DE DIREITOS SOCIAIS

es que todas las personas han de ser tratadas igual. La adscripción de los derechos sociales fundamentales a la justicia compensatória tiene consecuencias
importantes para su fundamentación: no encuentran sua fundamento en el
deber de beneficencia, sino en la idea de equilibrar situaciones de déficit, la
cual está en la base de un régimen constitucional y democrático moderno.
(ARANGO, 2005, p. 337-338)

Entender os direitos sociais como justiça compensatória significa pro-
porciona-lhes a chance de serem juridicizados, já que a justiça distributiva
deve ser realizada pela política (ARANGO, 2005, p. 341-345).[129]
Arango também afirma que grupos indeterminados, como pobres ou
desempregados, não podem ser titulares de direitos sociais. Assim, diz o
autor que:

Los grupos indeterminados – por ejemplo los pobres, los desempleados,
los enfermos – no ofrecen un criterio de diferenciación para la adjudicación
de derechos colectivos. Por qué a los pobres, desempleados o enfermos debe-
rían corresponderles derechos colectivos, pero no a los ricos, los empleados
y los saludables? Se podría decir que porque viven de un 'modo deficitario'.

[129] "La consecuencia imediata de entender los derechos sociales fundamentales como un
asunto de justicia distributiva en un sistema democrático es su asignación al ámbito de las
competencias legislativas" (ARANGO, 2005, p. 341).
"A diferencia de la justicia distributiva, el critério correctivo no está a disposición de la
voluntad política. Dicho criterio, a diferencia de lo que sucede con la justicia distributiva,
no depende de elecciones subjetivas o preferencias de peso relativo que requieram de deli-
beración para su institucionalización. Se trata de un critério de diferenciación que puede
justificarse, en vista de la situación de urgência del individuo, mediante razones válidas y
suficientes" (ARANGO, 2005, p. 343).
"Los critérios de compensación no son de libre disposición del legislador cuando está de por
medio del mínimo social: en su calidad de derechos fundamentales, su reconocimiento no debe
depender de la transitoria voluntad mayoritaria [...] los critérios de justicia compensatória son
objetivamente reconocibles [...] la objetividade de los critérios compensatórios se comprueba
mediante un método consecuencialista: la necesidad depende de la probabilidade de un daño
individual inminente. Aquí se expressa el concepto bien desarrollado de derecho subjetivo
como un limite absoluto a los argumentos agregativos: pusto que la negación injustificada
del mínimo social es irreconciliable con el estado constitucional y democrático moderno, la
justicia compensatória toma primacía sobre la justicia distributiva, de modo que un análisis
de los costos y benefícios de los derechos no puede considerarse. Esto significa que los jueces
deben reconocer los derechos sociales fundamentales mínimos por viá de la aplicación de
critérios de justicia compensatória" (ARANGO, 2005, p. 344-345).

Pero ese estado empírico no bastaría para justificar un derecho colectivo a acciones positivas fácticas del Estado porque, entre otras razones, no se pude obligar a nadie a recibir ayuda cuando no desea dicha ayuda. (ARANGO, 2005, p. 83-84)

Uma justificativa adicional do autor para recusar a titularidade coletiva dos direitos sociais é o fato de que, se essa tutela for coletiva, isso afetaria a autonomia do indivíduo, pois cada um deseja ajudar-se a si mesmo quando está necessitado (ARANGO, 2005, 90, nota 94).[130]

Por fim, apenas gostaria de citar de passagem que um autor atualmente influente no Brasil como Robert Alexy também corrobora a ideia de que os direitos sociais são individuais e não coletivos (ALEXY, 2008, p. 499).[131]

Em primeiro lugar, a resposta para a questão a respeito da titularidade dos direitos sociais – se individuais ou coletivos – no ordenamento jurídico nacional deve ser encontrada em parte, além do que já foi exposto anteriormente, nas disposições jurídicas do texto constitucional. Se não existe uma resposta definitiva a esse respeito, há, sem dúvida, fortes indícios de que o sistema jurídico nacional tende para uma tutela coletiva. Vejamos os artigos 3º, 193 e 196, todos da Constituição Federal, citados a seguir:

> Art. 3º Constituem objetivos fundamentais da República Federativa do Brasil:
> I – construir uma sociedade livre, *justa* e solidária;
> III – erradicar a pobreza e a marginalização e *reduzir as desigualdades sociais e regionais*;
> Art. 193. A ordem social tem como base o primado do trabalho, e como objetivo o bem-estar e a *justiça sociais*.
> Art. 196. A saúde é direito de todos e dever do Estado, garantido *mediante políticas sociais e econômicas* que visem à redução do risco de doença e de outros agravos e ao acesso universal e igualitário às ações e serviços para sua promoção, proteção e recuperação.

---

[130] "[...] los derechos sociales fundamentales tampoco pueden ser derechos colectivos por razones normativas. El reconocimiento de derechos sociales a favor de un colectivo no se deduce de la pertenencia de alguien a un grupo abierto de individuos. Si esto fuera así, se afectaría la autonomía del individuo" (ARANGO, 2005, p. 90).

[131] "Direitos a prestação em sentido estrito são *direitos do indivíduo*, em face do Estado, a algo que o indivíduo, se dispusesse de meios financeiros suficientes e se houvesse uma oferta suficiente no mercado, poderia também obter de particulares" (ALEXY, 2008, p. 499, grifo nosso).

A Constituição prescreve como objetivo fundamental da República construir uma sociedade justa e solidária, bem como reduzir desigualdades sociais. Esses são objetivos que só se fazem com a redistribuição, porque a redução de desigualdades só é possível a partir dela. Ao mesmo tempo só é possível fazer uma redistribuição se tivermos ciência do todo e repartirmos para determinados grupos ou classes. Portanto, é necessária uma tutela coletiva para os direitos sociais.

Nessa mesma linha, a Constituição diz que a ordem social objetiva a justiça social, além de prever que o direito à saúde será garantido mediante políticas sociais e econômicas. Todos esses artigos apontam para a necessidade de que a tutela seja coletiva, posto que não é possível fazer justiça social ou ainda interferir em políticas públicas a partir de uma análise individualizada do problema. Em outros termos, a concessão individual de direitos como remédios ou tratamentos médicos jamais será capaz de auxiliar na consecução de parte dos objetivos expostos no art. 3º.

Em segundo lugar, a tutela individual, como exposta nas teorias apresentadas anteriormente, baseia-se em argumentos que não me parecem totalmente sustentáveis. Arango, por exemplo, afirma que somente os Poderes Executivo e Legislativo poderiam realizar juízos distributivos e, por isso, entende que os direitos sociais não poderiam ser redistributivos e tampouco coletivos. Entretanto, não é verdade que o Poder Judiciário em determinadas circunstâncias não pode fazer juízos distributivos. Ele realiza raciocínio distributivo em casos como a obrigação de prover alimentos. O Código Civil brasileiro determina essa obrigação nos seguintes termos:

> Art. 1.694. Podem os parentes, os cônjuges ou companheiros pedir uns aos outros os alimentos de que necessitem para viver de modo compatível com a sua condição social, inclusive para atender às necessidades de sua educação.
>
> § 1º Os alimentos devem ser fixados na proporção das necessidades do reclamante e dos recursos da pessoa obrigada.
>
> § 2º Os alimentos serão apenas os indispensáveis à subsistência, quando a situação de necessidade resultar de culpa de quem os pleiteia.
>
> Art. 1.695. São devidos os alimentos quando quem os pretende não tem bens suficientes, nem pode prover, pelo seu trabalho, à própria mantença, e aquele, de quem se reclamam, pode fornecê-los, sem desfalque do necessário ao seu sustento.

O juiz, em casos de alimentos, deve fazer um juízo distributivo para poder arbitrar qual o valor a ser pago. Assim, ele deve levar em consideração, conforme o Código, tanto as necessidades do reclamante quanto os recursos da pessoa obrigada, sendo que esta só pode ser sujeitada a pagar alimentos desde que o valor a ser pago não prejudique seu próprio sustento. Ora, há aqui um claro raciocínio distributivo. Certamente – e faço uma clara concessão a esse respeito – percebo que nesse caso não se está a tratar de um problema complexo de distribuição de bens de toda a sociedade, porém essencialmente é um raciocínio distributivo. Há um conjunto de bens a serem distribuídos a partir dos critérios genéricos assinalados: (a) um valor que consiga atender às necessidades do reclamante, mas que ao mesmo tempo (b) não impeça o sustento do obrigado.

Outro ponto a ser considerado é o fato de que a tutela coletiva poderia ferir a autonomia do indivíduo. A preocupação de Arango, a meu ver, é de que o indivíduo seja tutelado pelo Ministério Público ou outra instituição qualquer diminuindo sua capacidade de escolher se quer ou não um determinado bem. A tutela coletiva não retira a autonomia do indivíduo, pois não está obrigado, caso o Judiciário determine, por exemplo, a inclusão de um medicamento na lista do SUS, a se valer dessa política pública. O indivíduo tem um benefício, mas não está obrigado a usufruí-lo.

Em terceiro lugar, não há uma resposta às consequências geradas pela aplicação individual dos direitos sociais. Como afirma Leivas (2006, p. 27):

> [há] aqueles que sustentam serem os direitos fundamentais sociais verdadeiros direitos subjetivos, entretanto não oferecem uma solução para os problemas relativos à aplicação desses direitos: dependência de recursos financeiros para sua realização, diversos meios de cumprimento, competência do Legislativo e do Executivo para a definição do orçamento público e para a programação e execução de programas sociais.

De certo, caso os recursos não fossem escassos, não haveria motivos para se falar em direitos sociais. Em outras palavras, é pelo fato de que as necessidades humanas estão além da capacidade empírica de serem providas que existem os direitos sociais.[132] Ocorre que, de fato, não se

---

[132] "[...] é unicamente do egoísmo do homem e da sua generosidade limitada, juntamente com a parcimônia com que a natureza providenciou a satisfação das suas necessidades, que a justiça tira sua origem" (HUME, 2010, p. 571).

O CONCEITO DE DIREITOS SOCIAIS

pode assegurar a todos os indivíduos moradia, medicamentos, tratamentos médicos e alimentação. Parece-me que seria ingênuo que o direito tivesse essa pretensão.

Partindo da verdade incontestável de que os recursos são escassos, só é possível prover os direitos sociais individualmente na medida em que contamos com a ausência de muitas pessoas tentando demandar seus direitos por meio do Judiciário (ver Capítulo 1). Assim, o direito cria uma situação de desigualdade entre os participantes de uma dada sociedade: "quem chega primeiro leva". O que não está de acordo com a própria ideia de igualdade.

Ademais, uma lógica individual acaba por malbaratar todo o potencial de conteúdo de direitos sociais como, por exemplo, o direito à educação. A Constituição prevê um direito à educação que não se resume simplesmente à garantia de vagas em escolas ou a possibilitar discussões sobre o valor de mensalidades. No entanto, esse é o objeto das demandas judiciais que estão chegando ao Judiciário. Será esse o conteúdo previsto pela Constituição? Novamente, o que se quer distribuir é o bem educação que não se circunscreve a uma leitura reducionista como a que se está praticando nas demandas judiciais. A positivação do direito à educação pelo texto constitucional abre a possibilidade de se debater muitos outros pontos.

O art. 206 e o art. 214 citados a seguir, ambos da Constituição Federal, prescrevem parâmetros que poderiam ser utilizados pelo Judiciário para controlar as políticas públicas.

> Art. 206. O ensino será ministrado com base nos seguintes princípios:
> I – igualdade de condições para o acesso e permanência na escola;
> II – liberdade de aprender, ensinar, pesquisar e divulgar o pensamento, a arte e o saber;
> III – pluralismo de ideias e de concepções pedagógicas, e coexistência de instituições públicas e privadas de ensino;
> IV – gratuidade do ensino público em estabelecimentos oficiais;
> V – valorização dos profissionais da educação escolar, garantidos, na forma da lei, planos de carreira, com ingresso exclusivamente por concurso público de provas e títulos, aos das redes públicas;
> VI – gestão democrática do ensino público, na forma da lei;
> VII – garantia de padrão de qualidade;
> VIII – piso salarial profissional nacional para os profissionais da educação escolar pública, nos termos de lei federal.

Art. 214. A lei estabelecerá o plano nacional de educação, de duração decenal, com o objetivo de articular o sistema nacional de educação em regime de colaboração e definir diretrizes, objetivos, metas e estratégias de implementação para assegurar a manutenção e desenvolvimento do ensino em seus diversos níveis, etapas e modalidades por meio de ações integradas dos poderes públicos das diferentes esferas federativas que conduzam a:

I – erradicação do analfabetismo;

II – universalização do atendimento escolar;

III – melhoria da qualidade do ensino;

IV – formação para o trabalho;

V – promoção humanística, científica e tecnológica do País;

VI – estabelecimento de meta de aplicação de recursos públicos em educação como proporção do produto interno bruto.

Ocorre que a avaliação da igualdade de condições para o acesso e permanência na escola depende de uma análise global da política pública de ensino, o que nos remete à necessidade de estabelecermos uma categoria jurídica que viabilize esse tipo de demanda judicial.

2.2.2.3. Mínimo Existencial, Dignidade da Pessoa Humana e Núcleo Essencial Dos Direitos Sociais

A aplicação dos direitos sociais a partir de uma tutela individual como uma obrigação constitucional originária trouxe diversos problemas (como já foi visto no decorrer deste trabalho). O entendimento dos direitos sociais como público subjetivo levanta questões como: (a) custo dos direitos (como seria possível distribuir saúde, educação, moradia, etc. para todos os que necessitem desses bens?); (b) qual a extensão do conteúdo desses direitos (o Estado estaria obrigado a propiciar aos indivíduos o máximo desses bens, ou seja, independentemente de custos ou disponibilidade no mercado o Estado deve custear qualquer tipo de medicamento para combater uma enfermidade?); (c) harmonia entre os Poderes (o Judiciário pode interferir nas políticas públicas e no orçamento elaborado pelos Poderes Executivo e Legislativo?); (d) eficácia das normas constitucionais (os direitos sociais não seriam garantidos apenas mediante políticas públicas que estão a cargo do Executivo e Legislativo?).

Tendo em vista essa miríade de questões, diversos autores procuraram critérios para contornar esses problemas. As teorias mais em voga

O CONCEITO DE DIREITOS SOCIAIS

baseiam-se nos conceitos de dignidade da pessoa humana, mínimo existencial e núcleo mínimo (ou essencial) dos direitos para determinar em que situações os direitos sociais devem ser aplicados.

Basicamente o argumento desses autores é o de que os direitos sociais, como regra, necessitam de uma legislação infraconstitucional para serem aplicados. Isso, porque apenas por meio dessa legislação é que se constituirá o conteúdo desses direitos ao mesmo tempo que se estabelecerá quais são os grupos que receberão bens criteriosamente distribuídos pelo Executivo e pelo Legislativo.

Ocorre que, ao mesmo tempo, o Estado está obrigado a garantir um mínimo de bens materiais para as pessoas viverem dignamente em sociedade. Dessa maneira, afirma-se que, quando o mínimo existencial ou a dignidade da pessoa humana estão em jogo, o Estado é obrigado a garantir os bens dos quais o indivíduo necessita.[133]

Retomo a citação de um texto de Ingo Sarlet (2002, p. 58-59) que, embora já realizada anteriormente, reputo relevante por servir como resumo da visão dos autores que adotam a dignidade da pessoa humana ou o mínimo existencial como critérios para determinar as situações em que se deve necessariamente aplicar os direitos sociais. Assim, segundo o autor:

> embora tenhamos que reconhecer a existência destes limites fáticos (reserva do possível) e jurídicos (reserva parlamentar em matéria orçamentária) e que, por esta razão, o fator "custo dos direitos" (não exclusivo dos direitos a prestações) implica certa relativização no âmbito da eficácia e efetividade especialmente dos direitos sociais a prestações, que, de resto, acabam conflitando entre si, quando se considera que os recursos públicos deverão ser distribuídos para atendimento de todos os direitos fundamentais sociais básicos, sustentamos o entendimento, pelos órgãos do Poder Judiciário, de direitos subjetivos a prestações, pelo menos não em toda e qualquer hipótese [...] *sempre onde nos encontramos diante de prestações de cunho emergencial, cujo indeferimento acarretaria o comprometimento irreversível ou mesmo o sacrifício de outros*

---

[133] Esse entendimento é seguido por Ricardo Torres (2003, p. 124), José Reis (2001, p. 78-79), Vicente Higino Neto (2005, p. 63), Cláudia Gonçalves (2006, p. 232-233), Marcelene Ramos (2005, p. 150-151), Germano Schwartz (2001, p. 195), Cármen Rocha (2005, p. 454-455), Rogério Legal (2006, p. 34), Giovani Bigolin (2004, p. 68), Ingo Sarlet (2003, p. 237-239) e Emerson Garcia (2005, p. 156, 162).

> *bens essenciais, notadamente – em se cuidando de direito da saúde – da própria vida, integridade física e dignidade da pessoa humana, haveremos de reconhecer um direito subjetivo do particular a prestação reclamada em juízo* [...] a solução, portanto, está em buscar, à luz do caso concreto e tendo em conta os direitos e princípios conflitantes, uma harmonização dos bens em jogo [...] *fazendo prevalecer, quando e na medida do necessário, os bens mais relevantes e observando os parâmetros do princípio da proporcionalidade e o respeito ao conteúdo mínimo dos direitos e prestações sociais, no sentido de um conjunto de prestações materiais indispensáveis para uma vida digna.* (SARLET, 2002, p. 58-59, grifo nosso)

A adoção de critérios, como mínimo existencial, dignidade da pessoa humana ou núcleo mínimo, que estabeleçam um conteúdo mínimo para os direitos sociais a fim de se determinar as situações em que esses direitos poderiam ser aplicados diretamente a partir do texto constitucional, ou seja, sem a necessidade de legislação infraconstitucional, possui duas grandes limitações. Em primeiro lugar, embora essa não me pareça a crítica mais relevante, esses conceitos não são facilmente aplicáveis a casos concretos, tendo em vista seu alto grau de imprecisão. Como já apontado na literatura jurídica nacional,[134] esses conceitos precisam ser explicados, e geralmente não são, o que não é uma tarefa simples.

Em segundo lugar, e aqui, sim, reside o principal ponto de crítica dessa visão, mesmo que determinássemos casos em que o mínimo existencial ou a dignidade da pessoa humana estivesse em jogo, ou seja, sendo violados,

---

[134] "Inspirada na doutrina e na jurisprudência constitucional alemã, o 'mínimo existencial' pretende atribuir ao indivíduo um direito subjetivo contra o Poder Público, que seria obrigado a garantir uma existência mínima digna a todos os cidadãos. *Em nenhum momento, pode-se, entretanto, determinar em que reside esse 'mínimo existencial',* caindo-se, assim, no argumento do voluntarismo político, onde o mínimo para a vida humana fica a depender da vontade do governante. Essa teoria, por sua imprecisão básica, tem servido de justificativa para interpretar a aplicação dos direitos sociais de forma restritiva, esvaziando a sua amplitude e magnitude" (BARRETO, 2003, p. 122, grifo nosso).
"A tendência é de rejeitar o maximalismo moral e adotar uma concepção minimalista para o dever de solidariedade comunitária. Com isso, admite-se que os direitos sociais devem assegurar o 'mínimo existencial' para garantir a dignidade da pessoa humana. *Mas a expressão 'mínimo existencial' não é auto-explicativa. É preciso saber se, para determinar o seu significado, bastará recorrer ao sistema de princípios, regras e valores positivados no sistema jurídico nacional, ou se serão necessários critérios independentes de moralidade crítica, através dos quais se possam definir quais são os níveis de proteção imprescindíveis para assegurar a dignidade humana e a justiça política da comunidade*" (MELLO, 2005, p. 134, grifo nosso).

O CONCEITO DE DIREITOS SOCIAIS

o fato é que, ainda assim, não haveria condições materiais para dar conta de todos os casos. Tendo em vista, como diz Sarlet, que os direitos sociais devem garantir "prestações materiais para uma vida digna", então certamente não haveria recursos capazes de cumprir com tal tarefa.

Vamos a um exemplo. Não há dúvidas de que alguém que necessite de um medicamento para sobreviver está com sua dignidade ou mínimo existencial sendo conspurcado, portanto caberia, segundo esses doutrinadores, ao indivíduo acionar o Judiciário para obter uma decisão a seu favor que exigisse a compra do remédio por parte do Estado. Entretanto, como apontei anteriormente, não há orçamento possível na área de saúde para conseguir custear todos os tratamentos e medicamentos para todas as enfermidades existentes atualmente no Brasil.

Capítulo 3 – O Papel do Poder Judiciário na Aplicação dos Direitos Sociais e os Critérios Balizadores de sua Intervenção

O mote do desenvolvimento do presente capítulo ocorre a partir de dois conjuntos de indagações: (i) qual o papel do Judiciário na aplicação dos direitos sociais?; (ii) em quais circunstâncias ele deve intervir? Quais são os critérios para definir as situações de sua intervenção? Ou o Judiciário poderá reformular as políticas públicas elaboradas pelo sistema político independentemente de qualquer critério?

Para tanto, este capítulo está dividido em dois itens. O primeiro item desenvolve a ideia do lugar ocupado pelo Judiciário na aplicação dos direitos sociais, embora não esteja sob sua égide o poder de reformular totalmente uma realidade social. O segundo item desenvolve alguns critérios para nortear os casos em que o Judiciário pode intervir.

Este capítulo pretende, portanto, mostrar que a atuação do Poder Judiciário na aplicação dos direitos sociais é um dever constitucional. Seu papel torna-se essencial, pois a discussão judicial em torno dos direitos sociais possibilita (i) participação de grupos vulneráveis na esfera pública em busca da garantia de uma redistribuição de bens; (ii) um maior *accountability* por parte da sociedade em relação às justificativas oferecidas pelo Estado para suas ações e omissões em torno das políticas públicas; e (iii) maior racionalidade na distribuição dos bens em sociedade em razão de sua imparcialidade e independência. No entanto, o Judiciário não pode assumir um papel protagonista na redistribuição de bens já que esse papel cabe ao Legislativo e ao Executivo. Assim, aponto três critérios que devem balizar a atuação do Judiciário para determinar sua intervenção ou não na área de direitos sociais: (i) não cumprimento da lei orçamentária; (ii) falhas de mercado; (iii) redistribuição de bens para os grupos vulneráveis.

3.1. O Papel do Judiciário na Aplicação dos Direitos Sociais

Se, por um lado, o direito exerce um papel da distribuição de bens como saúde, educação e moradia, por outro, não significa que essa distribuição caiba prioritariamente ao direito e, por conseguinte, ao Poder Judiciário. As políticas públicas são elaboradas e executadas no âmbito dos Poderes Executivo e Legislativo, pois eles não só possuem conhecimento técnico para lidar com problemas sociais, como, diferentemente do Judiciário, podem elaborar planos para a alteração da realidade sem se vincular a procedimentos processuais, como respeito a prazos determinados. O Judiciário age apenas quando provocado e, em questão de direitos sociais, sua atuação é subsidiária.

Os direitos sociais não se voltam para assegurar um bem-estar material elevado para todos os membros da sociedade. Essa é uma tarefa complexa que depende da elaboração de políticas sociais e econômicas que estão além da lógica jurídica. Por isso, não se faz a alteração da realidade social brasileira por decreto, tampouco me parece que os direitos sociais podem ser usados como um meio jurídico para mudar radicalmente as estatísticas de pobreza, qualidade do sistema educacional e de saúde, etc. Não se espera nenhuma espécie de "milagre" apenas com base na positivação constitucional de direitos sociais, ainda que sejam implementados pelo Judiciário. O direito e o Poder Judiciário possuem seus limites.

Como exemplo, o que estou apontando como limites de uma real capacidade para alteração da realidade social pode ser vislumbrado a partir da análise dos resultados obtidos por meio do julgamento de *Brown vs. Board of Education*. Este representa um conjunto de casos julgados pela Suprema Corte estadunidense cuja decisão pretendia dissolver a separação entre negros e brancos nas escolas. O objetivo era, portanto, dessegregar os alunos que as frequentavam, possibilitando que grupos sociais historicamente separados – não só em relação a valores, a comportamento, etc., mas também espacialmente – estudassem juntos. A decisão final foi publicada em maio de 1954, contudo seu *remedy* foi estruturado apenas um ano depois em outra decisão publicada em maio de 1955.[135]

---

[135] As cortes federais ficaram responsáveis pela articulação e organização da política de dessegregação.

Ao contrário do que se poderia supor, a decisão da Suprema Corte teve um impacto quase nulo sobre a efetivação da dessegregação nos Estados sulistas dos Estados Unidos. Os números apresentados por Gerald Rosenberg (2008, p. 50) a respeito da alteração da realidade social em virtude da decisão do caso *Brown* surpreendem na medida em que até 1964 apenas 1,2% dos alunos estudavam em escolas frequentadas por negros e brancos. Rosenberg (2008, p. 52), ao analisar os dados, afirma contundentemente que

> [...] the statistics from the Southern states are truly amazing. For ten years, 1954-1964, virtually *nothing happened*. Ten years after *Brown* only 1.2 percent of black schoolchildren in the South attended school with whites [...] the numbers show that the Supreme Court contributed virtually *nothing* to ending segregation of the public schools in the Southern states in the decade following *Browing*. (grifos do autor)

Rosenberg é categórico ao dizer que a Suprema Corte, na verdade, em nada contribuiu para o término da segregação racial nas escolas públicas.

Esse cenário de segregação só foi realmente alterado quando o Poder Executivo tomou para si o objetivo de possibilitar que as escolas públicas fossem frequentadas tanto por negros como por brancos. Isso ocorreu, ainda nos Estados Unidos, quando o governo Lyndon Johnson encampou o objetivo de dessegregar as escolas e estruturou dois mecanismos que foram fundamentais para a efetivação dessa dessegregação, a qual, a partir de então, passou a contar com a colaboração das instituições de ensino. O primeiro mecanismo foi criado pela lei de direitos civis (*Civil Rights Act*) de 1964, conforme relata Rosenberg, a qual possibilitou que o *attorney general* propusesse ações em nome dos indivíduos (ROSENBERG, 2008, p. 47). O segundo mecanismo foi criado pela *Elementary and Secondary Education Act* (1965), a qual criou possibilidades de corte de verbas caso as escolas não cooperassem com a política de dessegregação (ROSENBERG, 2008, p. 47). A publicação dessas duas leis refletiu de modo incisivo na mudança da realidade social. Se em 1964 apenas 1,2% dos estudantes frequentavam escolas para negros e brancos, já no início da década de 1970 essa porcentagem subiu para 86% (ROSENBERG, 2008, p. 50).

Com isso não quero, de forma alguma, sustentar que o direito não possa exercer alguma influência sobre a alteração da realidade social, tampouco

DIREITOS SOCIAIS

que questões relacionadas aos direitos sociais devam ficar sob a responsabilidade exclusiva do Executivo e do Legislativo sem qualquer interferência do Judiciário. Meu ponto aqui é outro. Embora o direito exerça um papel nessa esfera, isso não significa que seu impacto será de tal monta que passaremos, apenas pela aplicação de direitos sociais, de um Estado desigual para níveis de bem-estar escandinavos. Por outro lado, entendo que o direito, bem como o Judiciário, tem um papel, ainda que não de protagonista, na distribuição de bens em sociedade. Dessa forma, independentemente de seu poder efetivo e amplo para alterar a realidade social, é fato que o direito terá um papel a desempenhar. Diante desse quadro, qual é o papel do Judiciário?

O papel institucional desempenhado pelo Judiciário vai ser formatado de acordo com as características dos direitos sociais: bens públicos de alta importância para a sociedade (por isso são direitos fundamentais), os quais devem ser redistribuídos para determinados grupos, porém sem se esquecer que a titularidade desses bens pertence à sociedade.

Ademais, entendo que um segundo valor deva ser atribuído à atuação do Poder Judiciário no que diz respeito a uma tentativa de, pela fricção com outros Poderes, diminuir a possibilidade de desigualdade. Ao afirmar essa segunda função que pode ser desempenhada pelo Judiciário no que diz respeito à efetivação dos direitos sociais, estou me referindo à capacidade desse Poder de funcionar como uma arena pública, capaz de impor a necessidade de justificativas para ações e inações do Estado, bem como minimizar a potencialidade de que determinados grupos se apoderem do aparato estatal para dele fazerem uso em prol de suas necessidades. Com isso, estou partindo da premissa de que, como afirma Stiglitz: (i) a desigualdade está estritamente relacionada com ações e inações do Estado (STIGLITZ, 2012, p. 28); e (ii) o sistema político atua favorecendo as parcelas da sociedade que possuem mais renda, pois são elas que, em geral, podem ser mais ouvidas.[136]

---

[136] "Our political system has increasingly been working in ways that increase the inequality of outcomes and reduce equality of opportunity. This should not come as a surprise: we have a political system that gives inordinate power to those at the top, and they have used that power not only to limit the extent of redistribution *but also to shape the rules of the game in their favor, and to extract from public what can only be called large 'gifts'*. Economists have a name for these activities: they call rend seeking, getting income not as a reward to creating wealth but

Se parte dessa desigualdade deve-se ao sistema político que alberga interesses dos mais ricos, o papel do Judiciário é extremamente relevante na medida em que "from a social standpoint, produced in part by the presence of all the formalities, provides an important source of comparative advantage for the adjudicative process. This independence provides judges with the opportunity to shape decisions without some of the biases and pressures that distort other institutions [market and public policy]" (KOMESAR, 1996, p. 128).

A independência e a imparcialidade transformam o Poder Judiciário na instituição adequada para incluir no debate público pautas que, eventualmente, estariam fora da agenda de discussão no processo político ou mesmo fora das preocupações do mercado.[137] O direito exige que, em determinadas situações, o Estado justifique sua ação ou omissão proporcionando que aqueles temas minimizados pelo processo político em razão de interesses de determinados grupos ou mesmo ignorados pelo mercado possam vir à tona em um processo judicial. Isso, no entanto, não significa que, por exercer essa importância, o Judiciário deva substituir quaisquer decisões que sejam tomadas ou não tomadas pelo Executivo e pelo Legislativo, como mostrarei a seguir.

A partir do exposto neste item, gostaria de aprofundar dois pontos a respeito do papel do Judiciário na aplicação dos direitos sociais. Em primeiro lugar, o Judiciário pode fortalecer a representação de certos grupos sociais.[138] Com base na ideia de "representação justa", Thamy Pogrebinschi entende que o Poder Judiciário pode ser um importante espaço a fim de propiciar a participação de grupos politicamente marginalizados na esfera pública. Desse modo, afirma a autora que:

> A exigência prática de uma representação justa, tal como advogada por muitos movimentos sociais hoje, pode fomentar uma compreensão ampliada da representação política que conceba as chamadas instituições

by grabbing a larger share of the wealth that would otherwise have been produced without their effort" (STIGLITZ, 2012, p. 31-32, grifo nosso).

[137] Cf. Anton (2000, p. 34-35).

[138] O conceito de desenvolvimento deve levar em consideração a melhora efetiva do bem-estar da sociedade, bem como que as estratégias de desenvolvimento possibilitem a participação da comunidade em suas decisões (GREMAUD, VASCONCELLOS e TONETO JR., 2006, p. 99-100).

contramajoritárias como sendo, antes, pró-minoritárias [...] os grupos historicamente marginalizados, a despeito de buscarem a representação de seus interesses nos órgãos legislativos, deveriam buscá-la prioritariamente nos órgãos judiciais – em particular nas cortes constitucionais que, em sua função de salvaguardar os direitos sociais e culturais constitucionalmente assegurados, podem atuar, no exercício de seu papel institucional contramajoritário, como uma instância pró-minoritária. (POGREBINSCHI, 2011, p. 173-174)

O papel do Judiciário, ao propiciar a abertura de uma arena institucional para o debate público, pode, à primeira vista, parecer um papel genérico e secundário quando comparado a uma sentença que determine, por exemplo, em um caso de direito penal, a materialidade do fato e sua autoria ou ainda que identifique a quantia devida pelo devedor ao seu credor. No entanto, esse papel institucional é relevante por causar uma espécie de "choque" nos meios institucionais clássicos, posto que, ao interferir em pontos importantes do planejamento do Estado, possibilita que haja maior *accountability*.[139]

Se o sistema político tende a atuar em favor de determinados grupos sociais ou de interesses, consequentemente as políticas públicas não necessariamente beneficiam os mais desfavorecidos. Nesse sentido, a atuação do Poder Judiciário pode ser importante para trazer alterações no processo político ao ter de "ouvir", por meio do processo, grupos que não estavam sendo considerados ou, pelo menos, representar seus interesses pelo Ministério Público.[140] Essa atuação jurisdicional pode trazer uma mudança no comportamento dos agentes públicos favorecendo a adoção de decisões e a elaboração de políticas públicas imparciais, no sentido de considerarem a sociedade como um todo, inclusive aqueles que têm seus interesses subrepresentados na arena política. Gerardo Pisarello, acerca deste ponto, traz um elemento importante ao afirmar que nem sempre há discussões aprofundadas no Legislativo sobre a tomada de decisões que

---

[139] "O direito, nas políticas públicas, então, pode ser visto, assim, como tendo a função não trivial de assegurar que elas não escapem aos mecanismos de participação e *accountability*" (COUTINHO, 2013, p. 22). O direito "[...] estrutura e regula formas de prestação de contas e transparência (*accountability*) dessas políticas – uma vez que pode obrigar quem as opera a justificar e motivar as decisões relativas à definição de prioridades, seleção de meios, formulação de planos de execução, alocação de recursos [...]"(COUTINHO, 2013, p. 7).

[140] Cf. Taylor (2008, p. 155).

afetam interesses da sociedade, pois muitas dessas decisões são administrativas e não gozam de um *accountability* adequado, o que, portanto, não apenas justifica a intervenção do Judiciário como também é um fator a beneficiar o sistema democrático (PISARELLO, 2006b, p. 194).

Em segundo lugar, se o planejamento é inevitável,[141] o Judiciário exerce um papel, com sua prerrogativa de um Poder do Estado, como o Executivo e o Legislativo, para auxiliar na tomada de decisão e para ser mais um espaço a atuar em prol do controle de justificativas e da racionalidade da decisão política. Isso especialmente em razão de o Judiciário ser o único Poder do Estado que não adota uma lógica partidária, o que pode contribuir para controlar as decisões do Executivo e do Legislativo a fim de alcançar o bem comum. Nesse sentido, afirma MacCormick que "[...] achieving non-partisan impartiality is itself a particular political role, one of inestimable value in securing constitutional balance. It is by participating in this way that judges contribute most to sustaining the common good of the polity" (MACCORMICK, 2009, p. 181).[142]

---

[141] "Há um argumento que nos parece irrespondível. É ilusão pensar que existe a alternativa planejar ou não planejar, pois a única alternativa que existe, na realidade, é planejar bem ou planejar mal. Uma administração federal, estadual ou municipal ou mesmo privada, não deixa de planejar simplesmente porque não registra de forma consciente as tarefas que terá de realizar no futuro. De uma forma ou de outra, o seu comportamento no presente condiciona a maneira pela qual ela terá de enfrentar os problemas no futuro, o que significa que a ação presente determina em grande parte a ação futura. Sem a formulação de um programa, essa administração têm as suas opções consideravelmente diminuídas e pode provocar sérios desperdícios dos recursos escassos para o desenvolvimento. A vantagem de conscientizar o programa futuro reside justamente na possibilidade da escolha das alternativas mais adequadas para a consecução dos fins almejados" (DELFIM NETO, 1966, p. 14).

[142] "By their very nature, socioeconomic rights are different on this count, certainly in the light of the 'progressive realization' clause. *No one thinks that every individual has an enforceable right to full protection of the interests at stake.* In these circumstances, it is difficult indeed to find an approach that avoids creation of individual rights and that avoids a conclusion of nonjusticiability. The only alternative to these extremes is an approach to public law that is generally unfamiliar in constitutional law but that is the ordinary material of administrative law, governing judicial control of administrative agencies: *a requirement of reasoned judgment, including reasonable priority-setting.* In a typical administrative law case, an agency is faced with a *burden of explanation.* It must show why it has adopted the program it chosen; it must account for its failure to adopt a program of a different sort. *For courts, a special attraction of this position is that it protects against arbitrariness while it also recognizes the democratic pedigree of the agency and the simple fact of limited resources.* If an agency has allocated resources in a rational way, it has acted lawfully" (SUNSTEIN, 2001, p. 234, grifo nosso).

DIREITOS SOCIAIS

A sociedade não é uma realidade natural, como uma árvore que existe em frente à nossa casa ou os pássaros que cantam pela manhã, mas, sim, uma construção humana para, conforme afirmou Hume, suprir as deficiências dos sujeitos; o que significa que ela não tem uma condução própria, essencial, ou seja, ela não organiza a si mesma. Não por acaso afirmou Hayek: "em evolução social nada é inevitável" (HAYEK, 2009, p. 76). As instituições são importantes para manter a sociedade em um determinado rumo que, de acordo com nosso modelo constitucional, privilegia princípios como justiça e solidariedade.[143] Segundo Stiglitz (2012, p. 281, grifo nosso),

> maintaining the kind of society and the kind of government that serve all people – consistent with principles of justice, fair play, and opportunity – *doesn't happen by itself. Somebody has to look after it. Otherwise our government and our institutions get captured by special interests. At very least, we need countervailing powers.*

Esse Poder para contra-atacar interesses que possam dominar Executivo e Legislativo é o Judiciário. Portanto, essa fricção entre os Poderes, se não garante, ao menos propicia maiores chances de efetivarmos os direitos sociais como bens públicos sem privilégios de grupos ou privilégios individuais.

Nesse sentido, concordo com Aharon Barak (2006, p. 178) quando afirma que é a partir da tensão entre os Poderes que a liberdade do indivíduo é garantida. A ideia de freios e contrapesos exposta por Madison no papel federalista LI se desenvolve justamente nesse sentido. Os seres humanos tendem a concentrar poderes e a defender interesses que não são republicanos, por isso surge a necessidade de se pensar um modelo institucional que parta da visão de ser humano. Essa visão de um ser humano decaído (expressa na frase "se os homens fossem anjos, o governo não seria necessário") torna necessária a criação de uma engenharia institucional que seja, a partir da realidade, capaz de estruturar instituições voltadas para atuar a contento independentemente do fato de os indivíduos não serem

---

[143] Art. 3º Constituem objetivos fundamentais da República Federativa do Brasil:
I – construir uma sociedade livre, justa e solidária;
II – garantir o desenvolvimento nacional;
III – erradicar a pobreza e a marginalização e reduzir as desigualdades sociais e regionais;
IV – promover o bem de todos, sem preconceitos de origem, raça, sexo, cor, idade e quaisquer outras formas de discriminação.

perfeitos. Em outras palavras, pressupondo que os indivíduos apresentem diversos vícios e que não é possível torná-los repletos apenas de virtudes, é preciso criar instituições as quais minimizem esse aspecto e atuem em prol do interesse de todos.

Uma dessas peças institucionais reside na já mencionada possibilidade de fricção entre os Poderes: quando os Poderes se controlam mutuamente, tende-se a amenizar qualquer visão que defenda interesses de grupos e privados, gerando, assim, ações em prol da coisa pública. Claro que Hamilton, Madison e Jay não presenciaram a criação de um Estado Social. No entanto, o conceito exposto no federalista LI é formal e não material, ou seja, vale independentemente do direito ou do interesse em jogo. Os federalistas estão arquitetando um modelo institucional que pode valer não só para direitos individuais, mas também para os direitos sociais. Assim, essa fricção entre os Poderes afigura-se como relevante[144] a fim de que haja um controle sobre as políticas públicas ou mesmo sobre a inexistência de políticas públicas quando elas deveriam existir.

Não por acaso João Barbalho (2002, p. 10; 222-223) compreende o Poder Judiciário como um poder "soberano", capaz não só de assegurar os direitos individuais dos cidadãos como também de assumir o papel de árbitro entre os Poderes da República.[145] Tocqueville (2008, p. 103 ss.) faz uma análise da estruturação do Poder Judiciário nos Estados Unidos. O autor destaca o poder político que exerce o Judiciário estadunidense ao arbitrar conflitos entre Estados federados, entre a União e os Estados e assim por diante.

---

[144] "Such interaction [entre os Poderes], in turn, promises to (1) provide multiple access points to policymaking that should encourage a wide range of interests to participate in the process; (2) reduce opportunities for unilateral action by any single branch of government – or majority or minority faction – which should protect individual liberty; and (3) promote iterative policymaking among the branches of government, which should generate interbranch feedback, lead to revision of poorly drafted or outmoded laws, and, over time, foster policy consensus and legal certainty. *In short, the Constitution does not place its faith in elections and majority rule alone; instead, it creates a system that features multiple modes of representation that would encourage interbranch interaction and discourage tyranny of the minority and majority.* The implicit goal was to create a dynamic tension among redundant branches facing countervailing political pressures and not an orderly division of labor between elected principals and appointed agents" (BARNES, 2004, p. 47, grifo nosso).

[145] Lopes (2006, p. 22-23) mostra como, desde o início da República, o STF, como um substituto do Poder Moderador, foi um árbitro no conflito entre os Poderes. Essa era a função desempenhada pelo Imperador, mas que, na prática, no Segundo Império, ficou a cargo do Conselho de Estado. Embora tal Conselho fosse consultivo, o Imperador, na maior parte das vezes, acompanhava a opinião majoritária de seus membros.

O autor aponta justamente o controle de constitucionalidade como um dos instrumentos políticos do Judiciário. O controle difuso de constitucionalidade engendrado pelos Estados Unidos é visto de forma positiva por Tocqueville. No entanto, ele não compreende da mesma maneira o controle concentrado de constitucionalidade (2008, p. 106), já que nesse caso, ao fazer o controle da lei abstratamente considerada, estaria censurando o próprio legislador. Dessa forma, entraria em seara completamente política.

No Brasil, o Poder Judiciário não apenas foi desenhado desde a Constituição de 1891 como um árbitro nos conflitos entre os Poderes e desses Poderes em relação aos cidadãos, como também vem desempenhando na prática tal papel. A separação dos Poderes no Brasil, diferentemente, por exemplo, do modelo francês, está muito próxima do modelo estadunidense. Os Poderes foram formatados para reciprocamente serem responsivos uns aos outros. O exemplo mais claro é o próprio controle concentrado de constitucionalidade. O legislador, ao inserir no ordenamento jurídico uma nova lei, pode vê-la atacada pela ação direta de inconstitucionalidade. Se o STF julgar a lei como inconstitucional, integral ou parcialmente, há ainda a possibilidade de alteração da própria Constituição. Esse diálogo é fundamental para a democracia, pois revela publicamente, por meio de um debate institucional, os motivos pelos quais determinada lei está sendo defendida ou recusada.

Não podemos desconsiderar que a democracia representativa apresenta falhas na representação política, as quais agem contrariamente a uma representação adequada e igualitária de todos os interesses existentes na sociedade, de forma que nem todos são igualmente defendidos. Grupos socialmente menos favorecidos podem ter seus interesses sub-representados. E o Tribunal é muitas vezes o único lugar ao qual as demandas sociais chegam. Como afirma Antoine Garapon (1996, p. 169): "Sendo a justiça um dos últimos lugares de visibilidade da democracia, solicitamos cada vez mais sua função de tribunal. Intentar uma acção em justiça apresenta pelo menos o mérito de fazer falar do problema e, portanto, de lhe dar existência pública".

Sunstein (1993, p. 25) defende a tese de que o coração do direito constitucional americano repousa na imperiosa exigência de que as ações estatais sejam justificadas. Essa tese cabe para toda a Nação que se julgue democrática. O Estado não pode atender interesses privados, de grupos, agir subitamente sem qualquer justificativa que respalde essas ações. A imparcialidade deve guiar o Estado, e o escrutínio sobre essa imparcialidade é realizado com base na "razão pública" (SUNSTEIN, 1993, p. 17). A "razão pública" como um critério justificador das ações do Estado é que indicará se suas atividades são constitucionais ou não.

O trecho a seguir é bastante esclarecedor da posição que adoto:

> By their very nature, socioeconomic rights are different on this count, certainly in the light of the "progressive realization" clause. *No one thinks that every individual has an enforceable right to full protection of the interests at stake.* In these circumstances it is difficult indeed to find an approach that avoids creation of individual rights and that avoids a conclusion of nonjusticiability. The only alternative to these extremes is an approach to public law that is generally unfamiliar in constitutional law but that is the ordinary material of administrative law, governing judicial control of administrative agencies: *a requirement of reasoned judgment, including reasonable priority-setting.* In a typical administrative law case, an agency is faced with a *burden of explanation.* It must show why it has adopted the program it chosen; it must account for its failure to adopt a program of a different sort. *For courts, a special attraction of this position is that it protects against arbitrariness while it also recognizes the democratic pedigree of the agency and the simple fact of limited resources.* If an agency has allocated resources in a rational way, it has acted lawfully. (SUNSTEIN, 2001, p. 234, grifo nosso)

Com essas afirmações, o autor está claramente preocupado com os casos em que o Estado age em prol de certos grupos ou interesses privados. Sunstein realmente nada diz sobre casos em que o Estado pode ser arbitrário por omissão. Entretanto, tendo em vista que os direitos assegurados em nossa Constituição possuem, em grande parte, um caráter diferente da Constituição estadunidense, ao importarmos suas ideias para o Brasil, sua tese pode ser facilmente alargada não só para os casos de ação estatal, mas também para os casos de omissão. É preciso considerar que a Constituição brasileira, diferentemente do modelo estadunidense, consagra um extenso rol de direitos sociais que necessita em grande medida da ação estatal. Dessa forma, parece-me que, pelo menos no caso brasileiro, não apenas a ação, mas também a omissão deve estar dentro dos parâmetros da razão pública. A ausência de políticas públicas de alimentação, moradia, saúde, educação, etc. para determinada parcela da população deve ser justificada. Essa justificativa pode ocorrer por vários meios, entre os quais o controle realizado pelo Poder Judiciário. Na ausência de uma política pública, os outros poderes devem se justificar perante o Poder Judiciário oferecendo os motivos pelos quais tal política ainda não existe. Esse é o efetivo controle institucional entre os Poderes em um Estado Social.

Elton Venturi destaca um ponto importante no que diz respeito à construção efetiva de um Estado Democrático e Social. Ideias e normas são fundamentais nesse processo de construção de um Estado Democrático e Social, porém são necessárias instituições que consigam dar conta desse intuito. Segundo o autor:

> De fato, um Estado não se torna Democrático de Direito só porque assim reza sua Lei Maior ou porque constitui a vontade do seu povo. Uma tal qualificação só pode ser concretamente ostentada na medida em que, para além de estar fundado em um ordenamento jurídico legítimo do ponto de vista social e constitucional, apresente o Estado estrutura e organização administrativa, legislativa e jurisdicional aptas à efetivação [...] em especial dos direitos fundamentais individuais e sociais [...] Estado algum pode autoproclamar-se nem Social, nem Democrático, sem que esteja munido de instrumentos garantidores da inclusão social dos seus membros e, por consequência, do exercício da cidadania [...]. (VENTURI, 2007, p. 97)

O Judiciário é uma instituição essencial à democracia. Ele assegura que as autoridades atuem de acordo com o ordenamento jurídico. Oliveira Vianna, conquanto tenha posições muito conservadoras, aponta para a relevância da atuação do Judiciário em prol dos direitos e contra as arbitrariedades.

> De nada valerão a estes desamparados e relegados, entregues aos caprichos dos mandões locais, dos senhores das aldeias e dos delegados cheios de arbítrios, estas regalias políticas, desde que os eleitos por este sufrágio universal e direito [...] estiverem certos que poderão descumprir a lei ou praticar a arbitrariedade impunemente. O ponto vital da democracia brasileira não está no sufrágio liberalizado a todo o mundo, repito; está na garantia efetiva do homem do povo-massa, campônio ou operário contra o arbítrio dos que "estão em cima" – do que detêm o poder, dos que "são governo" [...] esta certeza da impunidade, que os nossos costumes asseguram ao arbítrio, corrompe tudo[,] mata no seu berço o cidadão e impede a formação do verdadeiro espírito público. (VIANNA, 1955, p. 639-641)

O contexto social, jurídico e político vivido por Vianna é muito distinto do contemporâneo. Por isso, parece-me que a "certeza da impunidade" atualmente não reside apenas na ação de uma autoridade que excede o âmbito da legalidade/constitucionalidade. Cabe falar em "impunidade" quando, por exemplo, a Constituição em seu art. 6º positiva o direito à alimentação e o Estado não formula políticas públicas para efetivar o mencionado direito e alega que nada se pode fazer. Não se estaria aprofundando a impunidade ao se afirmar que nada se pode fazer juridicamente em relação a um agente público que não formulou qualquer política pública para os milhares de famintos do Estado de São Paulo, embora a Constituição garanta o direito à alimentação? Destarte, cabe falar em "impunidade" não só por ação, mas também por omissão. O texto constitucional, mais uma vez, corrobora essa tese ao possibilitar o controle de constitucionalidade por omissão e ao criar o mandado de injunção para os casos em que a falta de norma regulamentadora impeça o gozo de um direito.

Cappelletti (1999, p. 31-42) mostrou essas alterações das funções estatais. Tais funções vêm sendo dilatadas ao se criar um novo tipo de legislação para intervir em áreas como a ambiental e a social.[146] O Judiciário permanece como um defensor dos direitos dos cidadãos e garante os direitos contra as arbitrariedades das autoridades. Essa função se mantém, mas com uma roupagem distinta. Isso, porque, como já salientado, os objetivos do Estado mudaram. Nesse sentido, afirma Cappelletti (1999, p. 42):

> Mais cedo ou mais tarde, no entanto, como confirmou a experiência italiana e de outros países, os juízes deverão aceitar a realidade da transformada concepção do direito e da nova função do Estado, do qual constituem também, afinal de contas, um "ramo". E então será difícil para eles não dar a própria contribuição à tentativa de tornar efetivos tais programas, de não contribuir, assim, para fornecer concreto conteúdo àquelas "finalidades e princípios": o que eles podem fazer controlando e exigindo o cumprimento do dever do estado de intervir ativamente na esfera social, um dever que, por ser prescrito legislativamente, cabe exatamente aos juízes fazer respeitar.

O acesso efetivo à justiça é um valor relevante que depende, para sua concretização, de instituições e mecanismos processuais em sintonia com as tutelas exigidas pelos "novos" direitos materiais.

---

[146] Essa complexidade se aprofunda com o passar do tempo. Atualmente o Estado se depara com questões relacionadas à bioética, informática, etc. Cf. Garapon (1996, p. 164-169).

O Judiciário, pelo que foi discutido anteriormente, é também uma instituição adequada para funcionar como uma caixa de ressonância para as reivindicações da sociedade ou de seus grupos. Certamente, o Judiciário não esvaziará e tampouco substituirá outras formas de participação social, tais como mobilização política por meio de passeatas ou *lobby* sobre parlamentares. No entanto, alguns grupos podem não possuir tal poder de mobilização, e aqui entra uma instituição como o Judiciário.

Assim, o Judiciário pode funcionar como uma instituição que possibilita a participação de grupos sociais na esfera pública. Dessa forma, contribuindo para assegurar um efetivo acesso à justiça. Sunstein (2001, p. 235) vê no Judiciário a possibilidade de acolher reivindicações de grupos politicamente fracos, seja pela sua desorganização, seja pela falta de empatia com suas causas. Pouco importa o motivo pelo qual a representação falha. O objetivo é que grupos que, por algum motivo, não são bem-sucedidos na arena política por falhas na democracia deliberativa liberal possam se valer de outros meios institucionais para tentar concretizar seus direitos.

É importante ressaltar que não vejo o Judiciário como um distribuidor de remédios ou residências ou tratamentos médicos. Entendo, enfim, que o Judiciário não deve servir para diretamente propiciar bens materiais aos cidadãos. Nesses casos, ao ignorar o caráter coletivo da política pública em vez de contribuir com a efetivação dos direitos sociais, do acesso à justiça, na verdade, ele estará enfraquecendo-os. Certamente, não é esse o papel a ser desempenhando pelo Poder Judiciário.

Saliente-se que o constitucionalismo pode ser um "fruto exótico" (NINO, 2005, p. 1), mas em seu caráter exótico, encontram-se as regras básicas para uma convivência humana minimamente justa. A Constituição pretende garantir que alguns princípios sejam cumpridos para possibilitar uma governança sem conflitos destrutivos e para possibilitar a própria governabilidade da sociedade (ZAGREBELSKY, 2008, p. 27-40). As políticas públicas em prol da racionalização da distribuição de bens é uma das bases para a possibilidade dessa convivência pacífica – e essa é uma preocupação inserida no constitucionalismo contemporâneo.

O Judiciário, ao se arvorar como uma arena de debate público entre grupos sociais e outros Poderes, principalmente o Executivo, deve possibilitar reformas coletivas, ou seja, nas políticas públicas, e não conceder uma benesse aqui e outra acolá. O papel do Judiciário é fundamental, pois ele pode, por meio do *empoderamento* de grupos sociais, agir em prol de um acesso efetivo à justiça. Isso não significa que esses grupos sempre serão bem-sucedidos no mérito da ação, mesmo porque, como foi dito anteriormente, os titulares dos direitos sociais são a coletividade e não grupos específicos, contudo, devido ao seu enfraquecimento perante o Estado, tal como um empregado em relação ao empregador, a diferença de Poderes deve ser reequilibrada e o Judiciário pode servir para isso.

Não se nega que a Administração Pública deve realizar preferencialmente a alocação de recursos. No entanto, em uma democracia, essas decisões alocativas não podem ser efetuadas de modo irracional e sem qualquer *accountability*. Sem dúvida, há diversos foros em que essa justificativa pode ocorrer, e um deles é o Poder Judiciário por meio do processo. Se a alocação de recursos é preferencialmente destinada à Administração Pública, isso não significa que, em determinadas situações, ela não deva apresentar uma justificativa para suas escolhas dentro de um quadro legal.[147] A juridicização dessa (re) distribuição é relevante na medida em que, justificando uma ação ou omissão com base em sua discricionariedade, a Administração acabe se valendo, na verdade, de mera arbitrariedade. Esse mecanismo dificulta que determinados grupos sejam simplesmente privilegiados em detrimento das parcelas mais vulneráveis da sociedade, as quais, em geral, possuem pouco poder político e, portanto, menor capacidade de pressão sobre o Executivo e o Legislativo.[148]

Um contra-argumento ao que acabo de dizer, com base no meu próprio texto, seria o de que há uma literatura recente mostrando que o Judiciário distorce o sistema de distribuição de remédios. Dessa forma, o Judiciário seria um fator deletério, e não benéfico, para a aplicação de direitos sociais. Na verdade, o problema não é institucional, ou seja, reafirmo que o papel do Judiciário é relevante julgando causas relativas aos direitos sociais. A questão, como foi exposto em todo este trabalho, é teórica. Considerando os direitos sociais não como públicos subjetivos, mas como difusos, o papel do

---

[147] Cf. Palmer (2000, p. 77-78).

[148] Nesse mesmo sentido afirma Oscar Vilhena: "Devido a algumas características do Estado de Direito [...] os interesses que seriam sufocados em uma arena puramente política podem conseguir algum *status* em um ambiente mais influenciado pelo Direito [...] *ao traduzir uma demanda social em uma demanda judicial nos deslocamos de um ambiente de competição por puro poder para um processo no qual as decisões devem ser justificadas em termos jurídicos. A necessidade de justificativa legal reduz o espaço para pura discricionariedade. Nessas circunstâncias, o sistema jurídico pode dar visibilidade pública, na forma de reconhecimento de direito àqueles que são desconsiderados pelo sistema político e pela própria sociedade*" (VIEIRA, 2011, p. 232, grifo nosso).

Judiciário se tornará extremamente relevante para a racionalização da distribuição de bens públicos tão essenciais para a manutenção da sociedade, tais como saúde, educação, moradia e alimentação, reforçando, portanto, os laços na comunidade e a democracia.

Em suma, o Judiciário, como um "ramo" do Estado, tem o dever de atuar para auxiliar na elaboração e implementação de políticas públicas. Esse auxílio ocorrerá dentro dos limites de sua estruturação, por exemplo, não ferindo o princípio da inércia jurisdicional. Os direitos sociais, como direitos fundamentais, devem entrar necessariamente na pauta política, seja por via legislativa, executiva ou judiciária, em razão de sua relevância moral e jurídica para a sociedade e para o próprio direito. Independentemente do resultado das urnas e, portanto, independentemente dos programas de governo que venham a ser elaborados pelos partidos políticos que estiverem no poder, já foram escolhidos previamente temas fundamentais para a concepção brasileira de Estado. Os direitos sociais devem necessariamente ser implementados e o Judiciário tem um papel a cumprir nessa seara.

Do século XIX até meados do século XX a defesa do cidadão significa, basicamente, protegê-lo das arbitrariedades do Estado quando, por exemplo, este retira, sem o devido processo legal, sua liberdade ou confisca sem motivos os seus bens. Entendo que o Judiciário continua a cumprir essa tarefa, contudo, nas últimas décadas, a ela foi atribuída nova significação com o advento do Estado Social. Proteger o cidadão não é mais apenas não agir. Impedir que a impunidade se torne a regra na sociedade brasileira não é mais punir as autoridades quando essas atuam arbitrariamente. A esfera jurídica constitucional do cidadão ampliou-se devido à Constituição de 1988. O Judiciário não apenas pode como deve intervir em políticas públicas para garantir a esfera jurídica constitucional do cidadão que vem se alterando e complexificando recentemente. A sociedade muda, e o Judiciário deve acompanhar essas alterações.

A possibilidade de intervenção do Judiciário quando não há qualquer política pública elaborada por parte dos outros Poderes parece-me definitivamente superada. No entanto, na esteira do que afirma Cappelletti em relação à discricionariedade dos juízes quando interpretam, ele diz que o foco dos estudos deve ser em torno dos limites dessa discricionariedade, mas que ela existe é dado indiscutível. Traçando um paralelo: deve-se discutir as formas pelas quais essa intervenção do Judiciário ocorrerá, contudo, ela é um dever de um órgão do Estado brasileiro.

3.2. Critérios para a Determinação das Circunstâncias de Intervenção do Poder Judiciário

Um dos pontos mais polêmicos a respeito dos direitos sociais diz respeito ao modo pelo qual se dará a sua aplicação. Em que circunstâncias os direitos sociais devem ser aplicados? Quais são os critérios a servirem como pauta para discriminar as situações em que o Judiciário pode intervir de outras situações em que a discricionariedade do Executivo ou Legislativo devem ser respeitadas?

De acordo com a tese exposta neste trabalho, os direitos sociais são difusos e pretendem garantir um sistema de distribuição coletiva de bens (moradia, saúde, educação, alimentação, etc.) para propiciar mecanismos de controle em relação a política públicas existentes ou mesmo políticas públicas que deveriam existir, mas que por omissão do Executivo ainda não foram formuladas. Consequentemente, o Judiciário só poderá intervir em circunstâncias em que há indício de que os bens públicos garantidos pelos direitos sociais não estão sendo devidamente repartidos em sociedade. Nesses casos, o Judiciário deverá realizar um escrutínio detalhado para saber se realmente há uma distribuição desigual e, caso exista, se ela pode ser justificada constitucionalmente. Há três amplos critérios que indicam quando o Judiciário deve intervir. A seguir indico os motivos pelos quais essa intervenção seria possível:

i. o Estado não aplica as verbas destinadas aos programas sociais, embora estejam previstas no orçamento;
ii. o mercado não consegue de modo eficiente alocar recursos para determinadas camadas da sociedade;
iii. o Estado distribui de forma desigual não apenas as verbas,[149] mas principalmente o próprio objeto dos direitos sociais (saúde, educação, moradia, etc.).

---

[149] "[...] a questão da eficiência é se o bolo tem o tamanho adequado. A questão da igualdade preocupa-se com a forma como o bolo foi dividido e como as porções são distribuídas entre os membros da sociedade" (MANKIW, 2009, p. 145).

3.2.1. Análise do Cumprimento da Lei Orçamentária

Um dos critérios para a aplicação dos direitos sociais é o descumprimento do orçamento público. Caso o Executivo não aplique o que está democraticamente acordado, o Poder Judiciário pode servir como um *locus* de fiscalização. A finalidade desse controle é entender e analisar os motivos pelos quais as verbas não foram aplicadas nas rubricas relacionadas aos direitos sociais.

É importante salientar que não caberia na seara do Judiciário uma discussão sobre o orçamento em si. O Judiciário verificará como a não aplicação injustificada dessa verba afetará a ampliação e a efetividade de políticas públicas voltadas para saúde, educação, moradia, alimentação, etc. Ele não tem qualquer poder para refazer ao seu alvedrio todo o orçamento público, porém poderá obrigar juridicamente o Estado a aplicar as verbas já destinadas às políticas públicas em elaboração. Em certa medida, a possibilidade dessa interferência pelo Judiciário não seria novidade, já que parte da literatura de direitos fundamentais, como a obra de Alexy, entende que tais direitos "restringem a competência do legislador e muitas vezes o fazem de forma incômoda para o próprio legislador; às vezes até mesmo sua competência orçamentária é atingida pelos direitos fundamentais, como direito com claros efeitos financeiros" (ALEXY, 2008, p. 513).

A sua intervenção não ocorre em virtude da peça orçamentária, já que alguns afirmarão que o orçamento é autorizativo, mas, sim, em razão dos direitos sociais, pois sua pretensão de distribuição de bens para a sociedade será, pelo menos em parte, concretizada pelas verbas disponibilizadas. Desse modo, não cabe ao Poder Judiciário analisar todas as rubricas, mas apenas as que dizem respeito à garantia de direitos sociais. Reforço a ideia de que essa interferência ocorre não simplesmente em razão da não aplicação de verba prevista no orçamento, mas pelo fato de que o não cumprimento do orçamento pode diretamente ferir a implementação de direitos sociais.

Não é incomum o Estado elaborar um orçamento, porém não dar cumprimento ao que foi democraticamente estabelecido. O que significa dizer que o Estado prevê a verba a ser gasta, mas não a aplica na área para a qual ela havia sido destinada.

As Tabelas 1 e 2, a seguir, foram elaboradas a partir dos dados do orçamento da União disponibilizados no site do Senado. Identifiquei programas estatais relacionados de alguma forma com o direito à alimentação, à saúde, à educação e à moradia. Comparei as verbas destinadas inicialmente para cada programa e o que foi efetivamente gasto.

Tabela 1 – LOA 2010 – Execução da despesa por programação

Código/Programa	Dotação inicial	Pago	Porcentagem aplicada
1049 – Acesso à Alimentação	958.253.330	868.150.707	90,59%
1214 – Atenção Básica em Saúde	10.352.656.227	9.495.581.530	91,72%
1067 – Gestão da Política de Educação	2.094.407.609	83.727.311	3,99%
1137 – Reabilitação de Áreas Urbanas Centrais	19.608.463	278.713	1,42%

Fonte: Tabela elaborada pelo autor com base nos dados disponíveis em: http://www9.senado.gov.br/portal/page/portal/orcamento_senado/LOA/Execucao:EDFS?p_ano=2010. Acesso em nov. 2012.

Tabela 2 – LOA 2011 – Execução da despesa por programação

Código/Programa	Dotação inicial	Pago	Porcentagem aplicada
1049 – Acesso à Alimentação	963.143.330	1.012.862.918	105%
1214 – Atenção Básica em Saúde	12.221.645.170	10.890.032.383	89,10%
1067 – Gestão da Política de Educação	2.986.877.196	112.890.192	3,7%
1137 – Reabilitação de Áreas Urbanas Centrais	1.350.000	280.412	20,77%

Fonte: Tabela elaborada pelo autor com base nos dados disponíveis em: http://www9.senado.gov.br/portal/page/portal/orcamento_senado/LOA/Execucao:EDFS?p_ano=2011. Acesso em nov. 2012.

Dois programas ilustram situações que poderiam ser objeto de ação judicial. A *Gestão da Política de Educação*, bem como a *Reabilitação de Áreas Urbanas Centrais* mostram claramente o grau de ficção que a lei orçamentária pode, na prática, admitir. Tanto em 2010 quanto em 2011, os gastos efetivos com a Gestão da Política de Educação não ultrapassaram 4% do valor previsto inicialmente para ser aplicado nesse programa. Por sua vez, a Reabilitação de Áreas Urbanas não teve destino muito distinto do exposto anteriormente. Isso, porque, em 2010, apenas 1,42% do montante total previsto foi gasto nesse programa. A respeito dessa rubrica, o orçamento elaborado em 2011 pode ser enganoso. Embora tenha havido um aumento sensível em termos percentuais quando se compara o ano de 2011 em relação ao ano de 2010, a quantia absoluta efetivamente gasta foi praticamente idêntica. Em outras palavras, houve um aumento em porcentagem não porque os gastos foram maiores, mas em razão de uma diminuição drástica na dotação inicial.

Isso não significa que o Executivo não possa ter uma justificativa razoável para alocar a verba de modo distinto do previsto inicialmente ou para a sua não aplicação. Entretanto, essa realidade não pertence ao campo de opções exclusivamente políticas em que o Executivo tenha discricionariedade em um sentido forte. É preciso ter em vista que a própria legitimidade da arrecadação está estreitamente vinculada ao modo pelo qual essas verbas são gastas (MENDONÇA, 2008, p. 254). Se, por um lado, a peça orçamentária em si mesma não gera direitos e obrigações, por outro, porém, em rubricas destinadas a garantir direitos sociais exige-se juridicamente uma justificativa racional do Executivo do motivo pelo qual não utilizou a verba destinada para uma política pública.

O papel do Judiciário prioritariamente não seria refazer o orçamento de acordo com sua discricionariedade, mas servir à sociedade como um meio de deliberação sobre o gasto público. Se o cidadão pode discutir em juízo tributos que eventualmente possam ser indevidamente cobrados, por que os critérios utilizados para não gastar não poderiam ser, em situações específicas, judicializados? O que se questiona aqui é o motivo pelo qual uma verba democraticamente destinada a um determinado programa teve, em alguns casos mostrados nas Tabelas 1 e 2, uma diferença de mais de 90% entre a dotação inicial e o valor efetivamente gasto.

3.2.2. Falhas de Mercado[150]

Em um mercado perfeitamente competitivo, a alocação de recursos é feita de modo eficiente e igualitário. No entanto, os mercados atuam em um mundo real e não ideal, por isso os economistas estudam as falhas

---

[150] "It is clear enough that no society can survive on the basis of market relations alone; some additional cement is always required to secure diverse individuals in a network of sustainable relationships" (PHILLIPS, 2004, p. 107). "And if people do not act collectively for public goods, they are left with just the market to satisfy their needs" (HOLMSTROM, 2000, p. 86).

de mercado (externalidades, paridade de informações entre os agentes econômicos para sua atuação no mercado, etc.), as quais indicam algumas dificuldades para que haja uma alocação eficiente e igualitária de recursos. A interferência do Estado no mercado por meio do planejamento é necessária para uma alocação eficiente de bem-estar.[151]

Nesse sentido, a necessidade de algum tipo de regulação é importante. Segundo Mankiw, "a mão invisível do mercado age de maneira a alocar recursos com eficiência, mas isso não garante, necessariamente, que eles sejam alocados com justiça" (MANKIW, 2009, p. 417), tampouco é capaz de criar uma sociedade sem pobreza (MANKIW, 2009, p. 219).

A desregulação não é positiva para a consecução de objetivos coletivos para toda a sociedade:

> There is a second way that unbalanced politics driven by extremes of inequality leads to instability: deregulation. Deregulation has played a central part in the instability that we, and many other countries, have experienced. Giving corporations, and especially the financial sector, free rein in the short-sighted interest of the wealthy; they used their political weight, and their power to shape ideas, to push deregulation, first in Airlines and other areas of transportation, then in telecom, and finally, and most dangerously, in finance. Regulations are the rules of the game that are designed to make our system work better – to ensure competition, to prevent abuses, to protect themselves [...] those in the business sector see things differently: without the restraints, they see increases in profits. They think not of the broad, and often long-term, social and economic consequences, but of their narrower, short-term self-interest, the profits that they might garner now. (STIGLITZ, 2012, p. 90)

No que diz respeito aos direitos sociais, essa intervenção se faz necessária quando o mercado não consegue alocar bens como saúde, educação, moradia e alimentação de forma igualitária. Apresentarei dois exemplos para ilustrar essa afirmação.

---

[151] Delfim Neto, em obra publicada na década de 1960, afirmava que era necessário intervir no livre funcionamento do mercado por meio do planejamento: "[...] é o entendimento *inadequado* da realidade, dentro da qual se têm que produzir as mudanças de estrutura e de comportamento, que tem levado à ideia de que o livre funcionamento do mercado – isto é, a ausência do planejamento – pode realizá-las" (DELFIM NETO, 1966, p. 12-13, grifo nosso).

DIREITOS SOCIAIS

O primeiro exemplo concerne ao déficit habitacional no Brasil.[152] Esse déficit não ocorre de igual forma em todas as faixas de renda. Segundo dados publicados pela Fundação João Pinheiro referentes ao ano de 2008, 89,6% do déficit habitacional urbano no Brasil estava concentrado na faixa de pessoas que possuem renda média familiar mensal de até 3 salários mínimos. Essa é uma realidade uniforme em praticamente todos os Estados da Federação. Com exceção de Santa Catarina, que apresenta nessa faixa de renda um déficit de 76,6%, todos os demais Estados têm déficit habitacional de, no mínimo, 83%. Os piores índices estão concentrados na Região Nordeste. Apresento dados em ordem crescente de déficit habitacional para faixa de renda familiar mensal de até 3 salários mínimos em relação aos seis com piores índices:

i) Maranhão, 95,3%.
ii) Ceará, 95,6%.
iii) Pernambuco, 97,5%.
iv) Paraíba, 97,7%.
v) Alagoas, 98,2%.
vi) Sergipe, 98,3%.

Esses dados não deixam dúvidas de que o mercado imobiliário destina-se a indivíduos com renda acima de três salários mínimos, sendo que a alocação de imóveis ocorre preferencialmente para o grupo que possui renda familiar média acima de 10 salários mínimos, pois nessa faixa de renda o déficit habitacional é de apenas 0,6%. Ora, se os mecanismos de mercado não conseguem alocar um bem para parcela significativa da sociedade, então é preciso que o Estado intervenha na economia de forma a elaborar políticas públicas que atendam à necessidade dessa parcela da

---

[152] "O conceito de déficit habitacional está ligado diretamente às deficiências do estoque de moradias. Engloba aquelas sem condições de serem habitadas em razão da precariedade das construções ou do desgaste da estrutura física. Elas devem ser repostas. Inclui ainda a necessidade de incremento do estoque, em função da coabitação familiar forçada (famílias que pretendem construir um domicílio unifamiliar), dos moradores de baixa renda com dificuldade de pagar aluguel e dos que vivem em casas e apartamentos alugados com grande densidade. Inclui-se ainda nessa rubrica a moradia em imóveis e locais com fins não residenciais. O déficit habitacional pode ser entendido, portanto, como *déficit por reposição de estoque* e *déficit por incremento de estoque*" (FUNDAÇÃO JOÃO PINHEIRO, 2011, p. 18).

população. Além do critério da falha de mercado, o Judiciário poderia usar como critério os Estados que apresentam piores índices de déficit habitacional nessa faixa de renda e exigir que o Estado elabore políticas públicas emergenciais e preferencialmente para esses Estados.

O segundo exemplo, mais uma vez mostrando a atuação do Estado para corrigir uma falha de mercado, concerne à necessidade de produzir vacinas quando o mercado não se interessa em fazê-lo. A Argentina apresentou da década de 1990 um caso bastante interessante a esse respeito, pois a indústria farmacêutica não se interessava pela fabricação de vacina para uma doença regional chamada febre hemorrágica argentina. A febre hemorrágica argentina é uma doença endêmica da região dos pampas argentinos e tanto por envolver um grupo limitado de pessoas, como por ser uma enfermidade exclusiva da Argentina, os grupos farmacêuticos não se interessavam em produzir doses para fornecimento.[153] Assim, o Estado viu-se obrigado a iniciar a produção localmente. Para tal fim, foi elaborado um cronograma, porém o planejamento estruturado pelo próprio governo argentino não estava sendo cumprido. Diante dessa situação, foi proposta uma ação de amparo para que o cronograma para a produção local da vacina fosse seguido. O conflito foi julgado em última instância pela Câmara Nacional de Contencioso Administrativo Federal da Argentina cuja decisão foi publicada em 1998. O caso ficou conhecimento como *Viceconte*. O conteúdo de sua decisão exigiu que o Estado cumprisse com o cronograma elaborado por ele próprio. Caso a decisão fosse desrespeitada, os Ministros da Saúde e Economia poderiam ser responsabilizados pessoalmente. Um dos fundamentos usados pelo Tribunal para intervir no caso em tela foi o fato de que o mercado não havia se interessado em produzir vacina para combater a febre hemorrágica argentina. Nesse sentido, afirma a decisão que:

> [...] el bien común, cometido esencial de la sociedade organizada, se logra a través de fines que sólo pueden ser alcanzados por el Estado mismo, tales como la Defensa Nacional, o la Justicia en suas manifestaciones más frecuentes y comunes. Pero hay otros fines que el Estado asimismo procura y que son concurrentes, en tanto sua alcance no corresponde en exclusividade al Estado, sino puede determinar también la acción de los particulares o de otras

---

[153] Abramovich e Courtis (2002, p. 147) afirmam que essa é uma "vacina considerada órfã, pois sua produção não resulta rentável para os laboratórios".

sociedades [...] de esa índole pueden considerarse los fines educacionales, culturales o de prevención de la salud.

Sin embargo, cuando en un caso deteterminado no está previsto – por razones de conveniência económica o interés comercial – que las personas o instituciones privadas atiendan la salud de la población, no cabe sino concluir que incumbe al Estado, en calidad de garante, brindar los recursos necesarios para hacer frente a la enfermedad [...] de manera eficaz y oportuna.

Quando o mercado falha em prover bens como saúde, educação e moradia, o Estado deve agir. O déficit habitacional no Brasil é uma faceta que deixa evidente uma falha na alocação de recursos pelo mercado. Assim, não havendo empresas que se voltem a produzir habitações para famílias que ganham até três salários mínimos, o que fazer? Esse seria um caso típico para intervenção do Poder Judiciário. Sua intervenção, obviamente desde que provocada, ocorreria não em virtude da garantia da dignidade da pessoa humana, do mínimo existencial ou mesmo de um núcleo essencial de direitos, mas, sim, de corrigir falhas de mercado muito concretas e palpáveis. Por sua vez, em situações semelhantes ao exposto no caso *Viceconte*, a intervenção do Estado torna-se ainda mais essencial tendo em vista que, sem ela, não haveria qualquer possibilidade de combate à febre hemorrágica argentina. Saliente-se que nesse caso a aquisição ou não da vacina não passa por uma questão de renda, posto que, por não estar disponível no mercado, mesmo os endinheirados não conseguiriam obter uma dose da vacina.

3.2.3. Redistribuição e Grupos Vulneráveis[154]

Há uma discussão na doutrina sobre a titularidade dos direitos sociais: esses direitos seriam voltados para todos (e, portanto, universais)[155] ou

---

[154] A definição de grupos vulneráveis utilizada neste trabalho leva em consideração dois critérios: (a) classe e (b) identidade (étnica, gênero). A depender do contexto social considerado, são esses os fatores que devem orientar opções de redistribuição. Para uma explicação interessante de como esses critérios podem ser utilizados para redistribuição de bens cf. Nancy Fraser, "Redistribution to Recognition? Dilemmas of Justice in a 'Postsocialist' Age", disponível em http://ethicalpolitics.org/blackwood/fraser.htm. Acesso em: 9 maio 2019.

[155] "Ora, esta orientação viola gravemente o princípio da universalidade dos direitos sociais, que é um dos princípios fundamentais do moderno estado-providência, atribuindo a todos os

apenas para os mais carentes ou necessitados?[156] Entendo que essa é uma

cidadãos o direito de aceder a serviços públicos, em vez de, uma lógica de 'caridade pública, dar aos pobres, coitadinhos, como esmola (discriminando contra eles), o acesso a tais serviços (saúde, educação, etc.), rapidamente degradados, porque com os pobres não se justifica gastar muito dinheiro [...] assim como o sol, quando nasce, é para todos, também a gratuidade destes serviços públicos tem de ser para todos." (NUNES e SCAFF, 2011, p. 20).

"Apesar de o texto constitucional contemplar a universalização, 'garantindo' a todos os brasileiros, sem exceção, a atenção às necessidades de saúde, esta vem seguindo um curso diferente do previsto, assumindo características excludentes. Nesse caso, assume a função não de incluir efetivamente todos os segmentos sociais, mas de garantir o atendimento a setores mais carentes. Na realidade, o que se observa é que, paralelo à inclusão dos setores populares, ocorreu um racionamento dos gastos em saúde por parte do Estado, acarretando o sucateamento da atenção prestada. Por outro lado, esse mesmo processo de racionamento excluiu os setores médios, e mesmo grupos populacionais de baixa renda, do sistema público, sobretudo a partir da grande difusão de planos privados de saúde. Estes segmentos passaram a buscar atendimento fora do sistema público tendo como referência o subsistema privado [...] Este quadro é demonstrativo de que o princípio da universalização da atenção como um direito social, portanto, como um atributo da cidadania a ser garantido pelo Estado parece não estar sendo contemplado, na sua essência, no SUS. Na verdade, o que de fato tem ocorrido é o renascimento de antigas teses que propunham um sistema público de atenção para os pobres e excluídos, ficando o sistema privado responsável pela atenção à saúde dos demais segmentos populacionais [...] o Estado realiza uma política de gasto voltado àqueles segmentos populacionais que não têm condições, por seus próprios meios, de usufruir dos serviços privados de proteção social. A ação estatal é direcionada a setores mais bem definidos, os pobres ou muito pobres. Sob esta ótica, a universalização do direito encontra-se ameaçada por diversas propostas de focalização que restringem a ação estatal direcionando o gasto social para programas públicos e públicos-alvo específicos" (OLIVEIRA, L. 2001, p. 255-256).
[156] "[...] a titularidade do direito social não é reconhecida a todos, mas tão somente às pessoas que necessitam prestação estatal para satisfazer sua respectiva necessidade" (DIMOULIS e MARTINS, 2011, p. 85).
"Assim, os interesses e as necessidades básicas que constituem o objeto e o fundamento dos direitos sociais pertencem não a todos, mas a um sujeito em sua específica situação social. Nessa perspectiva pode-se afirmar que os direitos sociais tendem a levar em consideração o homem em sua específica situação social. Os direitos sociais não podem, pois, ser definidos nem justificar-se sem levar em conta os fins, ou seja, sem ter em consideração entre outras coisas as necessidades. Por conseguinte, não podem ser concebidos como direitos universais no sentido de que interessam por igual a todo membro da família humana, já que são formulados para atender as carências e postulações instaladas na esfera desigual das relações sociais [...] Pode-se, pois concluir que os direitos sociais são direitos que efetivamente visam se não eliminar, pelo menos diminuir as desigualdades socioeconômicas e culturais. São, portanto, qualquer que seja o ângulo que os visualizemos, direitos de liberdade, de igualdade que objetivam proporcionar uma existência digna. Por conseguinte, direitos intimamente ligados à dignidade humana e por isso atribuídos, sobretudo, aos carentes que, em verdade, são seus titulares" (LIMA FILHO, 2006, p. 31-33).

questão que pode ser dissolvida. Por um lado, os direitos sociais podem ser compreendidos como universais na medida em que são conceituados como difusos. Por outro, isso não significa que todos irão receber do Estado um remédio ou um tratamento médico ou uma moradia. Na verdade, apenas algumas parcelas da sociedade receberão do Estado um serviço ou um objeto do qual possam usufruir.

Essas parcelas da sociedade que deverão ser beneficiadas por uma política pública podem sê-lo não necessariamente por serem carentes, mas por estarem excluídas socialmente, e esse é um conceito que não é sinônimo de pobreza.[157] O caso *Viceconte* ilustra o que pretendo dizer. Uma parcela da população acometida por febre hemorrágica argentina poderia ser abastada. No entanto, não poderiam adquirir doses da vacina para se proteger da enfermidade já que o mercado não a produzia por não ser rentável. Aqui a intervenção não está relacionada com a renda desse grupo (pouco importa se são ricos ou pobres), mas, sim, com um problema na alocação de bens pelo mercado.

Um outro critério que justifica a intervenção do Poder Judiciário é a repartição de recursos na sociedade. Os recursos não podem ser monopolizados por grupos sociais ou excessivamente concentrados a não ser que haja uma justificativa para tanto.

A educação é um indicativo de que a política do Estado beneficia os mais ricos. Esse bem público é distribuído de forma desigual na sociedade brasileira atual. As escolas públicas de Ensino Médio, as quais, como sabido, não gozam de tanta qualidade e prestígio quanto as escolas privadas, são frequentadas pelas parcelas mais pobres da população, enquanto as universidades públicas, que em geral apresentam excelente qualidade, são frequentadas pelos mais ricos. Conforme dados do IBGE em seu relatório *Síntese de Indicadores Sociais*, publicado em 2010, os 20% mais ricos representam 9,4% na rede pública do Ensino Médio, mas 50,9% na rede pública de Ensino Superior. Por sua vez, os 20% mais pobres representam 20,9%

Segundo Kerstenetzky, as políticas públicas devem enfocar os grupos menos favorecidos (KERSTENETZKY, 2012, p. 261; 268).

No mesmo sentido cf. Ferraz (2011, p. 86).

[157] Costa afirma que pobreza e exclusão não são conceitos sinônimos, pois em um ambiente em que há carência de bens materiais pode haver uma integração entre os participantes daquela comunidade, ou seja, o fato de serem pobres não rompe sua inserção nessa mesma comunidade (2007, p. 10).

da rede pública de Ensino Médio, mas apenas 3,4% da rede pública de Ensino Superior.[158]

Curiosamente, nesse caso temos uma redistribuição regressiva, ou seja, os mais pobres transferindo recursos aos mais ricos, tendo em vista que toda a sociedade paga, por meio de tributação, a universidade pública, porém apenas as parcelas mais ricas podem usufruí-la.[159]

A compreensão dos direitos sociais como difusos possibilita uma ampla discussão em termos de redistribuição de determinados bens. A tese da prioridade, ou seja, de que os grupos vulneráveis devem ser alvo prioritário dos direitos sociais, não significa reproduzir uma caridade pública entendendo esse ato, nas palavras de Nunes e Scaff (2011), como proteção aos pobres e coitados, mas tampouco significa desproteger as parcelas da sociedade que não serão beneficiadas pelos bens garantidos constitucionalmente.

O que se protege não são esses grupos vulneráveis, mas, sim, a sociedade. Se queremos manter a existência solidária de nossa convivência, é preciso distribuir de forma desigual os recursos na medida em que nem todos gozam das mesmas oportunidades. Imaginar que mesmo uma pessoa abastada tem o direito de usufruir de serviços escolares ou médicos da

---

[158] "A taxa de escolarização líquida, analisada pelos quintos do rendimento mensal familiar per capita, revela fortes desigualdades entre os mais pobres e os mais ricos: no primeiro quinto (os 20% mais pobres), somente 32,0% dos adolescentes de 15 a 17 anos de idade estavam no ensino médio, enquanto no último quinto (20% mais ricos), essa oportunidade atingia quase 78% deste grupo, revelando que a renda familiar exerce grande influência na adequação idade/série frequentada" (IBGE, 2010).

[159] Atento a essa realidade, o governo federal sancionou a Lei n. 12.711, de 29 de agosto de 2012, regulamentada pelo Decreto n. 7.824, de 11 de outubro de 2012. Esse regime jurídico formulou uma política pública de cotas nas universidades federais atendendo a critérios de classe e identidade (ou seja, redistribuindo o bem educação para grupos vulneráveis conforme definição adotada neste trabalho). Essa política prevê que 50% das vagas nas universidades federais serão destinadas a alunos que "tenham cursado integralmente o ensino médio em escolas públicas" (art. 1º da Lei n. 12.711/2012). Desse total de 50%, metade será destinada para alunos com "renda familiar bruta igual ou inferior a um inteiro e cinco décimos de salário-mínimo per capita" (art. 3º, I, do Decreto n. 7.824); a outra metade será destinada a alunos pretos, pardos e indígenas (art. 3º, II, do Decreto n. 7.824). Nesse caso, em consonância com a tese defendida neste trabalho, não caberia a judicialização da política pública em foco, pois há uma redistribuição do bem educação para grupos vulneráveis. Dessa forma, só resta ao Judiciário ser deferente com o Legislativo e Executivo ao não interferir nas escolhas realizadas pelo sistema político.

mesma forma que os membros da sociedade que pouco ou nada possuem infringe a realidade de um mundo em que os recursos são escassos e a lógica de distribuição de bens adotada pela Constituição Federal no que se refere ao propósito dos direitos sociais.

Considerações Finais

Um conceito jurídico é elaborado não sob a égide da verdade ou da falsidade, mas, sim, de sua funcionalidade. Entender que os direitos sociais são difusos, com as consequências que essa construção teórica possui (por exemplo, adjudicação coletiva dos direitos), não apenas traz diversos aspectos positivos como também, e mais importante, está baseado em uma leitura mais adequada do texto constitucional.

Essa leitura mais adequada deve-se ao fato de que os direitos sociais como difusos asseguram (a) decisões que levem em consideração a coletividade, garantindo que a distribuição de recursos se faça de modo justificado, ou seja, as opções do Estado podem passar por um escrutínio judicial oferecendo mais um local institucional de participação e de *accountability*; (b) o auxílio não só na redução das desigualdades, mas também, e principalmente, no combate de estruturas sociais e políticas que perpetuam essa realidade (explicitando as razões de políticas públicas, impedindo que a classe média acesse o Judiciário e disponha de uma parcela dos recursos estatais, assegurando, assim, não um direito à saúde e, sim, uma realidade de desigualdade auxiliada pelo direito); (c) importância dos direitos sociais como garantia de bens que possibilitem um melhor convívio social.

O direito pode ter um papel conservador ao pressupor conceitos que acabem auxiliando na promoção da permanência de um *status quo* de distribuição igual e não justificada de bens. Os direitos sociais como direito subjetivo público são um exemplo dessa possibilidade.

Proponho uma outra seara para o debate dos direitos sociais, a qual possibilita que diversas críticas a eles sejam rebatidas. O conceito aqui delineado não apresenta, claro, todas as respostas, porém tenta estabelecer uma outra linha de debate distanciando-se de esquemas conceituais como núcleo dos direitos, dignidade da pessoa humana e mínimo existencial.

Parece-me que conceituarmos os direitos sociais como difusos é mais frutífero, tanto do ponto de vista teórico, quanto do ponto de vista prático, bem como mais consentâneo com a Constituição.

REFERÊNCIAS

ABRAMOVICH, Víctor; COURTIS, Christian. *Los derechos sociales como derechos exigibles*. Madrid: Trotta, 2002.

ABRIL, Ernesto. La tutela de los derechos sociales y su relación conceptual con las nociones de Estado y ciudadanía. *In*: RIBOTTA, Silvina; ROSSETTI, Andrés (orgs.). *Los derechos sociales en el siglo XXI*: un desafio clave para el derecho y la justicia. Madrid: Dykinson, 2010.

ACCA, Thiago dos Santos. *Teoria brasileira dos direitos sociais*. São Paulo: Saraiva, 2013.

AGUILAR, Luis F. Introdución. *In*: MAJONE, Giandomenico. *Evidencia, argumentación y persuasión en la formulación de políticas*. Cidade do México: Fondo de Cultura Económica, 2005.

ALEXY, Robert. *El concepto y la validez del derecho*. Barcelona: Gedisa, 1994.

ALEXY, Robert. *Teoria dos direitos fundamentais*. São Paulo: Malheiros, 2008.

AMARAL, Gustavo. *Direito, escassez e escolha*: critérios jurídicos para lidar com a escassez de recursos e as decisões trágicas. Rio de Janeiro: Lumen Juris, 2010.

ANDRADE, José Carlos Vieira de. *Os direitos fundamentais na Constituição portuguesa de 1976*. Coimbra: Almedina, 1998.

ANTON, Anatole. Public good as commonstock: notes on the receding commons. *In*: ANTON, Anatole; FISK, Milton; HOLMSTROM, Nancy. *Not for sale:* in defense of public goods. Boulder, Colorado: Wetview Press, 2000.

ARANGO, Rodolfo. Basic social rights, constitutional justice, and democracy. *Ratio Juris*, v. 16, n. 2, p. 141-154, jun. 2003.

ARANGO, Rodolfo. *El concepto de derechos sociales fundamentales*. Bogotá: Legis, 2005.

ARIZA, Santiago Sastre. Algunas consideraciones sobre la ciencia jurídica. *Dóxa*, n. 24, p. 579-601, 2001.

ATIENZA, Manuel. *As razões do direito*: teorias da argumentação jurídica. São Paulo: Landy, 2000.

ATIENZA, Manuel. *Cuestiones judiciales*. Cidade do México: Fontamara, 2001.

ATIENZA, Manuel. *El sentido del derecho*. Barcelona: Ariel, 2004.

BALDASSARE, Antonio. *Los derechos sociales*. Bogotá: Universidad Externdo de Colombia, 2004.

BARAK, Aharon. *The judge in a democracy*. Princeton: Princeton, 2006.

BARAK-EREZ, Daphne; GROSS, Aeyal M. Introduction: do we need social rights? Questions in era of globalization, privatisation, and the diminished welfare state. *In*: BARAK-EREZ, Daphne; GROSS, Aeyal M. *Exploring social rights*: between theory and practice. Oxford: Hart Publishing, 2011.

BARNES, Jeb. Adversarial legalism, the rise of judicial policymaking, and the separation-of-powers doctrine. *In*: MILLER, Mark C.; BARNES, Jeb (orgs.). *Making policy, making law*: an interbranch perspective. Washington, D.C.: Georgetown University Press, 2004.

BARRETO, Vicente de Paulo. Reflexões sobre direitos sociais. *In*: SARLET, Ingo Wolfgang (org.). *Direitos fundamentais sociais*: estudos de direito constitucional, internacional e comparado. Rio de Janeiro: Renovar, 2003, p. 107-134.

BEDAQUE, José Roberto dos Santos. *Direito e processo*: influência do direito material sobre o processo. 5. ed. São Paulo: Malheiros, 2009.

BIGOLIN, Giovani. A reserva do possível como limite à eficácia e efetividade dos direitos sociais. *Revista do Ministério Público*, n. 53, maio/set., p. 49-70, 2004.

BILCHITZ, David. *Poverty and fundamental rights*: the justification and enforcement of socio-economic rights. Oxford: Oxford University Press, 2008.

BÖCKENFÖRDE, Ernst-Wolfgang. The basic rights: theory and interpretation. *In*: BÖCKENFÖRDE, Ernst-Wolfgang. *State, society and liberty*. Oxford: BERG, 1991.

BONAVIDES, Paulo; ANDRADE, Paes de. *História constitucional do Brasil*. 3. ed. São Paulo: Paz e Terra, 1991.

BONTEMPO, Alessandra Gotti. *Direitos sociais*: eficácia e acionalibilidade à luz da Constituição de 1988. Curitiba: Juruá, 2005.

BOROWSKI, Martin. *La estructura de los derechos fundamentales*. Bogotá: Universidad Externado de Colombia, 2003.

BOSSUYT, Marc. La distinction juridique entre les droits civils et politiques et les droits economiques, sociax et culturels. *La Revue des droits de l'homme*, v. 8, n. 4, p. 783-820, 1975.

BOURDIEU, Pierre. *O poder simbólico*. 4. ed. Rio de Janeiro: Bertrand Brasil, 2001.

BRATT, Rachel G.; STONE, Michael E.; HARTMAN, Chester. *A right to housing*: foundation for a new social agenda. Philadelphia: Temple University Press, 2006.

BUCCI, Maria Paula Dallari. *Direito administrativo e políticas públicas*. São Paulo: Saraiva, 2006.

BURKE, Peter. *Uma história social do conhecimento*: de Gutenberg a Diderot. Rio de Janeiro: Jorge Zahar, 2003.

CÂMARA MUNICIPAL DE SÃO PAULO. *Saúde relata dificuldades para contratar médicos em SP*. 26 maio 2011. Disponível em: http://www.saopaulo.sp.leg.br/blog/saude-relata-dificuldades-para-contratar-medicos-em-sp/. Acesso em: 8 maio 2019.

CANELA JR., Osvaldo. *Controle judicial de políticas públicas*. São Paulo: Saraiva, 2011.

CANOTILHO, J. J. GOMES. *Direito constitucional e teoria da Constituição*. 7. ed. Coimbra: Almedina, 2003.

CANOTILHO, J. J. GOMES. Metodologia "fuzzy" e "camaleões normativos" na problemática actual dos direitos económicos, sociais e culturais. *In*: CANOTILHO, J. J. G. *Estudos sobre direitos fundamentais*. Coimbra: Coimbra Editora, 2004, p. 97-114.

CANOTILHO, J. J. GOMES. O direito constitucional como ciência de direção: o núcleo essencial de prestações sociais ou a localização incerta da sociabilidade (contributo para a reabilitação da força normativa da "Constituição Social"). *In*: CANOTILHO, J. J. Gomes; CORREIA, Marcus Orione Gonçalves; CORREIA, Érica Paula Barcha (coords.). *Direitos fundamentais sociais*. São Paulo: Saraiva, 2010.

CAPPELLETTI, Mauro. *Juízes legisladores?* Porto Alegre: Sergio Antonio Fabris, 1999.

REFERÊNCIAS

CARPINTERO, Francisco; MEGÍAS, José; PUERTO, Manuel Rodríguez; MORA, Enrique V. de. *El derecho subjetivo en su historia*. Cádiz: Servicio de Publicaciones Universidad de Cádiz, 2003.

CARRIÓ, Genaro R. *Notas sobre derecho y lenguaje*. 4. ed. Buenos Aires: Abeledo-Perrot, 1994.

CAVALCANTI, João Barbalho Uchôa. *Constituição federal brasileira (1891)*. Brasília: Senado Federal, 2002.

CHEN, Lincoln C.; EVANS, Tim G.; CASH, Richard A. A saúde como um bem público global. *In*: KAUL, Inge; GRUNBERG, Isabelle; STERN, Marc A. (orgs.). *Bens públicos globais*: cooperação internacional no século XXI. Rio de Janeiro: Record, 2012.

CHEVALLIER, Jacques. Doctrine juridique et science juridique. *Droit et societé*, n. 50, p. 103-119, 2002.

CHIEFFI, Ana Luiza; BARATA, Rita de Cássia Barradas. Ações judiciais: estratégia da indústria farmacêutica para a introdução de novos medicamentos. *Revista de Saúde Pública*, n. 44, p. 421-429, 2010.

CHIOVENDA, Giuseppe. *Instituições de direito processual civil*: os conceitos fundamentais – a doutrina das ações, 2. ed. São Paulo: Saraiva, 1965, v. I.

CINTRA, Antonio Carlos de Araújo; GRINOVER, Ada Pellegrini; DINAMARCO, Cândido Rangel. *Teoria geral do processo*. 26. ed. São Paulo: Malheiros, 2010.

COSTA, Alfredo Bruto da. *Exclusões sociais*. 6. ed. Lisboa: Gradiva, 2007.

COURTIS, Christian. Los derechos sociales en perspectiva: la cara jurídica de la política social. *In*: CARBONELL, Miguel (org.). *Teoría del neoconstitucionalismo*. Madrid: Trotta, 2007.

COUTINHO, Diogo R. Linking promises to policies: law and development in an unequal Brazil. *The Law and Development Review*, v. 3, n. 2, 2010.

COUTINHO, Diogo R. O direito nas políticas públicas. *In*: MARQUES, Eduardo; FARIA, Carlos Aurélio Pimenta de (orgs.). *Política pública como campo disciplinar*. São Paulo: Unesp, 2013.

COUTINHO, Jacinto Nelson de Miranda. Dogmática crítica e limites linguísticos da lei. *Revista do Instituto de Hermenêutica Jurídica*, v. 1, n. 3, p. 37-44, 2005.

CRANSTON, Maurice. *O que são direitos humanos?* São Paulo: Difel, 1979.

CROSS, Frank. The error of positive rights. *UCLA Law Review*, n. 48, p. 857-924, 2001.

CURY, Ieda Tatiana. *Direito fundamental à saúde*: evolução, normatização e efetividade. Rio de Janeiro: Lumen Juris, 2005.

DABIN, Jean. *El derecho subjetivo*. Albolote, Granada: Comares, 2006.

DALLARI, Sueli Gandolfi. *Os estados brasileiros e o direito à saúde*. São Paulo: Hucitec, 1995.

DELFIM NETO, Antonio. *Planejamento para o desenvolvimento econômico*. São Paulo: Editora da Universidade de São Paulo, 1966.

DÍAZ, Amaya Olivas. El papel de los jueces en la garantia de los derechos sociales. *In*: PISARELLO, Gerardo (org.). *Los derechos sociales como derechos justiciables*: potencialidades y limites. Albacete: Bomarzo, 2009.

DINAMARCO, Cândido Rangel. *A instrumentalidade do processo*. 14. ed. São Paulo: Malheiros, 2009.

DIMOULIS, Dimitri; MARTINS, Leonardo. *Teoria geral dos direitos fundamentais*. 3. ed. São Paulo: RT, 2011.

DUARTE, Leonardo de Farias. *Obstáculos econômicos à efetivação dos direitos fundamentais sociais*. Rio de Janeiro: Renovar, 2011.

DWORKIN, Ronald. *A virtude soberana*: a teoria e a prática da igualdade. São Paulo: Martins Fontes, 2005.

DWORKIN, Ronald. *Levando os direitos a sério*. São Paulo: Martins Fontes, 2002.

EIDE, Asbjørn. Economic, social and cultural rights as human rights. In: EIDE, Asbjørn; KRAUSE, Catarine; ROSAS, Alan. *Economic, social and cultural rights: a textbook*. Boston: Nyhoff Publishers, 1995, p. 21-40.

EIDE, Asbjørn. Realización de los derechos económicos y sociales estrategía del nível mínimo. *La Revista de la Comision Internacional de Juristas*, n. 43, p. 46-60, dez. 1989.

DOMÍNGUEZ, Andrés Gil. *Neoconstitucionalismo y derechos colectivos*. Buenos Aires: Ediar, 2005.

FABRE, Cécile. Constitutionalising social rights. *Journal of political philosophy*, v. 6, n. 3, p. 263-284, 1998.

FABRE, Cécile. *Social rights under the Constitution: government and the decent life*. Oxford: Oxford University Press, 2000.

FARALLI, Carla. *A filosofia contemporânea do direito: temas e desafios*. São Paulo: Martins Fontes, 2006.

FARIA, José Eduardo. *Eficácia jurídica e violência simbólica: o direito como instrumento de transformação social*. São Paulo: Edusp, 1988.

FARIA, José Eduardo. *Justiça e conflito*. 2. ed. São Paulo: RT, 1991.

FARIA, José Eduardo (org.). *Direitos humanos, direitos sociais e justiça*. São Paulo: Malheiros, 2002.

FAVOREU, Louis; GAÏA, Patrick; GHEVONTIAN, Richard *et allii*. *Droit des libertés fondamentales*. 5. ed. Paris: Dalloz, 2009.

FERRAJOLI, Luigi. Prológo. *In*: ABRAMOVICH, Víctor; COURTIS, Christian. *Los derechos sociales como derechos exigibles*. Madrid: Trotta, 2002.

FERRAJOLI, Luigi. Estado Social y Estado de Derecho. In: ABRAMOVICH, Víctor; AÑON, María José; COURTIS, Christian.

Derechos sociales: instrucciones de uso. Cidade do México: Fontamara, 2006.

FERRAJOLI, Luigi. *Derechos y garantías:* la ley del más débil. 7. ed. Madrid: Trotta, 2010.

FERRAZ, Octávio Luiz Motta. Brazil: health inequalities, rights and courts. In: YAMIN, Alicia Ely; GLOPPEN, Siri. *Litigating health rights:* can courts bring more justice to health? Cambridge: Harvard University Press, 2011.

FERRAZ, Octávio Luiz Motta; VIEIRA, Fabiola Sulpino. Direito à saúde, recursos escassos e equidade: os riscos da interpretação judicial dominante. *DADOS – Revista de Ciências Sociais*, v. 52, n. 1, p. 223-251, 2009.

FERRAZ JR, Tercio Sampaio. *Introdução ao estudo do direito:* técnica, decisão, dominação. São Paulo: Atlas, 1996.

FERRAZ JR., Tercio Sampaio. *Função social da dogmática jurídica*. São Paulo: Max Limonad, 1998.

FINNIS, John. *Natural law & natural rights*. 2. ed. Oxford: Oxford University Press, 2011.

FISS, Owen. A sedução do individualismo. *In*: FISS, Owen. *Um novo processo civil:* estudos norte-americanos sobre jurisdição, constituição e sociedade. São Paulo: Revista dos Tribunais, 2004a.

FISS, Owen. As formas de justiça. *In*: FISS, Owen. *Um novo processo civil:* estudos norte-americanos sobre jurisdição, constituição e sociedade. São Paulo: Revista dos Tribunais, 2004b.

FISS, Owen. Modelos de adjudicação. *Cadernos Direito-GV*, n. 8, nov. 2005.

FRIED, Charles. *Right and wrong*. Cambridge: Harvard University Press, 1980.

FULLER, Lon. Forms and limits of adjudication. *In*: WINSTON, Kenneth I. (org.). *The principles of social order:* selected essays of Lon L. Fuller. Durham: Duke University Press, 1981.

FUNDAÇÃO JOÃO PINHEIRO. *Déficit habitacional no Brasil – 2008*. Brasília: Ministério das Cidades, 2011.

GALANTER, Marc. Por qué los "poseedores" salen adelante: especulaciones sobre los límites del cambio jurídico. *In*: VILLEGAS, Mauricio García. *Teoría y sociologia del derecho em Estados Unidos*. Bogotá: Unibiblos, 2005.

GALDINO, Flávio. *Introdução à teoria dos custos dos direitos*: direito não nascem em árvores. Rio de Janeiro: Lumen Juris, 2005.

GARAPON, Antoine. *O guardador de promessas*: justiça e democracia. Lisboa: Instituto Piaget, 1996.

GARCIA, Emerson. Princípio da separação de poderes: os órgãos jurisdicionais e a concreção dos direitos sociais. *Revista da EMERJ*, v. 8, n. 30, p. 129-167, 2005.

GARCIA, Manuel Calvo. La implementación y efectividad de los derechos económicos, sociales y culturales. In: ZAPATERO, Virgilio; GÓMEZ, Maria Isabel Garrido. *Los derechos sociales como una exigencia de la justicia*. Madrid: Universidad de Alcalá, 2009.

GAURI, Varun; BRINKS, Daniel M. Introduction: the elements of legalization and the triangular shape of social and economic rights. *In*: GAURI, Varun; BRINKS, Daniel M. (orgs.). *Courting social justice*: judicial enforcement of social and economic rights in the developing world. Cambridge: Cambridge University Press, 2010.

GIDDENS, Anthony. *Sociologia*. 7. ed. Lisboa: Calouste Gulbenkian, 2009.

GIMÉNEZ, Teresa Vicente. *La exigibilidad de los derechos sociales*. Valencia: PUV, 2006.

GONÇALVES, Claudia Maria da Costa. *Direitos fundamentais sociais*: releitura de uma constituição dirigente. Curitiba: Juruá, 2006.

GOULART, Karine Borges. Direitos fundamentais de segunda geração: direitos sociais, econômicos e culturais. *Revista da Procuradoria Geral do INSS*, v. 8, n. 1, p. 124-141, abr./jun. 2001.

GOYARD-FABRE, Simone. *Le droit e la loi dans la philosophie de Thomas Hobbes*. Paris: Librairie C. Klincksieck, 1975.

GRAU, Eros Roberto. *Planejamento econômico e regra jurídica*. São Paulo: RT, 1978.

GREMAUD, Amaury Patrick; VASCONCELLOS, Marco Antonio Sandoval de; TONETO JR., Rudinei. *Economia brasileira contemporânea*. São Paulo: Atlas, 2006.

GREWE, Constance. Les droits sociaux constitutionnels. *In*: GREWE, Constance; BENOÎT-ROHMER, Florence (org.). *Les droits sociaux ou la demolition de quelques poncifs*. Strasbourg: Presses Universitaires de Strasbourg, 2003, p. 67-74.

GRIFFIN, James. *On human rights*. Oxford: Oxford University Press, 2011.

GRIMM, Dieter. *Constitucionalismo y derechos fundamentales*. Madrid: Trotta, 2006.

GROSMAN, Lucas S. *Escasez e igualdad*: los derechos sociales en la Constitución. Buenos Aires: Libraria, 2008.

GROSSI, Paolo. *Scienza giuridica italiana*: um profilo storico (1860-1950). Milano: Giuffrè, 2000.

GUSY, Christoph. Les droits sociaux sont-ils nécessairement injusticiables? *In*: GREWE, Constance; BENOÎT-ROHMER, Florence (org.). *Les droits sociaux ou la demolition de quelques poncifs*. Strasbourg: Presses Universitaires de Strasbourg, 2003, p. 33-46.

HARDIN, Garrett. The tragedy of the commons. *In*: HARDIN, Garrett; BADEN, John. *Managing the commons*. New York: W. H. Freeman and Company, 1977.

HART, Herbert L. A. El cielo de los conceptos de Ihering y la jurisprudencia analítica moderna. *In*: CASANOVAS, Pompeu; MORESO, José Juan (orgs.). *El ámbito de lo jurídico:* lecturas de pensamiento jurídico contemporâneo. Barcelona: Crítica, 1994.

HAYEK, Friedrich A. *Law legislation and liberty:* the mirage of social justice. Chicago: The University of Chicago Press, 1978.

HAYEK, Friedrich A. *O caminho para a servidão.* Lisboa: Edições 70, 2009.

HERRERA, Carlos Miguel. Sur le statut des droits sociaux: la constitutionnalisation du social. *Revue universelle des droits de l'homme,* v. 16, n. 1-4, p. 32-39, out. 2004.

HESPANHA, António Manuel. *O caleidoscópio do direito:* o direito e a justiça nos dias e no mundo de hoje. Coimbra: Almedina, 2007.

HESSE, Konrad. *Elementos de direito constitucional da República Federal da Alemanha.* Porto Alegre: Sergio Antonio Fabris, 1998.

HIGINO NETO, Vicente. A efetividade dos direitos sociais. *Revista Jurídica Consulex,* n. 206, p. 60-63, ago. 2005.

HOFFMANN, Florian F.; BENTES, Fernando R. N. M. Accountability for social and economic rights in Brazil. *In*: GAURI, Varun; BRINKS, Daniel M. (orgs.). *Courting social justice:* judicial enforcement of social and economic rights in the developing world. Cambridge: Cambridge University Press, 2010.

HOHFELD, Wesly Newcomb. *Os conceitos jurídicos fundamentais aplicados na argumentação jurídica.* Lisboa: Calouste Gulbenkian, 2008.

HOLMES, Stephen; SUNSTEIN, Cass. *The cost of rights:* why liberty depends on taxes. New York: W. W. Norton & Company, 1999.

HOLMSTRON, Nancy. Rationality, solidarity and public goods. *In*: ANTON, Anatole; FISK, Milton; HOLMSTROM, Nancy. *Not for sale:* in defense of public goods. Boulder, Colorado: Wetview Press, 2000.

HUME, David. *Tratado da natureza humana.* 2. ed. Lisboa: Calouste Gulbenkian, 2010.

IBGE. *Síntese de indicadores sociais:* uma análise das condições de vida da população brasileira. Rio de Janeiro: Ministério do Planejamento, Orçamento e Gestão, 2010.

JHERING, Rudolf von. En el cielo de los conceptos jurídicos. *In*: JHERING, Rudolf von. *Bromas y veras en la jurisprudencia.* Buenos Aires: EJEA, 1974.

JOAQUIM, Nelson. Direito educacional no terceiro milênio. *Revista Ciências Sociais,* v. 7, n. 1, p. 195-223, jun. 2001.

KAUL, Inge; GRUNBERG, Isabelle; STERN, Marc A. Definindo bens públicos globais. *In*: KAUL, Inge; GRUNBERG, Isabelle; STERN, Marc A. (orgs.). *Bens públicos globais:* cooperação internacional no século XXI. Rio de Janeiro: Record, 2012.

KELBERT, Fabiana Okchstein. *Reserva do possível e a efetividade dos direitos sociais no direito brasileiro.* Porto Alegre: Livraria do Advogado, 2011.

KELSEN, Hans. *Teoria pura do direito.* São Paulo: Martins Fontes, 1999.

KERSTENETZKY, Celia Lessa. *O estado do bem-estar social da idade da razão.* Rio de Janeiro. Elsevier, 2012.

KOMESAR, Neil K. *Imperfect alternatives:* choosing institutions in law, economics and public policy. Chicago: University of Chicago Press, 1996.

KRELL, Andréas J. *Direitos sociais e controle judicial no Brasil e na Alemanha*: os (des) caminhos de um direito constitucional "comparado". Porto Alegre: Sergio Antonio, 2002.

KLUG, Heinz. *The constitution of South Africa:* a contextual analysis. Portland: Hart, 2010.

LEAL, Rogério Gesta. A efetivação do direito à saúde por uma jurisdição-serafim: limites e possibilidades. *Revista de Direito Administrativo e Constitucional*, n. 25, p. 25-40, jul./set. 2006.

LEIVAS, Paulo Gilberto Cogo. *Teoria dos direitos fundamentais sociais*. Porto Alegre: Livraria do Advogado, 2006.

LESSA, Renato. A Constituição brasileira de 1988 como experimento de filosofia pública: um ensaio. *In*: OLIVEN, Ruben; RIDENTI, Marcelo; BRANDÃO, Gildo (orgs.). *A Constituição de 1988 na vida brasileira*. São Paulo: Hucitec, 2008.

LIMA FILHO, Francisco das C. Garantia constitucional dos direitos sociais e a sua concretização jurisdicional. *Revista do TRT da 24ª Região*, n. 11, p. 19-54, 2006.

LOPES, José Reinaldo de Lima. Ética e direito: um panorama às vésperas do século XXI. *In*: ANJOS, Márcio Fabri dos; LOPES, José Reinaldo de Lima (orgs.). Ética e direito: um diálogo. Aparecida, São Paulo: Santuário, 1996.

LOPES, José Reinaldo de Lima. *Direito e transformação social*: ensaio interdisciplinar das mudanças no direito. Belo Horizonte: Nova Alvorada, 1997.

LOPES, José Reinaldo de Lima. *O direito na história*: lições introdutórias. São Paulo: Max Limonad, 2000.

LOPES, José Reinaldo de Lima. Direito subjetivo e direitos sociais: o dilema do judiciário no Estado Social de Direito. *In*: FARIA, José Eduardo (org.). *Direitos humanos, direitos sociais e justiça*. São Paulo: Malheiros, 2002.

LOPES, José Reinaldo de Lima. Direitos humanos e modernização do pensamento jurídico brasileiro. *In*: REIS, Elisa P.; ZILBERMAN, Regina (orgs.). *Retratos do Brasil*. Porto Alegre: EDIPUCRS, 2004a.

LOPES, José Reinaldo de Lima. *As palavras e a lei*: direito, ordem e justiça na história do pensamento jurídica moderno. São Paulo: Editora 34, 2004b.

LOPES, José Reinaldo de Lima. *Direitos sociais*: teoria e prática. São Paulo: Método, 2006.

LOPES, José Reinaldo de Lima. Em torno da "reserva do possível". *In*: SARLET, Ingo Wolfgang; TIMM, Luciano Benetti (orgs.). *Direitos fundamentais*: orçamento e reserva do possível. Porto Alegre: Livraria do Advogado, 2008a.

LOPES, José Reinaldo de Lima. A lei da natureza: "Onça, Parente Meu". *In*: SARMENTO, Daniel; IKAWA, Daniela; PIOVESAN, Flávia (orgs.). *Igualdade, diferença e direitos humanos*. Rio de Janeiro: Lumen Juris, 2008b.

LOPES, José Reinaldo de Lima; QUEIROZ, Rafael Mafei Rabelo; ACCA, Thiago dos Santos. *Curso de história do direito*. 2. ed. São Paulo: Método, 2009.

LOUGHLIN, Martin. *The idea of public law*. Oxford: Oxford University Press, 2009.

MACCORMICK, Neil. *Argumentação jurídica e teoria do direito*. São Paulo: Martins Fontes, 2006.

MACCORMICK, Neil. *Practical reason in law and morality*. Oxford: Oxford University Press, 2008.

MACCORMICK, Neil. *Institutions of law*: an essay in legal theory. Oxford: Oxford University Press, 2009.

MACMILLAN, C. Michael. Social versus political rights. *Canadian Journal of Political Science*, v. 19, n. 2, p. 284-304, jun. 1986.

MAJONE, Giandomenico. *Evidencia, argumentación y persuasión en la formulación de políticas*. Cidade do México: Fondo de Cultura Económica, 2005.

MALLET, Estevão. Aplicabilidade das normas constitucionais relativas a direitos sociais. *Revista Ltr: Legislação do Trabalho e Previdência Social*, n. 7, p. 1186-1190, jul. 1991.

MANKIW, N. Gregory. *Introdução à economia.* 5. ed. São Paulo: Cengage Learning, 2009.

MAPULANGA-HULSTON, Jackbeth. Examining the justiciability of economic, social and cultural rights. *The International Journal of Human Rights*, v. 6, n. 4, p. 29-48, 2002.

MARKY, Thomas. *Curso elementar de direito romano.* São Paulo: Saraiva, 1995.

MARTÍN, Carlos de Cabo. *Teoría constitucional de la solidariedade.* Madrid: Marcial Pons, 2006.

MELLO, Cláudio Ari. Os direitos fundamentais sociais e o conceito de direito subjetivo. *Revista do Ministério Público do Rio Grande do Sul*, n. 56, p. 105-138, set./dez. 2005.

MENDONÇA, Eduardo. Da faculdade de gastar ao dever de agir: o esvaziamento contramajoritário de políticas públicas. *In*: SOUZA NETO, Cláudio Pereira de; SARMENTO, Daniel (coords.). *Direitos sociais:* fundamentos, judicialização e direitos sociais em espécie. Rio de Janeiro: Lumen Juris, 2008.

MICHELMAN, Frank. The constitution, social rights and liberal political justification. *In*: BARAK-EREZ, Daphne; GROSS, Aeyal M. *Exploring social rights:* between theory and practice. Oxford: Hart Publishing, 2011.

MIGUEL, Alfonso Ruiz. Derechos liberales y derechos sociales. *Doxa*, n. 15-16, p. 651-674, 1994.

MILLER, Roger Leroy; BENJAMIN, Daniel K.; NORTH, Douglass C. *The economic of public issues.* 11. ed. Boston: Addison-Wesley, 1999.

MIRANDA, Jorge; MEDEIROS, Rui. *Constituição portuguesa anotada.* Coimbra: Coimbra Editora, 2005. Tomo I.

MIRANDA, Jorge; MEDEIROS, Rui. *Manual de direito constitucional.* 2. ed. Coimbra: Coimbra Editora, 1998. Tomo IV.

MORENO, Beatriz González. *El estado social:* naturaleza jurídica y estructura de los derechos sociales. Madrid: Civitas, 2002.

MOREIRA, Isabel. *A solução dos direitos, liberdades e garantias e dos direitos económicos, sociais e culturais na Constituição portuguesa.* Coimbra: Almedina, 2007.

NEUMANN, Ulfrid. Teoria científica da ciência do direito. *In*: KAUFMANN, A.; HASSEMER, W. (orgs.). *Introdução à filosofia do direito e à teoria do direito contemporâneas.* Lisboa: Calouste Gulbenkian, 2002.

NEVES, Marcelo. A interpretação jurídica no Estado Democrático de Direito. In: GRAU, Eros Roberto; GUERRA FILHO, Willis Santiago (orgs). *Direito constitucional:* estudos em homenagem a Paulo Bonavides. São Paulo: Malheiros, 2003.

NINO, Carlos Santiago. *Fundamentos de derecho constitucional:* análisis filosófico, jurídico y politológico de la práctica constitucional. Buenos Aires: Astrea, 2005.

NINO, Carlos Santiago. *Introducción al análisis del derecho.* 2. ed. Buenos Aires: Astrea, 1998.

NOVAIS, Jorge Reis. *Direitos sociais:* teoria jurídica dos direitos fundamentais enquanto direitos sociais. Coimbra: Coimbra Editora, 2010.

NUBLAT, Johanna. SUS tem despesa recorde com ações judiciais. Governo gastou R$ 339,7 milhões até outubro com a entrega de medicamentos e insumos por decisões da Justiça. Valor supera em 28% os gastos do governo com as ações no último ano; entre 2007 e 2011 despesa cresceu 1,237%. *Folha de S.Paulo*, 12 dez. 2012. Disponível em: https://www1.folha.uol.com.br/cotidiano/2012/12/1199942-sus-tem-despesa-recorde-com-acoes-judiciais.shtml. Acesso em: 3 maio 2019.

REFERÊNCIAS

NUNES, António José Avelãs; SCAFF, Fernando Facury. *Os tribunais e o direito à saúde*. Porto Alegre: Livraria do Advogado, 2011.

O'CONNELL, Paul. *Vindicating socio-economic rights:* international standards and comparative experiences. New York: Routledge, 2012.

OLIVEIRA, Lêda Maria Leal de. Rumos e desafios: atenção à saúde como direito social. *Revista de Pós-Graduação em História da UNESP*, n. 9, p. 239-257, 2001.

OLIVEIRA, Luciano. Os direitos sociais e o judiciário: reflexões a favor de um olhar sociológico. In: BERTOLDI, Márcia Rodrigues; OLIVEIRA, Kátia Cristina Santos de (org.). *Direitos fundamentais em construção:* estudos em homenagem ao ministro Carlos Ayres Britto. Belo Horizonte: Fórum, 2010, p. 215-229.

OLIVEIRA, Romualdo Portela de. O direito à educação. *In*: OLIVEIRA, Romualdo Portela de; ADRIÃO, Theresa (orgs.). *Gestão e financiamento e direito à educação:* análise da LDB e da Constituição Federal. São Paulo: Yamã, 2001.

OLSON, Mancur. *The logic of collective action:* public goods and the theory of groups. Cambridge: Harvard University Press, 1971.

PALOMBELLA, Gianluigi. *Filosofia do direito*. São Paulo: Martins Fontes, 2005.

PALMER, Elizabeth. Resource allocation, welfare rights – mapping the boundaries of judicial control in public administrative law. *Oxford Journal of Legal Studies*, v. 20, n. 1, p. 63-88, 2000.

PARCERO, Juan Antonio Cruz. *El lenguaje de los derechos:* ensayo para una teoria estructural de los derechos. Madrid: Trotta, 2007.

PIEROTH, Bodo; SCHLINK, Bernhard. *Direitos fundamentais. Direito estadual II.*

Lisboa: Universidade Lusíada Editora, 2008.

PIMENTEL, Carolina. Gastos do SUS com ações judiciais passam de R$ 170 mil para R$ 132 milhões nos últimos oito anos. *Agência Brasil*, 7 jul. 2011. Disponível em: http://agenciabrasil.ebc.com.br/noticia/2011-07-07/gastos-do-sus-com-acoes-judiciais-passam-de-r-170-mil-para-r-132-milhoes-nos-ultimos-oito-anoshttp://agenciabrasil.ebc.com.br/noticia/2011-07-07/gastos-do-sus-com-acoes-judiciais-passam-de-r-170-mil-para-r-132-milhoes-nos-ultimos-oito-anos. Acesso em: 3 maio 2019.

PIOVESAN, Flávia. Direitos sociais, econômicos e culturais e direitos civis e políticos. *Sur, Revista Internacional de Direitos Humanos*, v. 1, n. 1, 2004.

PIOVESAN, Flávia. Justiciabilidade dos direitos sociais e econômicos: desafios e perspectivas. In: CANOTILHO, J. J. Gomes; CORREIA, Marcus Orione Gonçalves; CORREIA, Érica Paula Barcha (coords.). *Direitos fundamentais sociais*. São Paulo: Saraiva, 2010.

PISARELLO, Gerardo. El Estado Social como Estado Constitucional: mejores garantias, más democracia. *In*: ABRAMOVICH, Víctor; AÑON, María José; COURTIS, Christian. *Derechos sociales:* instrucciones de uso. Cidade do México: Fontamara, 2006a.

PISARELLO, Gerardo. El derecho a una vivenda adecuada: notas para su exigibilidade. *In*: ABRAMOVICH, Víctor; AÑON, María José; COURTIS, Christian. *Derechos sociales:* instrucciones de uso. Cidade do México: Fontamara, 2006b.

PISARELLO, Gerardo. *Los derechos sociales y sus garantias:* elementos para uns reconstrucción. Madrid: Trotta, 2007.

PIZZORUSSO, Alessandro. Les générations de droits. *In*: GREWE, Constance; BENOÎT-ROHMER, Florence (org.). *Les droits sociaux ou la demolition de quelques poncifs*. Strasbourg: Presses Universitaires de Strasbourg, 2003, p. 17-32.

PHILLIPS, Anne. *Which equalities matter?* Cambridge: Polity, 2004.

POGREBINSCHI, Thamy. *Judicialização ou representação? Política, direito e democracia no Brasil*. Rio de Janeiro: Elsevier, 2011.

RABIN, Yoram. The many faces of the right to education. In: BARAK-EREZ, Daphne; GROSS, Aeyal M. *Exploring social rights:* between theory and practice. Oxford: Hart Publishing, 2011.

RAMÓN, Fernando López (coord.). *Construyendo el derecho a la vivienda*. Madrid: Marcial Pons, 2010.

RAMOS, Marcelene Carvalho da Silva. O direito fundamental à saúde na perspectiva da Constituição Federal. *Revista de Direito Administrativo e Constitucional*, n. 5, p. 147-165, out./dez. 2005.

REIS, José Carlos Vasconcellos. Normas programáticas e direitos fundamentais: algumas reflexões sobre o direito à saúde na Constituição 1988. *Revista da Faculdade de Direito Cândido Mendes*, n. 6, p. 64-89, 2001.

RIBOTTA, Silvina. Cómo repartir recursos en términos de derechos sociales: igualdad o prioridade? RIBOTTA, Silvina; ROSSETTI, Andrés (orgs.). *Los derechos sociales en el siglo XXI:* un desafio clave para el derecho y la justicia. Madrid: Dykinson, 2010.

ROCHA, Cármen Lúcia Antunes. O mínimo existencial e o princípio da reserva do possível. *Revista Latino-Americana de Estudos Constitucionais*, n. 5, p. 439-461, jan./jun. 2005.

ROIG, Francisco Javier Ansuátegui. Argumentos para una teoria de los derechos sociales. *In*: RIBOTTA, Silvina; ROSSETTI, Andrés (orgs.). *Los derechos socia-les en el siglo XXI:* un desafio clave para el derecho y la justicia. Madrid: Dykinson, 2010.

ROMAN, Diane. *Le droit public face à la pauvreté*. Paris: L.G.D.J., 2002.

ROSENBERG, Gerald N. *The hollow hope:* can courts bring about social change? 2. ed. Chicago: University of Chicago Press, 2008.

ROSSETTI, Andrés. Algunos mitos, realidades y problemas en torno a los derechos sociales. In: RIBOTTA, Silvina; ROSSETTI, Andrés (orgs.). *Los derechos sociales en el siglo XXI:* un desafio clave para el derecho y la justicia. Madrid: Dykinson, 2010.

SALLES, Carlos Alberto de. Duas faces da proteção judicial dos direitos sociais no Brasil. In: SALLES, Carlos Alberto de. *As grandes transformações do processo civil brasileiro*. São Paulo: Quartier Latin, 2009.

SALLES, Carlos Alberto de (org.) *Processo civil e interesse público:* o processo como instrumento de defesa social. São Paulo: RT, 2003.

SANDEL, Michael J. *Justice:* what's the right thing to do? New York: Farrar, Strauss and Giroux, 2010.

SARAIVA, Paulo Lopo. A garantia dos direitos sociais no Brasil. *R.T.J.E.*, n. 21, p. 3-15, dez. 1982.

SARAIVA, Paulo Lopo. *Garantia constitucional dos direitos sociais*. Rio de Janeiro: Forense, 1983.

SARAIVA, Paulo Lopo. O mandado de injunção, os direitos sociais e a justiça constitucional. *Revista de Informação Legislativa*, v. 27, n. 108, p. 77-92, out./dez. 1990.

SARDÀ, Clara Marquet. *Los derechos sociales en el ordenamiento jurídico sueco:* estudio de una categoría normativa. Barcelona: Atelier, 2010.

SARLET, Ingo Wolfgang. Contornos do direito fundamental à saúde na Constituição de 1988. *Revista da Procuradoria-Geral do Estado*, v. 25, n. 56, p. 41-62, 2002.

SARLET, Ingo Wolfgang. O direito fundamental à moradia na Constituição: algumas anotações a respeito de seu contexto, conteúdo e possível eficácia. *Revista do Direito do Consumidor*, n. 46, p. 193-244, 2003.

SARLET, Ingo Wolfgang. *A eficácia dos direitos fundamentais:* uma teoria geral dos direitos fundamentais na perspectiva constitucional. 10. ed. Porto Alegre: Livraria do Advogado, 2011.

SHUE, Henry. *Basic rights:* subsistence, affluence, and U.S. foreign policy. 2. ed. Princeton: Princeton University Press, 1996.

SILVA, José Afonso. *Aplicabilidade das normas constitucionais.* 6. ed. São Paulo: Malheiros, 2002.

SILVA, José Afonso. *Curso de direito constitucional positivo.* 22. ed. São Paulo: Malheiros, 2003.

SILVA, Virgílio Afonso da. O papel da jurisdição constitucional na realização dos direitos sociais fundamentais. In: SARLET, Ingo Wolfgang (org.). *Direitos fundamentais sociais:* estudos de direito constitucional e comparado. Rio de Janeiro: Renovar, 2003, p. 169-213.

SILVA, Virgílio Afonso da. The limits of constitutional law: public policies and the constitution. In: TARABOUT, Gilles; SAMADDAR, Ranabir (org.). *Conflict, power, and the landscape of constitutionalism.* London: Routledge, 2008a, p. 167-181.

SILVA, Virgílio Afonso da. O judiciário e as políticas públicas: entre transformação e obstáculo à realização dos direitos sociais. *In:* SOUZA NETO, Cláudio Pereira de; SARMENTO, Daniel (coords.). *Direitos sociais:* fundamentos, judicialização

e direitos sociais em espécie. Rio de Janeiro: Lumen Juris, 2008b.

SILVA, Virgílio Afonso da. *Direitos fundamentais:* conteúdo essencial, restrições e eficácia. São Paulo: Malheiros, 2009.

SILVA, Virgílio Afonso da; TERRAZAS, Fernanda Vargas. Claiming the right to health in Brazilian courts: the exclusion of the already excluded? *Law and Social Inquiry,* v. 30, n. 4, p. 825-853, 2011.

SCHWARTZ, Germano. A saúde como direito público subjetivo e fundamental do homem e sua efetivação. *Revista da AJURIS,* v. XXVII, set., n. 83, p. 179-199, 2001.

STIGLITZ, Joseph E. *The price of inequality:* how today's divided society endangers our future. New York: W. W. Norton & Company, 2012.

STONE, Michael E. *Shelter poverty:* new ideas on housing affordability. Philadelphia: Temple University Press, 1993.

SUNSTEIN, Cass R. *The partial constitution.* Cambridge: Harvard University Press, 1993.

SUNSTEIN, Cass; HOLMES, Stephen. *The cost of rights:* why liberty depends on taxes. New York: W. W. Norton & Company, 1999.

SUNSTEIN, Cass R. *Designing democracy:* what constitutions do. Oxford: Oxford University Press, 2001.

TAYLOR, Matthew M. *Judging policy:* courts and policy reform in democratic Brazil. Stanford: Stanford University Press, 2008.

TOCQUEVILLE, Alexis de. *Democracia y pobreza.* Madrid: Trotta, 2003.

TOCQUEVILLE, Alexis de. *Da democracia na América.* Lisboa: Relógio D'Água, 2008.

TORRES, Ricardo Lobo. A jusfundamentalidade dos direitos sociais. *Arquivo de Direitos Humanos,* n. 5, p. 99-129, 2003.

TORRES, Ricardo Lobo. *O direito ao mínimo existencial*. Rio de Janeiro: Renovar, 2009.

TRIBE, Laurence; DORF, Michael. *Hermenêutica constitucional*. Belo Horizonte: Del Rey, 2007.

VANIER, Marie T. Niemann-Pick disease type C. *Orphanet Journal of Rare Diseases*, v. 5, n. 16, p. 1-18, jun. 2010. Disponível em https://ojrd.biomedcentral.com/track/pdf/10.1186/1750-1172-5-16. Acesso em: 2 julho 2019.

VENTURI, Elton. *Processo civil coletivo:* a tutela jurisdicional dos direitos difusos, coletivos e individuais homogêneos no Brasil. São Paulo: Malheiros, 2007.

VERÍSSIMO, Marcos Paulo. *A judicialização dos conflitos de justiça distributiva no Brasil:* o processo judicial no pós-1988, 2006. Tese (Doutorado) – Faculdade de Direito da Universidade de São Paulo, São Paulo.

VEYNE, Paul. *História da vida privada:* do Império Romano ao ano mil. São Paulo: Companhia das Letras, 1997. v. I.

VIANNA, Oliveira. *Instituições políticas brasileiras:* metodologia do direito público. 2. ed. Rio de Janeiro: José Olympio, 1955. v. 2.

VIEIRA, Oscar Vilhena. Supremocracia. *Revista Direito GV*, São Paulo, v. 4, n. 2, p. 441-463, jul./dez. 2008.

VIEIRA, Oscar Vilhena. A desigualdade e a subversão do Estado de Direito. In: VIEIRA, Oscar Vilhena; DIMOULIS, Dimitri. *Estado de Direito e o desafio do desenvolvimento*. São Paulo: Saraiva, 2011.

VIEIRA, Oscar Vilhena; SCABIN, Flávia. *Direitos fundamentais:* uma leitura da jurisprudência do STF. São Paulo: Malheiros, 2006.

VILLEY, Michel. *Filosofia do direito:* definições e fins do direito. São Paulo: Atlas, 1977.

VILLEY, Michel. *A formação do pensamento jurídico moderno*. São Paulo: Martins Fontes, 2005.

WAISMANN, Friedrich. Verifiability. *Proceedings of the Aristotelian Society*, v. 19, p. 119-150, 1945.

WALDRON, Jeremy. Can communal goods be human rights? In: WALDRON, Jeremy. *Liberal rights:* collected papers (1981-1991). Cambridge University Press, 2001.

WALDRON, Jeremy. Vagueness in law and language: some philosophical issues. *California Law Review*, Berkeley, v. 82, n. 3, p. 509-540, May 1994.

WILKINSON, Richard; PICKETT, Kate. *The spirit level:* why greater equality makes societies stronger. New York: Bloomsbury, 2011.

ZAGREBELSKY, Gustavo. *Principios y votos:* el Tribunal Constitucional y la politica. Madrid: Trotta, 2008.

ZAVASCKI, Teoria Albino. *Processo coletivo:* tutela de direitos coletivos e tutela coletiva de direito. 4. ed. São Paulo: RT, 2009.

Casos

STF. Pet 1246 MC/SC. Julgamento: 31/01/1997.

STF. STA 91/AL. Julgamento: 26/02/2007.

STF. SS 3145/RN. Julgamento: 11/04/2007.

STF. SS 3231/RN. Julgamento: 28/05/2007.

STF. SS 343/PR. Julgamento: 28/11/2007.

STF. SL 188/SC. Julgamento: 14/12/2007.

STF. STA 212/RN. Julgamento: 22/04/2008.

STF. STA 217/RN. Julgamento: 22/04/2008.

STF. STA 175/CE. Julgamento: 18/09/2009.

STF. Ag. Reg. na STA 175/CE. Julgamento: 17/03/2010.

São Paulo. 6ª Vara da Fazenda Pública. Processo n. 053.00.02713902. Juiz de Direito: Fernando Figueiredo Bartoletti. Julgamento: 28/12/2001 (Política pública/ autismo).

REFERÊNCIAS

TJ/SP. AC n. 278.801.5/8-00. Relator: Magalhães Coelho. Julgamento: 26/04/2005 (Política pública/autismo).

TRF 1ª Região. AC n. 96.01.10504-2/MG. Relator: Hilton Queiroz. Julgamento: 30/03/1999.

TJ/SC. Ag. Inst. n. 01.006332-8. Relator: Volnei Carlin. Julgamento: 23/08/2001.

TJ/SC. AC n. 2008.061149-8. Relator: Newton Trisotto. Julgamento: 29/08/2009.

Corte Suprema de Justicia de la Nación (Argentina). Ramos, Marta Roxana y otros c/ Buenos Aires, Provincia de y otros s/ amparo. Julgamento: 12/03/2002.

Cámara Nacional de Apelaciones en lo Contencioso Administrativo Federal (Argentina). Viceconte, Mariela Cecilia c/ Estado Nacional. Julgamento: 2/06/1998.

ANEXOS

Anexo I – Gastos com o cumprimento de decisões judiciais

Relatório elaborado pela Advocacia Geral da União com o objetivo de dimensionar os gastos federais, estaduais e municipais com o cumprimento de decisões judiciais na área da saúde. Ressalto que os dados incluem gastos até 2012. O relatório foi obtido e está disponível em: http://portalarquivos2.saude.gov.br/images/pdf/2014/maio/29/Panorama-da-judicializa----o---2012---modificado-em-junho-de-2013.pdf. Acesso em: 8 maio 2019.

ADVOCACIA-GERAL DA UNIÃO
CONSULTORIA JURÍDICA/MINISTÉRIO DA SAÚDE

EVOLUÇÃO DOS GASTOS

- **COMPRAS**

O gráfico abaixo apresenta o montante despendido pelo Ministério da Saúde, ano a ano, com aquisição de medicamentos, equipamentos e insumos concedidos em decisões judiciais.

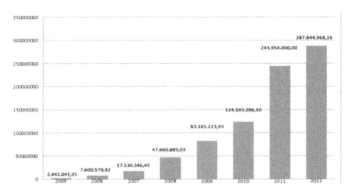

- **DEPÓSITOS JUDICIAIS E REPASSES AOS ESTADOS E MUNICÍPIOS**

Os valores gastos pelo Ministério da Saúde para atendimento de decisões judiciais por meio de depósito judicial ou por meio de repasses aos Estados e Municípios (para que estes cumpram a decisão judicial) compreendem os valores abaixo expostos:

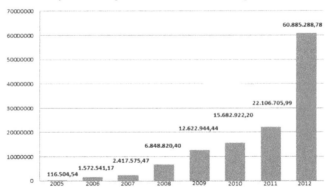

[E1]

ANEXOS

ADVOCACIA-GERAL DA UNIÃO
CONSULTORIA JURÍDICA/MINISTÉRIO DA SAÚDE

- **GASTOS TOTAIS**

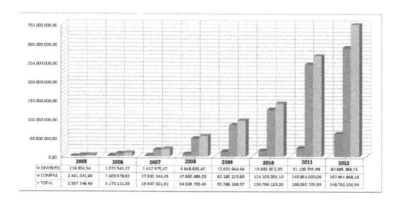

- **DISTRIBUIÇÃO DE GASTOS POR ESTADO**

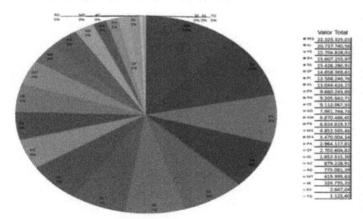

[E2]

ADVOCACIA-GERAL DA UNIÃO
Consultoria Jurídica/Ministério da Saúde

- ESTADOS E MUNICÍPIOS

Conquanto não se tenha informações precisas acerca da intervenção judicial em saúde no âmbito estadual e municipal, pode-se afirmar que a situação é semelhante à observada na esfera federal.

Segundo informação obtida junto ao **Estado do Paraná**[1], despenderam-se em âmbito estadual os seguintes valores no atendimento das ações judiciais em saúde:

PERIODO	VALOR DISTRIBUIDO
2003	R$ 741.369,06
2004	R$ 3.377.305,06
2005	R$ 6.852.110,37
2006	R$ 12.418.871,02
2007	R$ 15.780.851,97
2008	R$ 19.336.580,60
2009	R$ 35.004.454,94
2010	R$ 35.718.740,24

No mesmo sentido, o **Estado de Goiás**[2]:

PERIODO	VALOR DISTRIBUIDO
2009	R$ 4.829.031,68
2010	R$ 7.750.996,48
2011	R$ 3.270.573,40 (de janeiro a março)

---

[1] Ofício n°1163/2011/GS, enviado pelo Secretário de Estado de Saúde do Paraná à Consultoria Jurídica no Ministério da Saúde, em atenção ao ofício n°58/2011-AGU/CONJUR-MS/HRP, em que se questionou o valor gasto com as demandas judiciais em saúde naquele Estado. Disponível no processo administrativo SIPAR 25000.048573/2011-14.

[2] Ofício n°2874/2011-GAB/SES, enviado pela chefe de gabinete da Secretaria de Estado de Saúde do Goiás à Consultoria Jurídica no Ministério da Saúde, em atenção ao ofício n°52/2011-AGU/CONJUR-MS/HRP, em que se questionou o valor gasto com as demandas judiciais em saúde naquele Estado. Disponível no processo administrativo SIPAR 25000.048573/2011-14.

ANEXOS

ADVOCACIA-GERAL DA UNIÃO
CONSULTORIA JURÍDICA/MINISTÉRIO DA SAÚDE

Já o **Estado de Santa Catarina**[3], informa que os seus gastos, com medicamentos e tratamentos médicos ordenados nas ações judiciais, seguiram a tabela abaixo:

PERIODO	VALOR DISTRIBUIDO
2001	R$ 17.897,20
2002	R$ 131.452,07
2003	R$ 2.814.786,35
2004	R$ 6.510.045,48
2005	R$ 10.425.786,15
2006	R$ 28.922.547,30
2007	R$ 47.061.176,19
2008	R$ 65.276.931,02
2009	R$ 76.485.506,87
2010	R$ 93.406.294,52

O **Estado de São Paulo**[4], por sua vez, somente no ano de 2008, gastou R$400.000.000,00 (quatrocentos milhões de reais) no atendimento às demandas judiciais de saúde. Esse gasto é 567% maior do que o gasto de 2006[5], que foi de 60 milhões. Já no ano de 2010, os gastos chegaram a quase R$700 milhões[6].

O **Estado de Pernambuco**, afirma que em 2010, despendeu R$40 milhões com 600 ações judiciais[7], ao passo em que o **Estado do Pará**[8] informou ter gasto, nesse mesmo ano, R$913.073,81, para atendimento de apenas 06 pacientes.

Somem-se a esses gastos, as informações dos **Estados do Tocantins**[9] e Alagoas[10], que seguiram a evolução abaixo, respectivamente:

---

[3] Os dados de Santa Catarina foram informados por correspondência eletrônica, que se encontra anexada nos autos do processo SIPAR n°25000.048573/2011-14.
[4] http://www.estadao.com.br/estadaodehoje/20080715/not_imp206006.0.php
[5] www.scielo.br/rsp
[6] http://saude.empauta.com/saude/mostra_noticia.php?autolog=eJwzMDAwNjcyMDS3MDIAUoYGpoYGAC kuA--2Bk--3D&cod_noticia=989922266&utm_campaign=empauta+mail&utm_medium=mail&utm_source=empauta
[7] http://saude.empauta.com/saude/mostra_noticia.php?autolog=eJwzMDAwNjcyMDS3MDIAUoYGpoYGAC kuA--2Bk--3D&cod_noticia=989922266&utm_campaign=empauta+mail&utm_medium=mail&utm_source=empauta
[8] Ofício n°1451/2011-GAB/SESPA, enviado pelo Secretário de Saúde do Estado do Pará à Consultoria Jurídica no Ministério da Saúde, em atenção ao ofício n°56/2011-AGU/CONJUR-MS/HRP, em que se questionou o valor gasto com as demandas judiciais em saúde naquele Estado. Disponível no processo administrativo SIPAR 25000.048573/2011-14.

[E4]

ADVOCACIA-GERAL DA UNIÃO
CONSULTORIA JURÍDICA/MINISTÉRIO DA SAÚDE

PERIODO	VALOR DISTRIBUIDO
2007	R$ 78.798,63
2008	R$ 311.555,98
2009	R$ 462.370,94
2010	R$ 822.937,69

PERIODO	VALOR DISTRIBUIDO
2009	R$ 10.995.899,78
2010	R$ 8.885.989,94
2011 (1º semestre)	R$ 9.067.555,80

- **DEMANDAS QUE CONSUMIRAM MAIS RECURSOS**

Material	Valor Total	Percentual do Total Comprado
IDURSULFASE 2MG/ML - SOLUÇÃO INJETÁVEL	66.863.326,64	33,61
GALSULFASE 5MG/5ML - INJETÁVEL	60.510.192,30	30,41
ALFAGALSIDASE 3,5MG - SOLUÇÃO PARA PERFUSÃO	19.482.002,70	9,79
LARONIDASE 100U/ML - SOLUÇÃO PARA PERFUSÃO	9.481.879,61	4,77
ECULIZUMABE 300MG - SOLUÇÃO PARA PERFUSÃO	8.180.597,29	4,11
ALFALGLICOSIDASE - SOLUÇÃO INJETÁVEL	6.625.732,16	3,33
TRASTUZUMABE 440MG - SOLUÇÃO INJETÁVEL	4.928.036,30	2,48
BETAGALSIDASE 35MG - SOLUÇÃO PARA PERFUSÃO	4.158.962,23	2,09
MIGLUSTATE 100MG - CÁPSULA	2.002.665,60	1,01
MALEATO DE SUNITINIBE 50MG - CÁPSULA	1.488.975,60	0,75
HEMATINA - SOLUÇÃO PARA INFUSÃO	1.069.893,76	0,54
RITUXIMABE 500MG/50ML - INJETÁVEL	1.020.229,42	0,51
TOSILATO DE SORAFENIBE 200MG - COMPRIMIDO	656.925,60	0,33
BOSENTANA 125MG - COMPRIMIDOS	593.631,60	0,30
CETUXIMABE 100MG/50ML - INJETÁVEL	508.314,11	0,26
BORTEZOMIBE 3,5MG - INJETÁVEL	490.756,16	0,25
TOCILIZUMABE 200MG/10ML - SOLUÇÃO INJETÁVEL	459.512,71	0,23
NEURO ESTIMULADOR DO NERVO VAGO	450.000,00	0,23
ALFA-1 ANTITRIPSINA - SOLUÇÃO ENDOVENOSA	434.818,33	0,22
OMALIZUMABE 150MG - INJETÁVEL	380.231,06	0,19
TOTAL	189.786.693,19	

---

[9] Ofício/SESAU/GAB/Nº 2814/2011, enviado pelo Secretário Interino de Saúde do Estado do Tocantins à Consultoria Jurídica no Ministério da Saúde, em atenção ao ofício nº72/2011-AGU/CONJUR-MS/HRP, em que se questionou o valor gasto com as demandas judiciais em saúde naquele Estado. Disponível no processo administrativo SIPAR 25000.048573/2011-14.

[10] Ofício 2406/11/SESAU/AL, enviado pelo Secretário de Estado de Saúde do Rio Grande do Norte ao Ministro da Saúde. Disponível no processo administrativo SIPAR 25000.048573/2011-14.

[E5]